Beier/Mederer
Messdatenverarbeitung mit LabVIEW

Bleiben Sie auf dem Laufenden!

Hanser Newsletter informieren Sie regelmäßig über neue Bücher und Termine aus den verschiedenen Bereichen der Technik. Profitieren Sie auch von Gewinnspielen und exklusiven Leseproben. Gleich anmelden unter

www.hanser-fachbuch.de/newsletter

Thomas Beier, Thomas Mederer

Messdatenverarbeitung mit LabVIEW

Mit 265 Bildern, 27 Tabellen, 35 Übungen und Lösungen

Fachbuchverlag Leipzig
im Carl Hanser Verlag

Dr.-Ing. Thomas Beier
Dipl.-Ing. Thomas Mederer
Staatliche Technikerschule Berlin

Bibliografische Information der Deutschen Nationalbibliothek
Die Deutsche Nationalbibliothek verzeichnet diese Publikation in der Deutschen Nationalbibliografie; detaillierte bibliografische Daten sind im Internet über http://dnb.d-nb.de abrufbar.

ISBN: 978-3-446-44265-8
E-Book-ISBN: 978-3-446-44540-6

Dieses Werk ist urheberrechtlich geschützt.
Alle Rechte, auch die der Übersetzung, des Nachdruckes und der Vervielfältigung des Buches, oder Teilen daraus, vorbehalten. Kein Teil des Werkes darf ohne schriftliche Genehmigung des Verlages in irgendeiner Form (Fotokopie, Mikrofilm oder ein anderes Verfahren), auch nicht für Zwecke der Unterrichtsgestaltung – mit Ausnahme der in den §§ 53, 54 URG genannten Sonderfälle –, reproduziert oder unter Verwendung elektronischer Systeme verarbeitet, vervielfältigt oder verbreitet werden.

© 2015 Carl Hanser Verlag München
Internet: http://www.hanser-fachbuch.de

Lektorat: Franziska Jacob, M.A.
Herstellung: Dipl.-Ing. (FH) Franziska Kaufmann
Satz: Kösel Media GmbH, Krugzell
Coverconcept: Marc Müller-Bremer, www.rebranding.de, München
Coverrealisierung: Stephan Rönigk
Druck und Bindung: Pustet, Regensburg
Printed in Germany

Vorwort

Das Fach Messdatenverarbeitung wird schon seit langer Zeit an der Staatlichen Technikerschule Berlin (STB) unterrichtet, mit dem zusätzlichen Schwerpunkt der digitalen Signalverarbeitung. Die Messdatenverarbeitung wird mit Messgeräten unter Einsatz der Programmiersprache LabVIEW gelehrt.

Das Problem, die anspruchsvolle Theorie mit der Praxis in Einklang zu bringen, bestand von Anfang an. Während der praktische Teil sich gut mit LabVIEW programmieren lässt, ist der theoretische Teil der digitalen Signalverarbeitung mit der vorhandenen Literatur nur schwer zu vermitteln. Meist sind die guten Bücher der digitalen Signalverarbeitung für den mathematisch nicht vorgebildeten Studierenden nur schwer verständlich. Die STB hat im Unterricht von Anbeginn die anschauliche Beschreibung der streng mathematischen Vorgehensweise vorgezogen.

Mit diesem Buch haben sich die Autoren zum Ziel gesetzt, den Studierenden einen leichteren Zugang zur Theorie zu ermöglichen. Die Autoren sind sich bewusst, dass an einigen Stellen die Aussagen zu Gunsten der Verständlichkeit vereinfacht wurden. Viele allgemeingültige Aussagen, die quasi nur in der Praxis so vorkommen, werden nicht weiter in Frage gestellt. An dieser Stelle muss der interessierte Leser auf die weiterführende Literatur zurückgreifen.

Die Inhalte richten sich an Techniker, angehende Studenten, Praktiker und Autodidakten. Mit diesem Buch kann altes Wissen aufgefrischt werden, ohne in die tiefere Mathematik einsteigen zu müssen. Die Lösungen zu den Aufgaben sind im Buch direkt angegeben und können einfach nachgebildet werden. Bei den Lösungsbeispielen wurden im Wesentlichen elementare LabVIEW-Funktionen verwendet und auf die Anwendung fertiger Funktionen verzichtet. Selbst die Sinusfunktion wurde als eigenes SubVI programmiert. Die Themen des Buches entsprechen den Inhalten, die an der Staatlichen Technikerschule Berlin vermittelt werden.

Wir möchten uns an dieser Stelle für die gute Betreuung durch das Team des Hanser Verlags bedanken.

Das Autoren-Team wünscht den Lesern viel Freude beim Studium dieses Buches.

Berlin, im August 2015   Thomas Beier, Thomas Mederer

Inhalt

1　Einführung **11**

1.1　Historische Entwicklung 11
1.2　Moderne Messwerterfassung und -verarbeitung 14

2　Digital-Analog-Umsetzer **16**

2.1　Grundbegriffe und Kennlinie 16
2.2　Verfahren zur DA-Umsetzung 19
2.3　Fehlerbetrachtung 20
2.4　Übungen 24
2.5　Lösungen 24

3　Analog-Digital-Umsetzer **27**

3.1　Grundbegriffe und Kennlinie 27
3.2　Verfahren zur AD-Umsetzung 30
3.3　Quantisierungsfehler 32
3.4　Codierungen für Datenwandler 35
3.5　AD-Umsetzung bei zeitveränderlicher Eingangsspannung ... 37
3.6　Sample-Hold-Schaltung 39
3.7　Übungen 44
3.8　Lösungen 45

4　Signalabtastung und Signalrekonstruktion **48**

4.1　Abtastung und Abtast-Theorem 48
4.2　Rekonstruktion des analogen Signals 52
4.3　Übungen 55
4.4　Lösungen 57

5　Messwerterfassungssysteme **59**

5.1　Grundstrukturen von Messwerterfassungssystemen 59
5.2　Ausgewählte Sensoren 65
　　5.2.1　Dehnungsmessstreifen (DMS) 66
　　5.2.2　Kapazitive Messfühler 68
　　5.2.3　Induktive Messfühler 76

5.3	Signalkonditionierung	78
5.4	Schaltungen zur Signalkonditionierung	78
	5.4.1 Messverstärker	79
	5.4.2 Filter	86
	5.4.3 Messbrücken	86
	5.4.4 Trägerfrequenz-Messverfahren	89
5.5	Übungen	93
5.6	Lösungen	95

6 Grundlagen zur digitalen Signalverarbeitung ... 98

6.1	Einführung	98
6.2	Grundelemente der digitalen Signalverarbeitung	108
6.3	Testsignale	115
6.4	Übungen	117
6.5	Lösungen	119

7 Digitale Filter ... 126

7.1	Filterentwurf	129
7.2	Filterentwurf mit einem Toleranzschema	129
7.3	IIR-Filterentwurf mit der impulsinvarianten z-Transformation	134
7.4	Filterentwurf mit der bilinearen z-Transformation	137
7.5	Transformation zwischen Tiefpass- und Hochpassfilter	147
7.6	Realisierung von Bandsperren und Bandpässen	150
7.7	Filter höherer Ordnung	151
7.8	Entwurfsverfahren für FIR-Filter	157
7.9	FIR-Filterentwurf mit einem Approximationsverfahren	161
7.10	Übungen	173
7.11	Lösungen	174

8 Diskrete Fourier-Transformation ... 179

8.1	Übungen	196
8.2	Lösungen	196

9 Digitale Signalprozessoren ... 201

9.1	Architektur	201
9.2	Befehlsverarbeitung	202
9.3	Zahlenformate	204
9.4	Besondere Adressierungsarten	204
9.5	DSP-Markt	205
9.6	Übungen	205
9.7	Lösungen	206

10 PC-Messtechnik 207

- 10.1 Messwerterfassung mit dem PC 207
- 10.2 Software zur PC-Messtechnik 209
- 10.3 Programmierung von Messgeräten über GPIB 210
  - 10.3.1 Hardwareaufbau 210
  - 10.3.2 Verwendete LabVIEW-Funktionen 215
  - 10.3.3 Programmierung von Messaufgaben 218
    - 10.3.3.1 Amplitudengang eines Filter aufnehmen 218
    - 10.3.3.2 Frequenzgenauigkeit eines Funktionsgenerators überprüfen 227
    - 10.3.3.3 Realisierung einer Waage mit Dehnungsmessstreifen 233
- 10.4 Programmierung von USB-Messmodulen 238
  - 10.4.1 Hardwareaufbau von Messmodulen 238
  - 10.4.2 Verwendete LabVIEW-Funktionen 241
  - 10.4.3 Programmierung von Messaufgaben 241
    - 10.4.3.1 Temperaturmessung 241
    - 10.4.3.2 Wetterstation für Druck, Feuchte und Temperatur 244
    - 10.4.3.3 Signalanalyse 246
- 10.5 Übungen 249
- 10.6 Lösungen 251

Literatur 255

Index 257

1 Einführung

Messen ist die quantitative Ermittlung des Wertes einer physikalischen Größe durch objektives Vergleichen mit einer Maßverkörperung. Schon in der Steinzeit mussten die Größen Länge und Masse für den Warenaustausch erfasst werden können. Es lag damals nah, hierfür die Körpermaße des Menschen wie z. B. Fuß oder Elle (Unterarmlänge) heranzuziehen. Der Begriff der Datenverarbeitung ist definiert als das Erfassen, Übermitteln, Ordnen und Umformen von Daten zur Informationsgewinnung, i. Allg. mit Hilfe eines Computers oder Mikrocomputers. Ein kleiner geschichtlicher Überblick soll die rasante Entwicklung hin zur Messdatenverarbeitung aufzeigen.

■ 1.1 Historische Entwicklung

Elektromechanische Instrumente

Gegen Ende des 19. Jahrhunderts entwickelte sich die elektrische Messtechnik. Eine wichtige Gruppe der elektromechanischen Instrumente waren die Zeigerinstrumente. Bei ihnen wurde die elektrische Größe in eine mechanische umgewandelt. Wichtige Vertreter solcher Instrumente waren das Drehspul- und das Dreheiseninstrument, aber auch frühe Oszillografen wie z. B. das Lichtstrahl-Oszilloskop. Das Messprinzip des Drehspul- oder Dreheiseninstruments spielt auch noch heute bei den digitalen Messinstrumenten eine Rolle, wenn es z. B. um den wahren Effektivwert (RMS) geht.

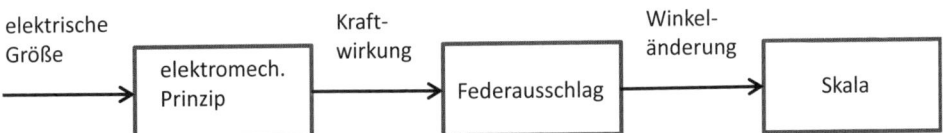

Bild 1.1 Elektromechanische Wirkkette

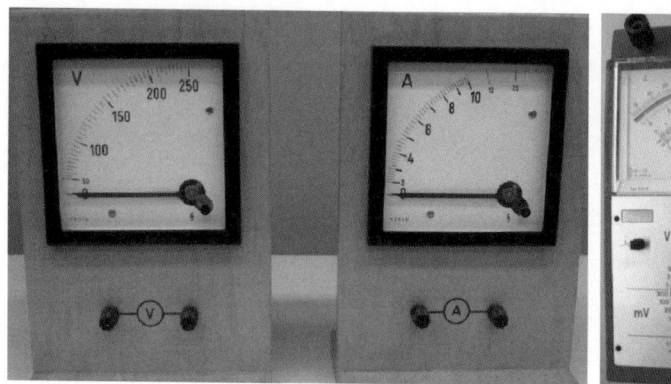

Bild 1.2 Elektromechanische Voltmeter

Elektronische Instrumente

Seit ca. 1910 wird in Verbindung mit Elektronenröhren von Elektronik gesprochen. Elektronische Bauelemente erweiterten nicht nur den Einsatzbereich konventioneller Instrumente, sondern ermöglichten auch neue Messmethoden und -prinzipien. So finden elektronische Hilfsmittel Anwendung in der Sensorik, bei Messverstärkern, in der Signalaufbereitung und -erzeugung sowie in der Übertragung von Messdaten. Wichtige Messgeräte dieser Art waren z. B. das Elektronenstrahl-Oszilloskop und der Kompensationsschreiber.

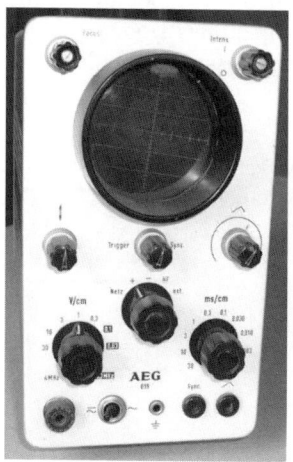

Bild 1.3 Elektronenstrahl-Oszilloskop

Digitale Instrumente

Mit der Verfügbarkeit integrierter Schaltungen zur Analog-Digital-Umsetzung (ADU) und Digital-Analog-Umsetzung (DAU) begann sich in den siebziger Jahren die digitale Messtechnik durchzusetzen. Diese Entwicklung ging einher mit zunehmender Verbreitung der digitalen Signalverarbeitung. Geräte der digitalen Messtechnik sind z. B. digitale Multimeter (DMM), Zähler (Counter) und das Digitale-Speicher-Oszilloskop (DSO).

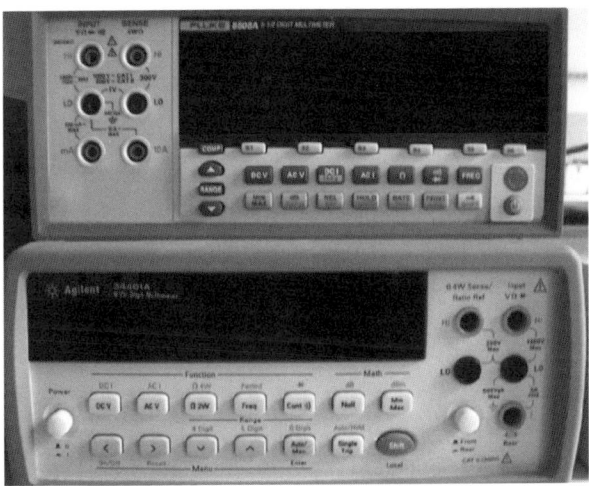

Bild 1.4 Digitales Multimeter, Funktionsgenerator

Rechnergestützte Messtechnik

Die Verbindung von Messtechnik mit Rechnern wurde mit zunehmender Leistungsfähigkeit der Rechner intensiver und ausgefeilter. Heute besitzen Messgeräte eigene eingebaute Mikrorechner. Messwerterfassungs-Hardware ist in vielfacher Weise über geeignete Schnittstellen oder Bussysteme mit Rechnern unterschiedlichster Art verbunden bzw. vernetzt. Auch die zugehörige Software entwickelte sich von Assemblersprachen über Hochsprachen wie FORTRAN, BASIC und C hin zu komplexen, grafisch orientierten Programmierumgebungen, wie z. B. LabVIEW.

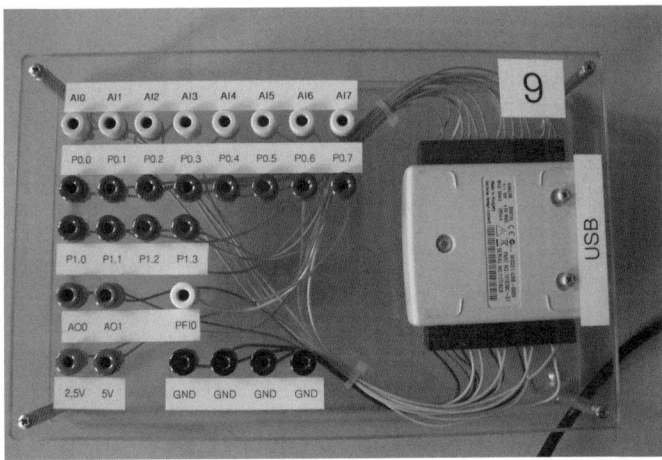

Bild 1.5 USB-Messbox

1.2 Moderne Messwerterfassung und -verarbeitung

Die Anwendungen der modernen Messtechnik sind sehr vielseitig und komplex. Sie reichen von Aufgaben in der Mess- und Regelungstechnik über die Datenübertragung bis hin zur Sprach- und Bildverarbeitung. Wichtige Anwendungsgebiete sind z. B. in der Automatisierung, in der Medizintechnik oder in der Kommunikation zu finden.

Für Messwerterfassungssysteme (engl. DAQ-System = Data-Acquisition-System) ergeben sich aus den Messaufgaben die unterschiedlichsten Anforderungen. Bei der Konzipierung von Messsystemen stellen sich also insbesondere Fragen wie z. B.:

- Anzahl und Art (analog, digital) der zu erfassenden Messgrößen
- notwendige Signalkonditionierung
- zeitgleiche Erfassung von Messgrößen
- Frequenzinhalt der Messgrößen
- zulässige Messunsicherheit
- Messdauer
- erforderliche Online-Berechnungen

Für viele Anwendungen lässt sich die in Bild 1.6 dargestellte Grundstruktur für die Messwerterfassung und -verarbeitung skizzieren.

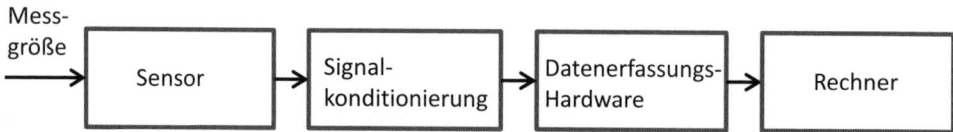

Bild 1.6 Grundstruktur eines Messwerterfassungssystems

Die einzelnen Funktionseinheiten seien im Folgenden kurz erläutert:

Sensor

Der Sensor (Messfühler, Messwertaufnehmer) ist empfindlich auf die nichtelektrische Messgröße. Es werden physikalische und chemische Effekte ausgenutzt, um die nichtelektrische Größe in eine elektrische Größe umzuformen.

Signalkonditionierung

Die Signalkonditionierung wandelt das Ausgangssignal des Sensors in ein „sinnvolles" elektrisches Signal um. Ist das Ausgangssignal der Signalkonditionierung ein sog. Einheitssignal, dann wird die Signalkonditionierung auch als Messumformer oder Transmitter (engl. Transducer) bezeichnet. Die Signalkonditionierung enthält z. B. elektronische Komponenten wie Verstärker, Filter usw.

Datenerfassungs-Hardware

In der Datenerfassungs-Hardware werden die ankommenden Signale in der Regel digitalisiert und in entsprechende Schnittstellensignale für die digitale Weiterverarbeitung umgeformt. Die Datenerfassungs-Hardware enthält typischerweise Komponenten wie Multiplexer, Verstärker, AD-Wandler, Mikrorechner usw.

Rechner

Für die digitale Verarbeitung, Analyse, Ergebnisdarstellung bzw. Ergebnisausgabe können je nach Anwendungsfall unterschiedliche Rechner wie z. B. PC, Mikrocontroller oder Digitaler Signalprozessor mit entsprechender Peripherie zum Einsatz kommen.

Die einzelnen Funktionseinheiten können dabei sowohl als einzelne Bausteine vorliegen als auch zusammengefasst in einem einzelnen Baustein (Chip), wie z. B. beim „Smart-Sensor". Die Hard- und Software für solche Messwerterfassungssysteme unterliegen dabei aufgrund der fortschreitenden Innovation einem ständigen Wandel.

2 Digital-Analog-Umsetzer

Ein Digital-Analog-Umsetzer (DAU), auch Digital-Analog-Wandler oder Digital-Analog-Converter (DAC) genannt, wandelt eine Zahl in eine Ausgangsspannung um.

2.1 Grundbegriffe und Kennlinie

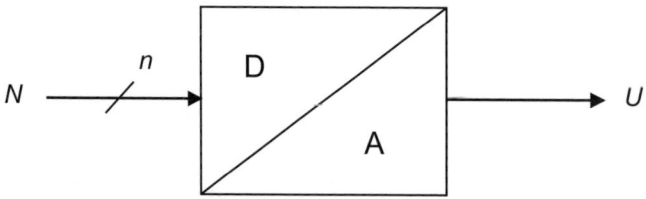

Bild 2.1 Blockbild DA-Umsetzer

Bild 2.1 zeigt das Blockbild für einen DA-Umsetzer. Die Zahl N als Eingangsgröße ist dabei meist als Dualzahl mit n Bits gegeben. Der Bereich der Ausgangsspannung U wird über eine Referenzspannung U_{ref} festgelegt.

Folgende Gleichung, die **Wandlungsfunktion**, beschreibt das Übertragungsverhalten:

$$U = U_{LSB} \cdot N \tag{2.1}$$

mit

$$U_{LSB} = \frac{U_{ref}}{2^n}$$

U_{ref} = Referenzspannung, legt den Spannungsbereich für U fest

U_{LSB} = Spannungsstufung in der Ausgangsspannung U;

im Englischen sind folgende Bezeichnungen üblich:

U_{ref} = FS (full scale)

U_{LSB} = LSB

LSB bezieht sich dabei auf „Least Significant Bit", d. h. die Ausgangsspannung U entspricht der Spannungsstufe U_{LSB} für die Eingangszahl N = 1 (*LSB* gesetzt).

Die grafische Darstellung der Wandlungsfunktion ergibt die **Kennlinie eines DAU**.

Beispiel 2.1:

Für einen 3-Bit-DAU ($n = 3$) mit der Referenzspannung $U_{ref} = 2{,}4$ V ist die Kennlinie zu zeichnen.

Lösung 2.1:

$$U = U_{LSB} \cdot N \quad \text{mit} \quad U_{LSB} = \frac{2{,}4\,\text{V}}{2^3} = 0{,}3\,\text{V}$$

Bei 3 Bit ergibt sich der maximale Wert für N zu

$$N_{max} = 2^n - 1 = 2^3 - 1 = 7$$

Die sich daraus ergebende Kennlinie (Punktfolge) ist in Bild 2.2 dargestellt.

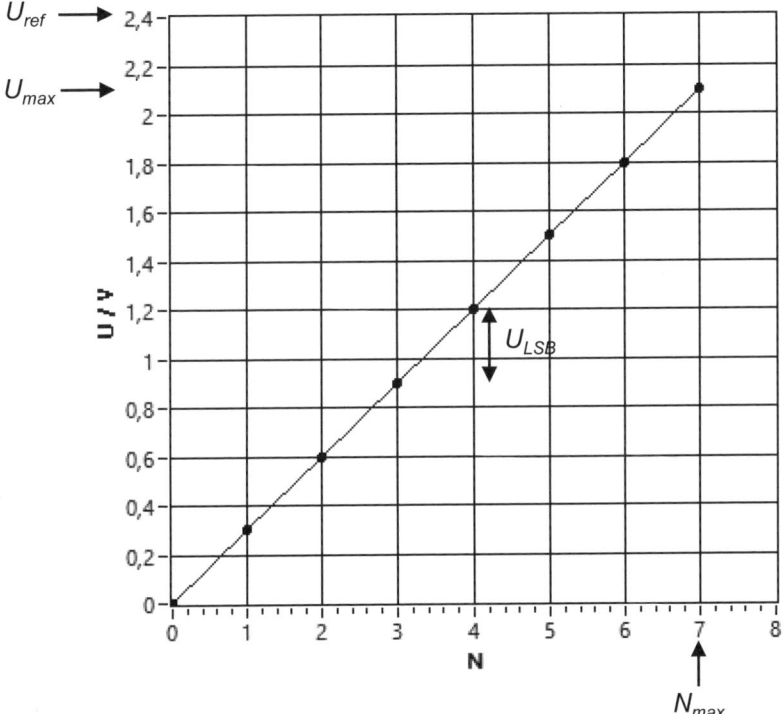

Bild 2.2 DAU-Kennlinie

Für die maximale Ausgangsspannung erhält man:

$$U_{max} = N_{max} \cdot U_{LSB} = 7 \cdot 0{,}3\,\text{V} = 2{,}1\,\text{V} = U_{ref} - U_{LSB}$$

Beispiel 2.2:

Simulation eines 4-Bit-DAU mit einem LabVIEW-Programm.

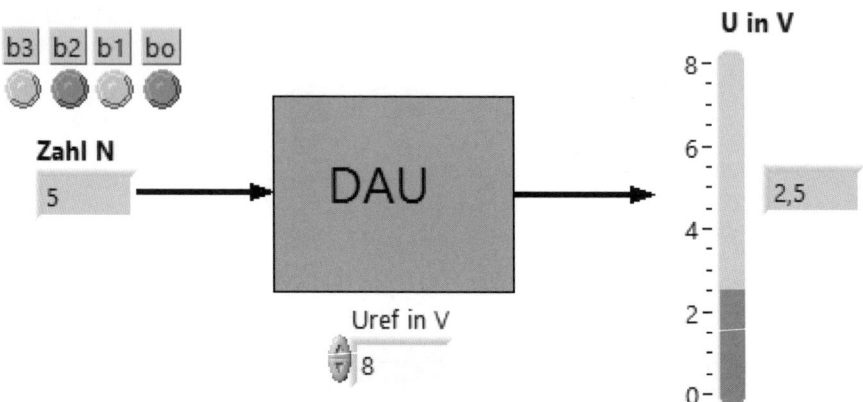

Bild 2.3 Schematische Darstellung im Panel

Die Darstellung im Panel (Bild 2.3) erfolgt mit Objekten aus der LabVIEW-Controls-Palette. Es ist die Eingabe einer 4-Bit-Dualzahl und einer Referenzspannung möglich.

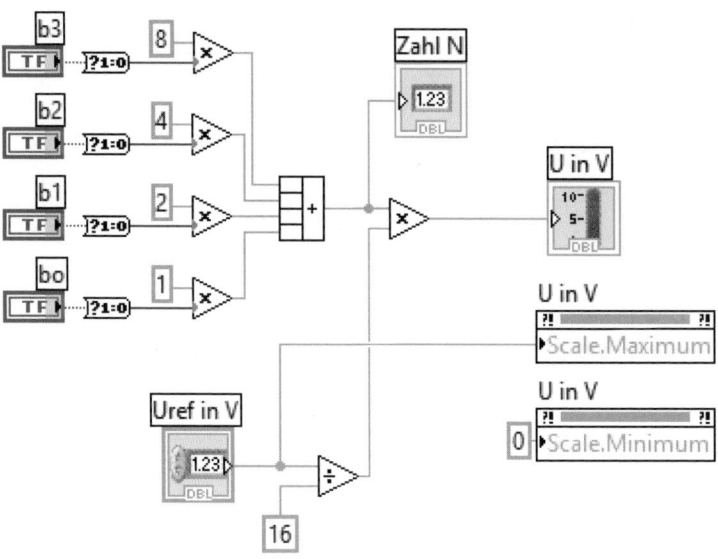

Bild 2.4 LabVIEW-Programm

Die Programmierung (Bild 2.4) erfolgt mit entsprechenden Elementen aus der LabVIEW-Funktions-Palette.

2.2 Verfahren zur DA-Umsetzung

Zur Realisierung von DA-Wandlern werden unterschiedliche Schaltungen eingesetzt. Sie unterscheiden sich in den Eigenschaften wie Umsetzungsgeschwindigkeit, Auflösung, Genauigkeit, Linearität. Beispielhaft soll hier die Funktionsweise einer häufig eingesetzten Schaltung, dem R-2R-Leiternetzwerk (Bild 2.5), genauer betrachtet werden.

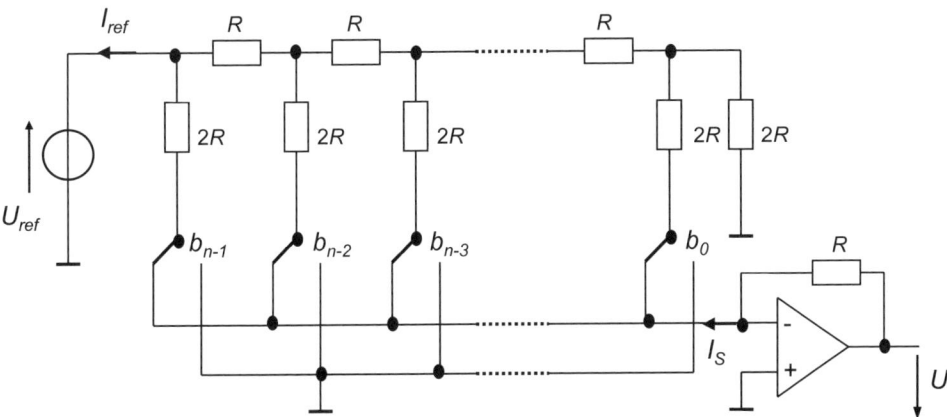

Bild 2.5 DAU mit R-2R-Leiternetz

Das Widerstandsnetzwerk bewirkt für die Spannungsquelle U_{ref} einen Gesamtwiderstand von R mit dem Gesamtstrom $I_{ref} = U_{ref}/R$ und an den Stromknoten jeweils die Halbierung des Stromes. Je nach Schalterstellung fließen die so binär gewichteten Ströme durch die Widerstände $2R$ nach Masse oder zum Summationspunkt am Operationsverstärker (OPV).

Ordnet man den Schaltern in Bild 2.5 die binären Variablen b_0 bis b_{n-1} zu, mit

$b_i = 0$, wenn der Schalter an Masse liegt

und

$b_i = 1$, wenn der Schalter am Summationspunkt des OPV liegt (gezeichnete Schalterstellung),

dann lässt sich die Stromsumme I_s am Summationspunkt des OPV in folgender Weise ausdrücken:

$$I_S = b_{n-1} \cdot \frac{I_{ref}}{2} + b_{n-2} \cdot \frac{I_{ref}}{4} + \ldots + b_0 \cdot \frac{I_{ref}}{2^n}; \text{ mit } I_{ref} = \frac{U_{ref}}{R}$$

oder

$$I_S = \frac{I_{ref}}{2^n} \cdot \left(b_{n-1} \cdot 2^{n-1} + b_{n-2} \cdot 2^{n-2} + \ldots + b_0 \cdot 2^0\right)$$

Der Ausdruck in der Klammer stellt eine Dualzahl N mit n Bits dar, also folgt:

$$I_S = \frac{I_{ref}}{2^n} \cdot N$$

Der Strom I_S führt über den Rückkopplungswiderstand R am OPV zur Ausgangsspannung U:

$$U = R \cdot I_S = R \cdot \frac{I_{ref}}{2^n} \cdot N = R \cdot \frac{U_{ref}}{R \cdot 2^n} \cdot N = \frac{U_{ref}}{2^n} \cdot N$$

und somit zur Funktionsgleichung eines DAU.

DAU-Verfahren in der Übersicht

In Tabelle 2.1 sind häufig angewendete Verfahren zur DA-Umsetzung zusammengefasst.

Tabelle 2.1 DAU-Verfahren

Verfahren	Eigenschaften	Einsatzbeispiele
R-2R-DA-Umsetzer	gute Genauigkeit, da nur zwei Widerstandswerte	Mikrocontroller, Messkarten
	niederohmige Widerstandswerte für schnelle Anwendungen möglich	
stromgewichtete DA-Umsetzer	einfacher Aufbau	Messtechnik, Mikrocontroller
	bei hoher Auflösung großer Widerstandsbereich erforderlich	
Sigma-Delta-DA-Umsetzer	hohe Auflösung bis 24 Bit	Audiotechnik
	gute Linearität	

■ 2.3 Fehlerbetrachtung

Bei realen DA-Wandlern weicht die Kennlinie vom idealen Verlauf ab. In Bild 2.6 ist dies stark übertrieben dargestellt. Die Abweichungen sind entsprechend als Fehler definiert. (Diese allgemein üblichen Fehlerdefinitionen sind in analoger Weise auch für andere Elektronik-Bausteine festgelegt.)

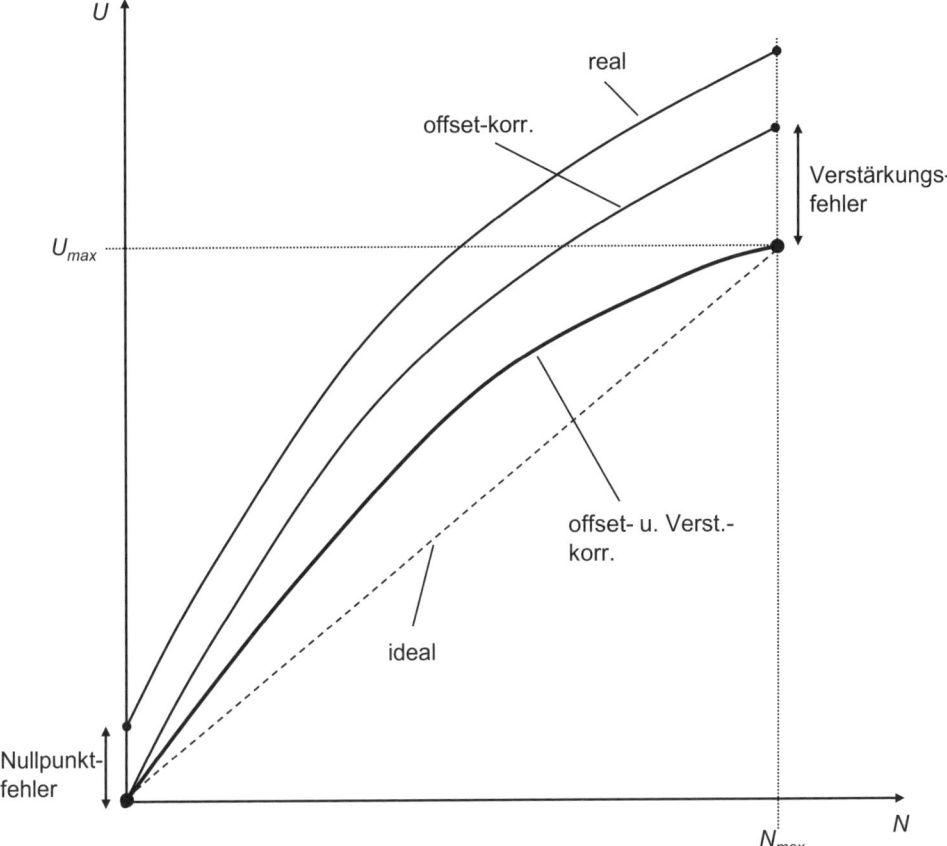

Bild 2.6 Reale DAU-Kennlinie

Nullpunktfehler (offset error)

Der Nullpunktfehler ist die Spannungsabweichung zwischen dem realen und idealen Nullpunkt (siehe Bild 2.6).

$$F_{offset} = U(N=0) - U_{LSB} \cdot 0 = U(N=0) \tag{2.2}$$

Er wird in der Regel abgeglichen (Verschiebung der realen Kennlinie über ein offset-Potentiometer in den idealen Nullpunkt).

Verstärkungsfehler (gain error, full scale error)

Nach Abgleich des Nullpunktfehlers verbleibt ein Verstärkungsfehler. Er gibt die Abweichung der maximalen Ausgangsspannung vom idealen Wert für U_{max} an (siehe Bild 2.6).

$$F_{FS} = U(N=N_{max}) - U_{LSB} \cdot N_{max} \tag{2.3}$$

Er wird z. B. in Prozent vom Endwert (full scale) oder als Vielfaches von U_{LSB} angegeben.

Auch der Verstärkungsfehler wird üblicherweise abgeglichen (Drehung der offset-korrigierten Kennlinie über ein Verstärkungs-Potentiometer in den idealen Endpunkt).

Nach Abgleich von Nullpunkt- und Verstärkungsfehler werden die verbleibenden Nichtlinearitäten in der Kennlinie wie folgt angegeben:

Integrale Nichtlinearität INL (integral non linearity)

Sie ist die Differenz zwischen der tatsächlichen Spannung U und der idealen Spannung, die durch $U_{LSB} \cdot N$ bestimmt ist.

$$INL(N) = U(N) - U_{LSB} \cdot N \qquad (2.4)$$

Differentielle Nichtlinearität DNL (differential non linearity)

Es werden zwei benachbarte Punkte der Kennlinie betrachtet und die Abweichung zwischen der tatsächlichen Spannungsdifferenz und der idealen Spannungsdifferenz U_{LSB} ermittelt.

$$DNL(N, N+1) = (U(N+1) - U(N)) - U_{LSB} \qquad (2.5)$$

Beispiel 2.3: *verstärkungskorrigierten*

Bei der Messung an einem 3-Bit-DAU mit U_{ref} = 10 V wurden folgende Werte (Tabelle 2.2) ermittelt:

Tabelle 2.2 DAU-Messwerte

N	0	1	2	3	4	5	6	7
U/V	0,30	1,85	3,40	5,45	6,00	8,05	9,60	11,15

a) Berechnen Sie U_{LSB}.

b) Wie groß ist die maximale Spannung U_{max}, die der DAU liefern müsste?

c) Korrigieren Sie den Nullpunktfehler.

d) Korrigieren Sie den Verstärkungsfehler.

e) Ermitteln Sie die maximale integrale Nichtlinearität INL_{max} des DAU.

f) Ermitteln Sie die maximale differentielle Nichtlinearität DNL_{max} des DAU.

g) Stellen Sie in einem Diagramm die ideale Kennlinie und die reale (offset- und verstärkungskorrigierte) Kennlinie dar.

Lösung 2.3:

a) $U_{LSB} = \dfrac{10\,\text{V}}{2^3} = 1,25\,\text{V}$

b) $U_{max} = U_{LSB} \cdot N_{max} = 1,25\,\text{V} \cdot 7 = 8,75\,\text{V}$

c) Zur Korrektur des Nullpunktfehlers muss von allen Punkten der gemessenen Kennlinie der Nullpunktfehler von 0,3 V subtrahiert werden. Das Ergebnis ist aus der Zeile zwei (U/V offset-korrigiert) von Tabelle 2.3 zu entnehmen.

d) Nach der Offset-Korrektur beträgt die max. Spannung 10,85 V. Der ideale Spannungswert ist 8,75 V. Zur Korrektur des Verstärkungsfehlers ist die offset-korrigierte Kennlinie mit dem Faktor 8,75 V/10,85 V = 0,8065 in den idealen Endpunkt zu „drehen". Das Ergebnis zeigt Zeile drei (U/V verstärkungskorrigiert) von Tabelle 2.3.

e) Die integrale Nichtlinearität INL ergibt sich nach Gleichung 2.4 aus der Differenz der Spannungswerte der Zeilen drei (U/V verstärkungskorrigiert) und vier (U/V ideal). Sie ist der fünften Zeile (INL/V) zu entnehmen. Der Maximalwert INL_{max} beträgt 0,40 V.

f) Die differentielle Nichtlinearität DNL ergibt sich nach Gleichung 2.5 aus der Differenz zweier aufeinanderfolgender Spannungswerte der Zeile drei (U/V verstärkungskorrigiert) im Vergleich zum idealen Wert U_{LSB}. Das Ergebnis zeigt die Zeile sechs (DNL/V). Der betragsmäßig maximale Wert liegt bei DNL_{max} = 0,81 V.

g) In Bild 2.7 sind ideale und reale Kennlinie dargestellt.

Tabelle 2.3 Lösungen zu Beispiel 2.3

N	0	1	2	3	4	5	6	7
U/V offset-korrigiert	0,00	1,55	3,10	5,15	5,70	7,75	9,30	10,85
U/V verstärkungskorrigiert	0,00	1,25	2,50	4,15	4,60	6,25	7,50	8,75
U/V ideal	0,00	1,25	2,50	3,75	5,00	6,25	7,50	8,75
INL/V	0,00	0,00	0,00	0,40	−0,40	0,00	0,00	0,00
DNL/V	—	0,00	0,00	0,40	−0,81	0,40	0,00	0,00

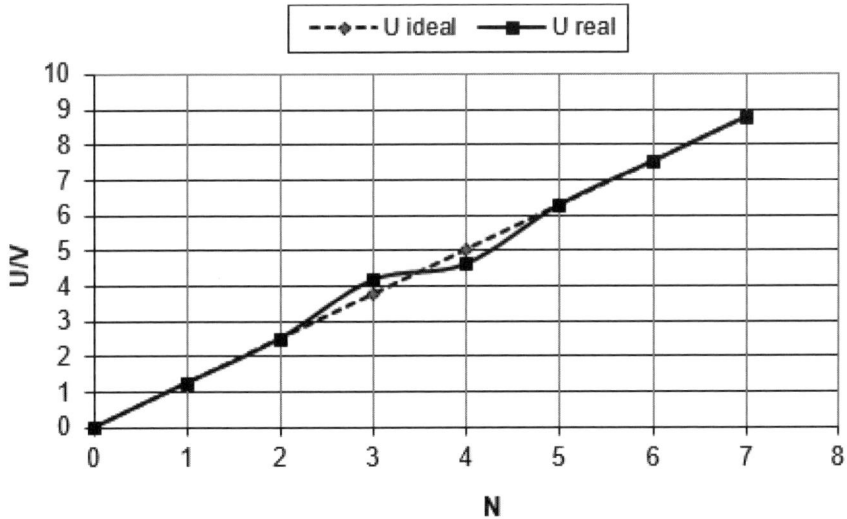

Bild 2.7 DAU-Kennlinien zu Beispiel 2.3

2.4 Übungen

Aufgabe 2.1:

An einen 4-Bit-DAU werden die Eingangswerte N = 10, 3 und 7 angelegt und dabei die Ausgangsspannungen U = 1 V, 0,3 V und 0,7 V gemessen.

Welche maximale Ausgangsspannung U_{max} hat der DAU?

Aufgabe 2.2:

Ein DAU mit dem Ausgangsspannungsbereich $0\,V \leq U \leq 2{,}5\,V$ soll eine Auflösung $U_{LSB} \leq 10\,mV$ haben.

Wie viele Bits muss der DAU mindestens haben?

Aufgabe 2.3:

Welche Fehlerarten lassen sich bei üblichen DA-Umsetzern extern abgleichen und wie wird der Abgleich prinzipiell durchgeführt?

Aufgabe 2.4:

Ein 5-Bit-DAU hat eine maximale Ausgangsspannung von 4,65 V.

Welche Ausgangsspannung ergibt sich bei einer Eingangsgröße von N = 9?

Aufgabe 2.5:

Bei einem 3-Bit-DAU mit U_{ref} = 2 V werden nacheinander die Ausgangsspannungen 0 V; 0,3 V; 0,4 V; 0,75 V; 1,0 V; 1,2 V; 1,5 V; 1,75 V gemessen.

Bestimmen Sie die maximalen Linearitätsfehler (Betrag) INL_{max} und DNL_{max}.

Aufgabe 2.6:

Skizzieren Sie die Kennlinie eines DAU mit den Daten: FS = 4 V; n = 4

2.5 Lösungen

Lösung 2.1:

$$U = U_{LSB} \cdot N \Rightarrow U_{LSB} = \frac{U}{N} = \frac{1\,V}{10} = 0{,}1\,V$$

$$U_{max} = U_{LSB} \cdot N_{max} = U_{LSB} \cdot (2^4 - 1) = 1{,}5\,V$$

Lösung 2.2:

$$U_{LSB} = \frac{U_{ref}}{2^n} \leq 10\,mV \Rightarrow 2^n \geq \frac{2{,}5\,V}{10\,mV} = 250$$

$$n \geq ld(250) = 7{,}97 \qquad \text{d. h. } n \geq 8$$

Lösung 2.3:

Nullpunktfehler (offset error): Eingangsgröße $N = 0$ anlegen und über das Offset-Potentiometer auf $U = 0$ V abgleichen.

Verstärkungsfehler (full scale error): Eingangsgröße $N = N_{max}$ anlegen und über das Verstärkungs-Potentiometer auf $U = U_{max}$ abgleichen.

Lösung 2.4:

$$U_{LSB} = \frac{U_{max}}{N_{max}} = \frac{4{,}65\,\text{V}}{2^5 - 1} = 0{,}15\,\text{V}$$

$$U = U_{LSB} \cdot N = 0{,}15\,\text{V} \cdot 9 = 1{,}35\,\text{V}$$

Lösung 2.5:

Nullpunkt- und Verstärkungsfehler sind nicht vorhanden bzw. abgeglichen.

Für die Linearitätsfehler ergeben sich nach Definition die Werte in Tabelle 2.4 mit $INL_{max} = 0{,}1$ V und $DNL_{max} = 0{,}15$ V (Betragswerte).

Tabelle 2.4 Aufgabe 2.5: Linearitätsfehler

N	0	1	2	3	4	5	6	7
U/V Messwerte	0,0	0,3	0,4	0,75	1,0	1,2	1,5	1,75
U/V ideal	0	0,25	0,5	0,75	1,0	1,25	1,5	1,75
INL/V	0	0,05	−0,1	0	0	−0,05	0	0
DNL/V	—	0,05	−0,15	0,1	0	−0,05	0,05	0

Lösung 2.6:

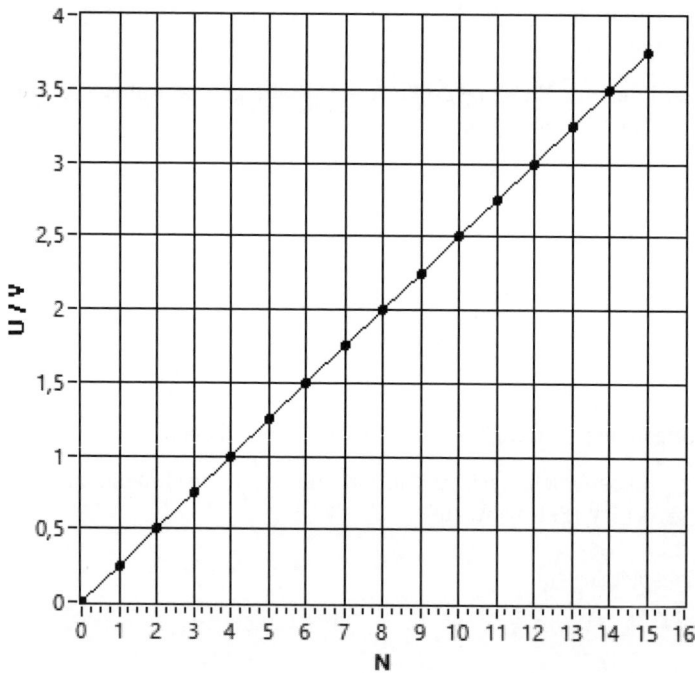

Bild 2.8 Kennlinie zu Aufgabe 2.6

3 Analog-Digital-Umsetzer

Ein Analog-Digital-Umsetzer (ADU), auch Analog-Digital-Wandler oder Analog-Digital-Converter (ADC) genannt, setzt eine analoge Eingangsspannung in eine Zahl um.

3.1 Grundbegriffe und Kennlinie

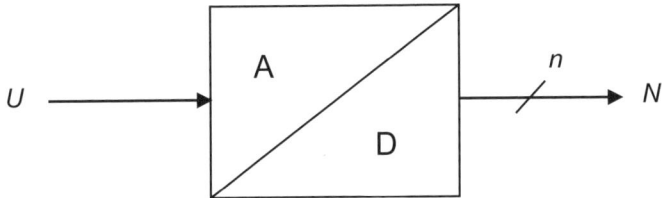

Bild 3.1 Blockbild AD-Umsetzer

Bild 3.1 zeigt das Blockbild für einen AD-Umsetzer. Der Bereich der Eingangsspannung U wird über eine Referenzspannung U_{ref} festgelegt. Die analoge Eingangsgröße kann jeden möglichen Zwischenwert im Spannungsbereich annehmen. Die Zahl N als Ausgangsgröße kann nur diskrete Werte annehmen. Sie wird meist als Dualzahl mit n Bits ausgegeben.

Folgende Gleichung, die **Wandlungsfunktion**, beschreibt das Übertragungsverhalten:

$$N = \left\langle \frac{U}{U_{LSB}} \right\rangle \qquad (3.1)$$

mit

$$U_{LSB} = \frac{U_{ref}}{2^n}$$

Die „eckige Klammer" bedeutet hierbei, dass N gerundet wird und nur ganze Zahlen annehmen kann.

U_{ref} = Referenzspannung, legt den Bereich der Eingangsspannung U fest

U_{LSB} = Quantisierungseinheit = Spannungsstufung der Eingangsspannung U

 Die Ausgangsgröße N eines ADU gibt an, wie oft die Quantisierungseinheit U_{LSB} in der Eingangsspannung U gerundet enthalten ist.

3 Analog-Digital-Umsetzer

Die grafische Darstellung der Wandlungsfunktion ergibt die **Kennlinie eines ADU**.

Beispiel 3.1:

Für einen 3-Bit-ADU ($n = 3$) mit $U_{ref} = 4\,\text{V}$ ist die Kennlinie zu zeichnen.

Lösung 3.1:

$$U_{LSB} = \frac{U_{ref}}{2^n} = \frac{4\,\text{V}}{2^3} = 0,5\,\text{V}$$

Die sich damit nach Gleichung 3.1 ergebende Kennlinie ist in Bild 3.2 dargestellt.

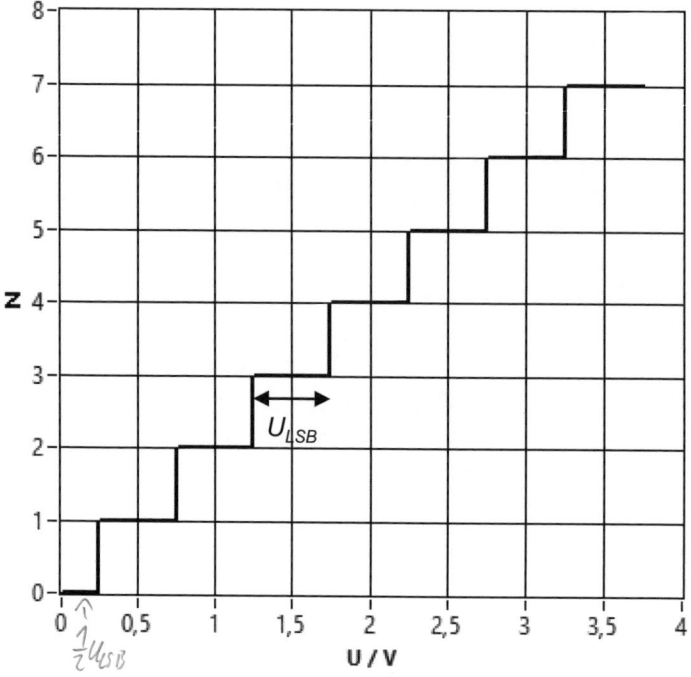

Bild 3.2 ADU-Kennlinie

Quantisierungsfehler

Da die AD-Wandlung unendlich viele analoge Spannungswerte auf eine endliche Anzahl von Zahlenwerten abbildet (dieser Vorgang wird auch als Quantisierung bezeichnet), lässt sich von einem quantisierten Zahlenwert N nicht mehr eindeutig auf die Eingangsspannung U zurückschließen. Es entsteht eine Unsicherheit, die man mit „Quantisierungsfehler" bezeichnet. Der Quantisierungsfehler ist ein systematischer Fehler, der bei jeder AD-Umsetzung entsteht. Er kann durch höhere Auflösung des ADU (höhere Bit-Anzahl n) hinreichend klein gemacht werden.

Bei vorliegendem Zahlenwert N lässt sich bezüglich der gewandelten Spannung U nur noch folgende Aussage machen:

$$U = N \cdot U_{LSB} \pm \frac{1}{2} \cdot U_{LSB} \qquad (3.2)$$

Die Unsicherheit $\pm \tfrac{1}{2} U_{LSB}$ drückt den entstehenden Quantisierungsfehler aus. Im Beispiel (Bild 3.2) lässt sich das unmittelbar nachvollziehen:

Für z. B. $N = 3$ ergibt sich:

$$U = N \cdot U_{LSB} \pm \frac{1}{2} \cdot U_{LSB} = 3 \cdot 0{,}5\,\text{V} \pm \frac{1}{2} \cdot 0{,}5\,\text{V} = 1{,}5\,\text{V} \pm 0{,}25\,\text{V}$$

d. h. die Eingangsspannung U lag im Bereich 1,25 V bis 1,75 V.

Beispiel 3.2:

Zur digitalen Temperaturmessung kommt die in Bild 3.3 dargestellte Schaltung zum Einsatz. Der zu erfassende Temperaturbereich von 10 °C bis 40 °C wird durch den Sensor und die nachfolgende Signalkonditionierung auf einen Spannungsbereich von 0 V bis 10 V abgebildet. Zu ermitteln ist die gemessene Temperatur θ, wenn der AD-Wandler einen Zahlenwert von $N = 12$ ausgibt.

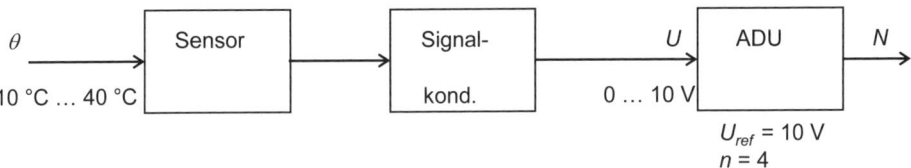

Bild 3.3 Digitale Temperaturmessung

Lösung 3.2:

Aus den AD-Wandler-Daten $U_{ref} = 10$ V und $n = 4$ ergibt sich für die Quantisierungseinheit U_{LSB}

$$U_{LSB} = \frac{10\,\text{V}}{2^4} = 0{,}625\,\text{V}$$

Für die Eingangsspannung U am AD-Wandler kann demnach angegeben werden:

$$U = N \cdot U_{LSB} \pm \frac{1}{2} \cdot U_{LSB} = 12 \cdot 0{,}625\,\text{V} \pm \frac{1}{2} \cdot 0{,}625\,\text{V} = 7{,}7\,\text{V} \pm 0{,}3125\,\text{V}$$

Zwischen Temperatur und Spannung gilt aufgrund der Abbildung die Relation:

$$\frac{\Delta \theta}{\Delta U} = \frac{30\,°\text{C}}{10\,\text{V}} = 3\,\frac{°\text{C}}{\text{V}}$$

Somit erhält man für die gemessene Temperatur unter Berücksichtigung des Anfangswertes von 10 °C:

$$\theta = 10\,°C + U \cdot 3\frac{°C}{V} = 10\,°C + 22{,}5\,°C \pm 0{,}94\,°C = 32{,}5\,°C \pm 0{,}94\,°C$$

Die Temperatur würde also bei dieser Messeinrichtung infolge des Quantisierungsfehlers mit einer Ungenauigkeit von ±0,94 °C erfasst werden. Bei Verwendung eines 8-Bit-ADU würde die Ungenauigkeit nur noch ±0,06 °C betragen.

■ 3.2 Verfahren zur AD-Umsetzung

Ähnlich wie bei den DA-Wandlern gibt es auch hier eine Reihe unterschiedlicher Verfahren, die sich in ihren Eigenschaften wie Umsetzungsgeschwindigkeit, Auflösung, Genauigkeit, Linearität usw. unterscheiden. Beispielhaft soll wieder ein Verfahren genauer betrachtet werden. Es wird als Verfahren der sukzessiven Approximation („schrittweise Annäherung") bezeichnet (Bild 3.4).

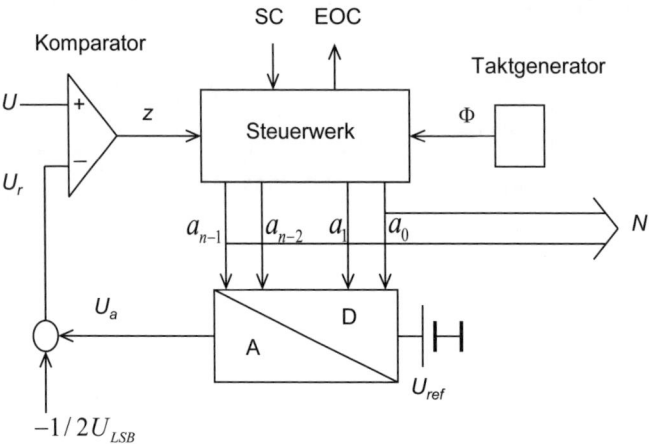

Bild 3.4 Verfahren der sukzessiven Approximation

Die Wandlung einer Eingangsspannung U in eine Zahl N lässt sich anhand von Bild 3.4 folgendermaßen beschreiben:

Nach einem Startimpuls an SC (start conversion) setzt das Steuerwerk die Leitungen a_{n-1} bis a_0 auf null. Damit ist $N = 0$, $U_a = 0\,V$ und die Vergleichsspannung am Komparator $U_r = -\frac{1}{2}U_{LSB}$.

Beginnend mit a_{n-1} werden jeweils mit der steigenden Flanke des Taktes Φ die einzelnen Leitungen a_i nacheinander (sukzessive) auf 1 gesetzt. Über den DA-Wandler in der Rückkopplung wird dabei die Vergleichsspannung U_r für den Komparator gemäß $U_r = N \cdot U_{LSB} - \frac{1}{2}U_{LSB}$ erzeugt. Bei der nachfolgenden fallenden Flanke des Taktes wird dann der Komparatorausgang z durch das Steuerwerk ausgewertet:

$z = 0$ (d. h. $U_r \geq U$)   → $a_i = 0$ (Bit wird zurückgesetzt)

$z = 1$ (d. h. $U_r < U$)   → $a_i = 1$ (Bit bleibt gesetzt)

Nach der Festlegung für Bit a_0 ist der Vorgang beendet und die Ausgangsgröße N bestimmt. Das Ende der Wandlung wird über das Signal EOC (end of conversion) angezeigt.

In Bild 3.5 ist der zeitliche Verlauf der einzelnen Größen für $U = 5{,}63$ V; $U_{ref} = 8$ V und $n = 5$ (Bits a_4 bis a_0) dargestellt. Als Ergebnis wird ein Ausgabewert von $N = 10111_2 = 23$ erzeugt.

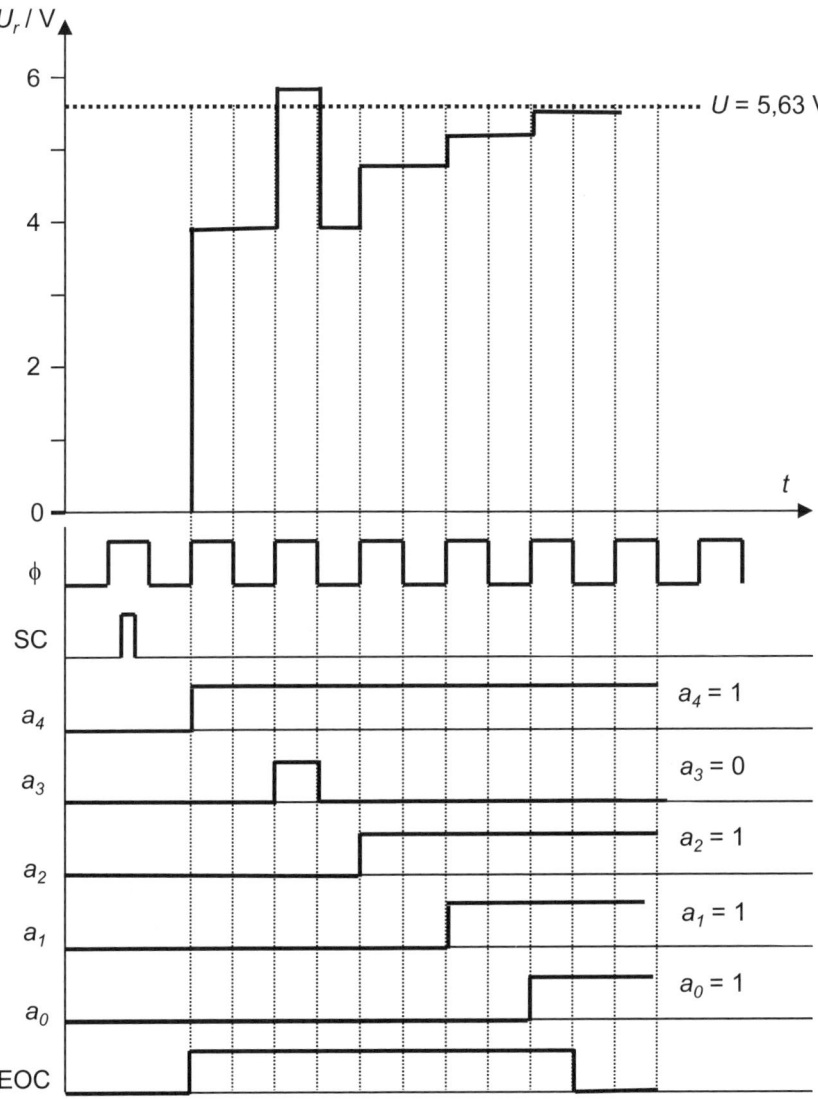

Bild 3.5 Sukzessive Approximation – zeitlicher Ablauf

Dies korrespondiert mit dem Ergebnis aus der Wandlungsfunktion:

$$U_{LSB} = \frac{U_{ref}}{2^n} = \frac{8\,\text{V}}{2^5} = 0{,}25\,\text{V}$$

$$N = \left\langle \frac{U}{U_{LSB}} \right\rangle = \left\langle \frac{5{,}63\,\text{V}}{0{,}25\,\text{V}} \right\rangle = 23$$

ADU-Verfahren in der Übersicht
In der Tabelle 3.1 sind wichtige Verfahren zur AD-Umsetzung zusammengefasst.

Tabelle 3.1 ADU-Verfahren

Verfahren	Eigenschaften	Einsatzbeispiele
sukzessive Approximation (Wägeverfahren)	mittlere Wandlungszeit (µs) Auflösung 8 bis 16 Bit	Messkarten, Mikrocontroller
Integrationsverfahren (Dual Slope)	gute Störunterdrückung lange Wandlungszeit (100 ms)	Messinstrumente
Parallelverfahren (Flash-Verfahren)	kurze Wandlungszeit (ns) hoher Schaltungsaufwand	Videotechnik
Sigma-Delta-Verfahren	hohe Auflösung bis 24 Bit, mittlere Wandlungszeit gute Linearität	Audiotechnik, Messkarten

■ 3.3 Quantisierungsfehler

In diesem Abschnitt soll noch einmal etwas ausführlicher auf den schon erwähnten Quantisierungsfehler eingegangen werden. Entsprechend der Fehlerdefinition in der Messtechnik ist er als Differenz zwischen der rückgewandelten Spannung U_{DA} und der ursprünglichen Spannung U definiert (Bild 3.6).

Quantisierungsfehler: $F_q = U_{DA} - U = N \cdot U_{LSB} - U$ (3.3)

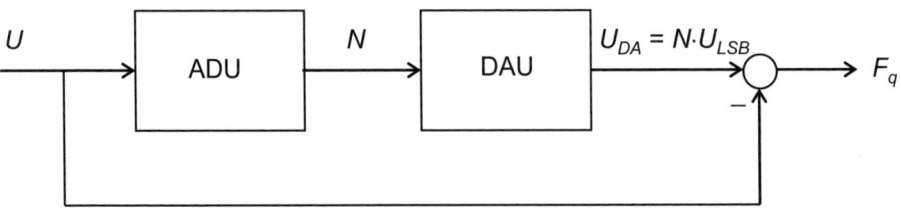

Bild 3.6 Quantisierungsfehler

Im folgenden Bild 3.7 ist der Verlauf des Quantisierungsfehlers über der Eingangsspannung U des ADU dargestellt. Wie schon im Abschnitt 3.2 festgestellt, bewegt er sich im Bereich $\pm \frac{1}{2} U_{LSB}$.

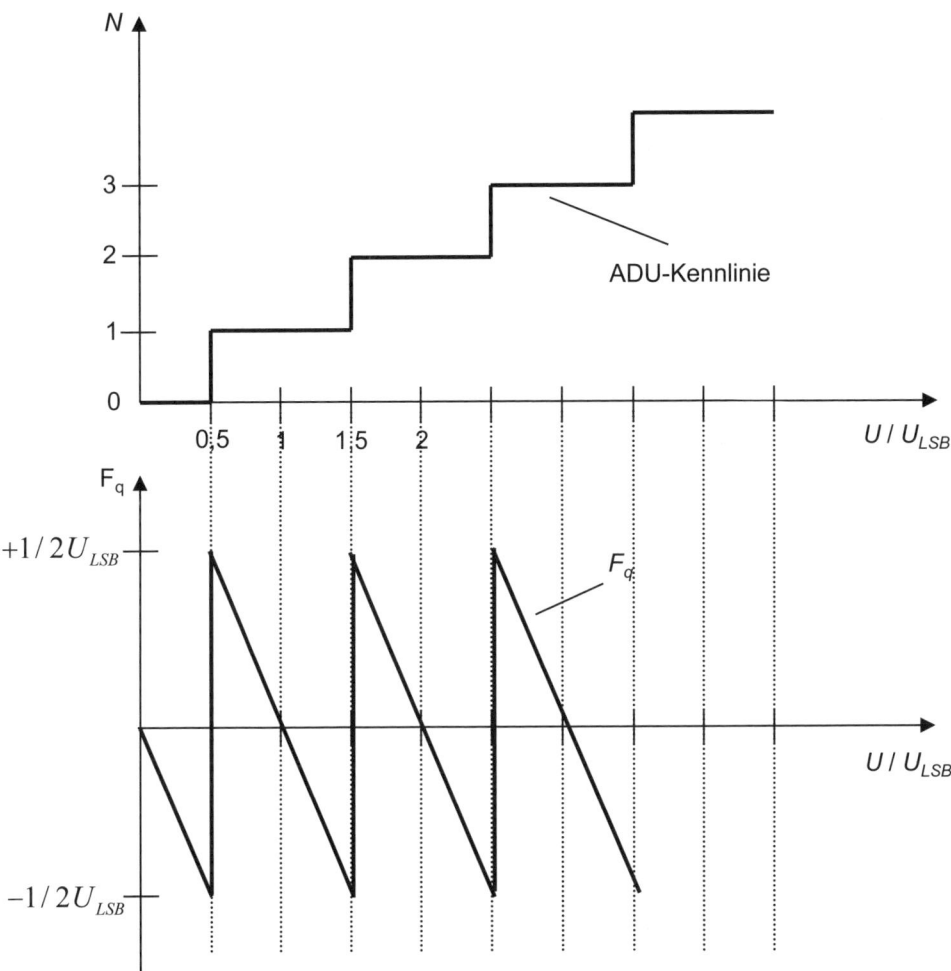

Bild 3.7 Quantisierungsfehler eines idealen ADU

Quantisierungsfehler bei zeitveränderlicher Eingangsspannung

Betrachtet man als Eingangsspannung am ADU eine Spannung $u(t)$, die sich zeitlinear ändert, dann lässt sich im Bild 3.7 die Spannungs-Achse (U-Achse) durch eine Zeit-Achse (t-Achse) ersetzen. Der Quantisierungsfehler ergibt sich dann als zeitveränderliche Funktion $F_q(t)$.

$$F_q(t) = u_{DA}(t) - u(t) = N(t) \cdot U_{LSB} - u(t) \tag{3.4}$$

Er lässt sich durch seinen Effektivwert beschreiben:

$$F_{qRMS} = \frac{\hat{F}_q}{\sqrt{3}} = \frac{\frac{1}{2}U_{LSB}}{\sqrt{3}} = \frac{U_{LSB}}{\sqrt{12}} \qquad (3.5)$$

Der Quantisierungsfehler wird bei zeitveränderlicher Eingangsspannung auch als Quantisierungsrauschen bezeichnet, weil er sich in der rückgewandelten Spannung wie ein überlagertes Rauschen äußert (Bild 3.8). Die Umstellung von Gleichung 3.4 macht diese Interpretation deutlich:

$$u_{DA}(t) = u(t) + F_q(t)$$

(rückgewandelte Spannung = Originalspannung + Quantisierungsrauschen)

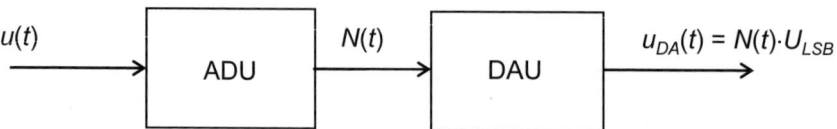

Bild 3.8 Rückgewandelte Spannung und Quantisierungsfehler

Der Einfluss des Quantisierungsrauschens auf das Signal wird durch das Signal/Rauschverhältnis *SNR* (Signal to Noise Ratio) beschrieben:

$$SNR = \frac{U_{RMS}}{F_{qRMS}} \qquad (3.6)$$

U_{RMS} = Effektivwert der Signalspannung $u(t)$

F_{qRMS} = Effektivwert des Quantisierungsrauschens $F_q(t)$

Für einen n-Bit-ADU ergibt sich damit bei Vollaussteuerung mit einem Sinussignal $u(t) = U_s \cdot \sin(\omega t)$:

Vollaussteuerung bedeutet: $U_{ref} = 2 \cdot U_s$

mit $U_{RMS} = \frac{U_s}{\sqrt{2}} = \frac{U_{ref}}{2 \cdot \sqrt{2}}$ und $F_{qRMS} = \frac{U_{LSB}}{\sqrt{12}} = \frac{U_{ref}}{2^n \cdot \sqrt{12}}$

folgt

$$SNR = \frac{U_{RMS}}{F_{qRMS}} = \sqrt{1{,}5} \cdot 2^n \qquad (3.7)$$

Üblicherweise wird das Signal/Rauschverhältnis in dB (Dezibel) ausgedrückt.

$$SNR_{dB} = 20 \cdot \lg(SNR) = 20 \cdot \lg\left(\sqrt{1{,}5} \cdot 2^n\right) = 20 \cdot \lg\sqrt{1{,}5} + 20 \cdot n \cdot \lg 2$$

$$SNR_{dB} = (1{,}76 + n \cdot 6{,}02)\,\text{dB} \tag{3.8}$$

Für einen 8-Bit-ADU ($n = 8$) erhält man nach Gleichung 3.7 bzw. 3.8

$$SNR = 314 \quad bzw. \quad SNR_{dB} = 49{,}92\,\text{dB}$$

oder anders ausgedrückt: das Quantisierungsrauschen beträgt 1/314 bzw. 0,03 % des Signals.

Bei realen AD-Umsetzern wird das Signal/Rauschverhältnis über eine Spektralanalyse messtechnisch ermittelt. Bei dieser Messung werden zusätzlich Verzerrungen (Distortion) aufgrund von Nichtlinearitäten in der Kennlinie mit erfasst. Das so bestimmte Signal/Rauschverhältnis wird mit *SINAD* (Signal to Noise And Distortion) bezeichnet (*SINAD* < *SNR*).

3.4 Codierungen für Datenwandler

AD- und DA-Wandler mit nur positiver Eingangs- und Ausgangsspannung (wie bisher betrachtet) werden als **unipolare Wandler** bezeichnet. Die Codierung der Zahl N am Ausgang bzw. Eingang ist üblicherweise binär und wird deshalb als „**binär**" oder auch „**straight binär**" bezeichnet. Es gibt aber durchaus auch andere Codierungen, z.B. mit BCD-Code (dies wird hier nicht weiter betrachtet).

AD- und DA-Wandler mit einem negativen und positiven Bereich für Eingangs- und Ausgangsspannung werden dann entsprechend als **bipolare Wandler** bezeichnet. Die bipolare Kennlinie ergibt sich, indem man die Spannung durch einen Offset von $-\frac{1}{2}U_{ref}$ in den negativen Bereich verschiebt. Die Achse für die Zahl N bleibt davon unberührt. Bezüglich der Codierung spricht man dann von „**offset binär**".

In Tabelle 3.2 ist dies nochmal für einen 8-Bit-Wandler zusammengefasst.

Tabelle 3.2 Datenwandler-Codierungen

Datenwandler	Spannungsbereich	Codierung für N
binär	0 V bis +FS (mit $FS = U_{ref}$)	0000 0000 bis 1111 1111
offset binär	−FS bis +FS (mit $2 \cdot FS = U_{ref}$)	0000 0000 bis 1111 1111

Die Gleichungen für bipolare Wandler ergeben sich in Erweiterung der Gleichungen 2.1 und 3.1 zu:

Bipolarer DAU:

$$U = U_{LSB} \cdot N - \frac{1}{2} \cdot U_{ref} \tag{3.9}$$

3 Analog-Digital-Umsetzer

Bipolarer ADU:

$$N = \left\langle \frac{U + \frac{1}{2} \cdot U_{ref}}{U_{LSB}} \right\rangle \tag{3.10}$$

In den Bildern 3.9 und 3.10 sind die Kennlinien für einen **bipolaren** 3-Bit-DAU mit U_{ref} = 2,4 V und einen bipolaren 3-Bit-ADU mit U_{ref} = 4 V dargestellt.

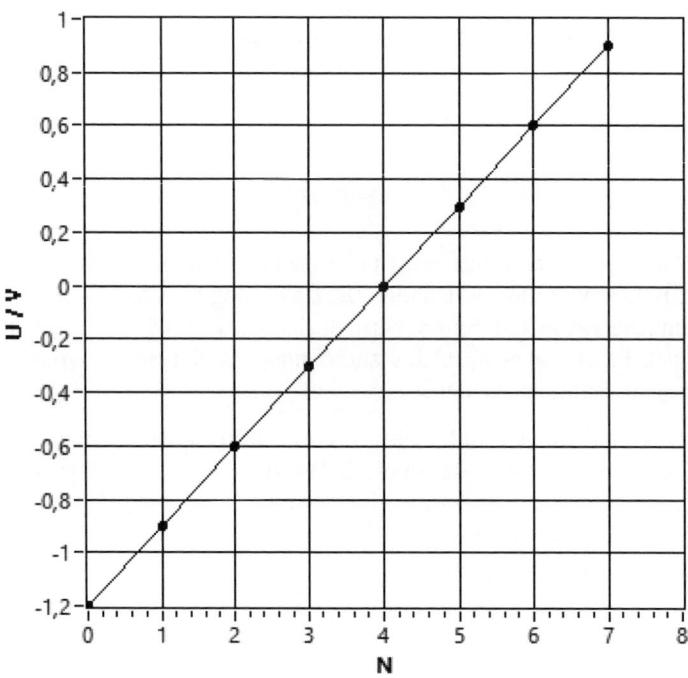

Bild 3.9 Bipolarer DAU

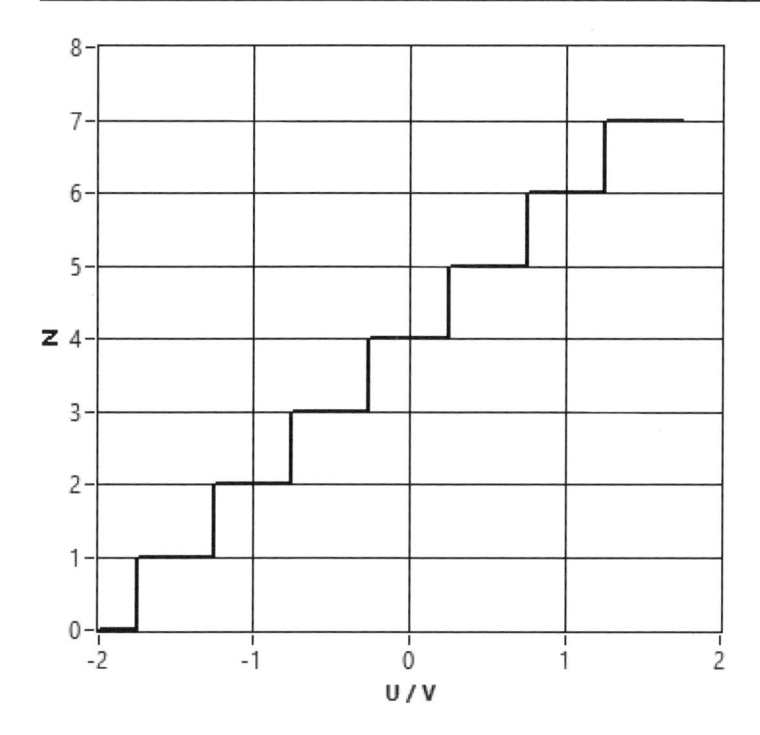

Bild 3.10 Bipolarer ADU

3.5 AD-Umsetzung bei zeitveränderlicher Eingangsspannung

Jeder AD-Wandler benötigt die für ihn charakteristische Wandlungszeit t_C (conversion time), um aus der anliegenden Spannung U den Zahlenwert N am Ausgang zu erzeugen. Ändert sich während der Wandlung die Eingangsspannung, so führt dies zu einem Fehler im ausgegebenen Wert N des ADU. N entspricht dann nicht dem Spannungswert zum Zeitpunkt der Wandlungsauslösung (Bild 3.11).

Um diesen Fehler auf ± 1 Bit in der Ausgangsgröße zu beschränken, sollte folgende Bedingung eingehalten werden:

$$\Delta u \leq \frac{1}{2} \cdot U_{LSB} \quad \text{während der Wandlungszeit} \, t_C \tag{3.11}$$

Die Gleichung 3.11 lässt sich anschaulicher formulieren, wenn man ein sinusförmiges Eingangssignal betrachtet (Bild 3.12).

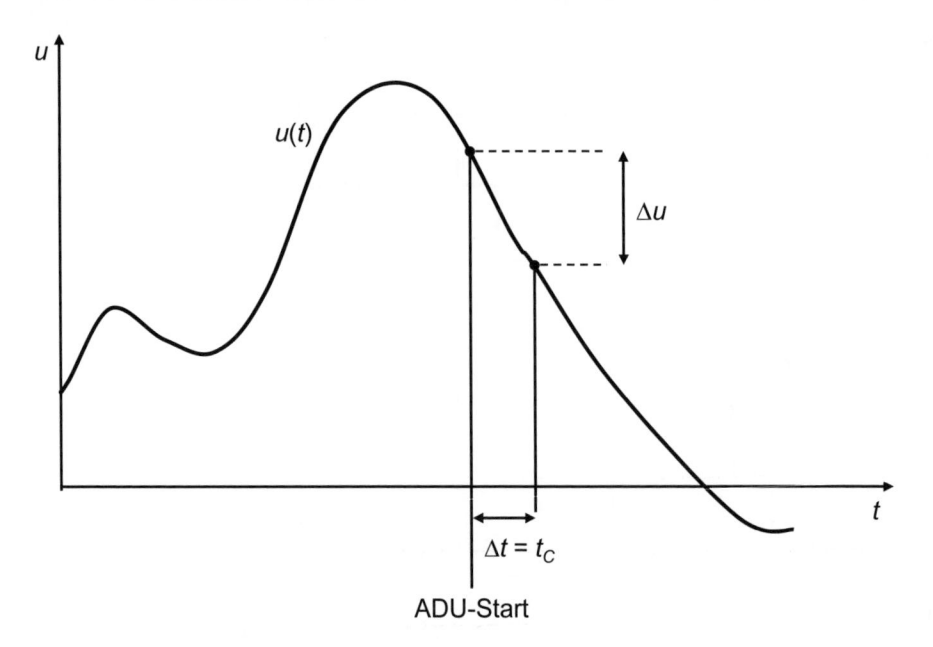

Bild 3.11 AD-Wandlung bei veränderlicher Eingangsspannung

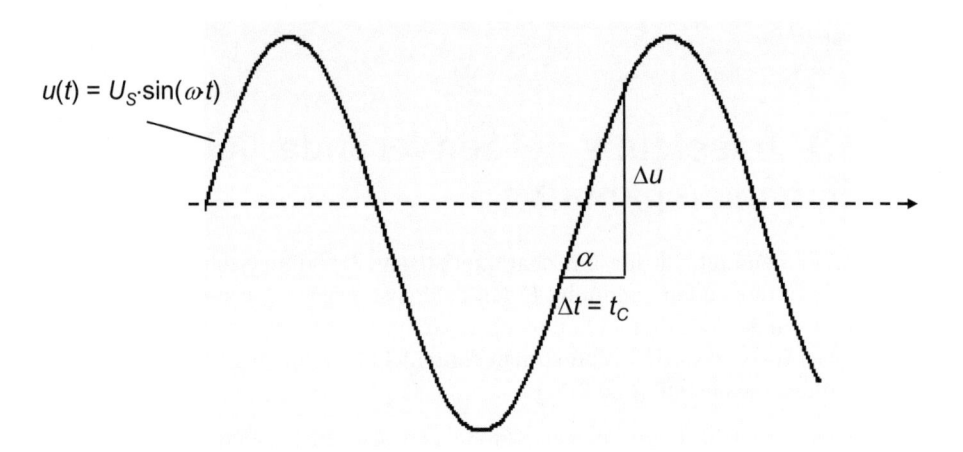

Bild 3.12 Sinusförmiges Eingangssignal

Für das in Bild 3.12 eingezeichnete Steigungsdreieck lässt sich folgender Ansatz machen:

$$\frac{\Delta u}{t_C} = \tan(\alpha) \approx \frac{du}{dt} = \frac{d(U_S \cdot \sin(\omega \cdot t))}{dt} = U_S \cdot \cos(\omega \cdot t) \cdot \omega$$

für $t = 0$ (Nulldurchgang der Sinusfunktion) gilt dann wegen $\cos(\omega t) = 1$:

$$\frac{\Delta u}{t_C} = U_S \cdot \omega \qquad \text{oder} \qquad \Delta u = t_C \cdot U_S \cdot \omega$$

Aus der Bedingung 3.11 folgt somit

$$t_C \cdot U_S \cdot \omega \leq \frac{1}{2} \cdot U_{LSB}$$

und mit $\omega = 2 \cdot \pi \cdot f$ schließlich die Forderung an die Frequenz eines sinusförmigen Eingangssignals:

$$f \leq \frac{U_{LSB}}{4 \cdot \pi \cdot U_S \cdot t_C} \qquad (3.12)$$

Beispiel 3.3:

Welche maximale Frequenz ist bei einem 8-Bit-ADU (bipolar; FS = 5 V; t_C = 5 µs) für Vollaussteuerung mit Sinussignal zulässig?

Lösung 3.3:

$$U_{LSB} = \frac{2 \cdot FS}{2^n} = \frac{10\,\text{V}}{2^8} = 39{,}06\,\text{mV}$$

$$f_{max} = \frac{U_{LSB}}{4 \cdot \pi \cdot U_S \cdot t_C} = \frac{U_{LSB}}{4 \cdot \pi \cdot 5\,\text{V} \cdot 5\,\text{µs}} = 124\,\text{Hz}$$

Für Eingangssignale mit höheren Frequenzen ist dem AD-Umsetzer ein SH-Schaltkreis (Sample-Hold-Schaltkreis = Abtast-und-Halte-Schaltkreis) vorzuschalten.

■ 3.6 Sample-Hold-Schaltung

Der Sample-Hold-Schaltkreis (Bild 3.13) ist ein Analogwert-Speicher, der den Momentanwert einer Spannung für einen nachfolgenden kurzen Zeitraum in einer Kapazität speichert. Eingesetzt wird der SH-Schaltkreis immer dann, wenn sich die Eingangsspannung eines ADU während der Umsetzungszeit zu stark (siehe Gleichung 3.11) ändert. Die SH-Schaltung hat dann die Aufgabe, zu einem bestimmten Zeitpunkt – dem Abtastzeitpunkt – der Eingangsspannung eine „Probe" zu entnehmen und diesen analogen Spannungswert für den nachgeschalteten ADU „konstant" zu halten. In der Sample-Phase ist der Schalter geschlossen und der Kondensator C lädt sich auf die Eingangsspannung $u_e(t)$ auf. Für die Hold-Phase wird der Schalter geöffnet und die idealerweise konstant bleibende Kondensatorspannung an den ADU weitergeleitet. Die Steuerung des Schalters erfolgt über das binäre *SH*-Steuersignal.

Funktionsweise einer **idealen** Sample-Hold-Schaltung:

Zustand „SAMPLE" (Schalter geschlossen, SH = 1): $u_a(t) = u_e(t)$

Zustand „HOLD" (Schalter offen, SH = 0): $u_a(t) = konst. = u_e(t_{S-H})$

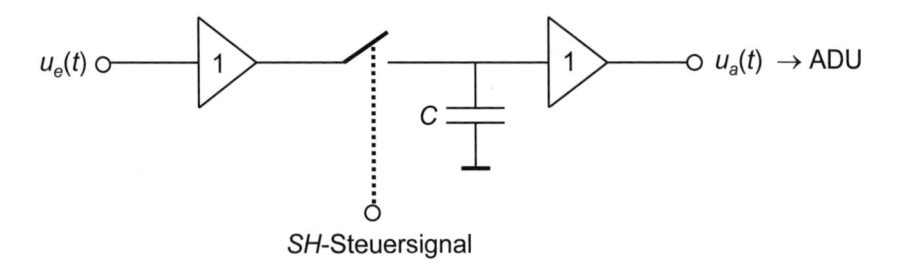

Bild 3.13 Prinzip der SH-Schaltung

In Bild 3.14 ist der Abtastvorgang für eine **reale SH-Schaltung** skizziert. Die eingezeichneten Kenngrößen charakterisieren den Schaltkreis. Sie sind im Datenblatt spezifiziert.

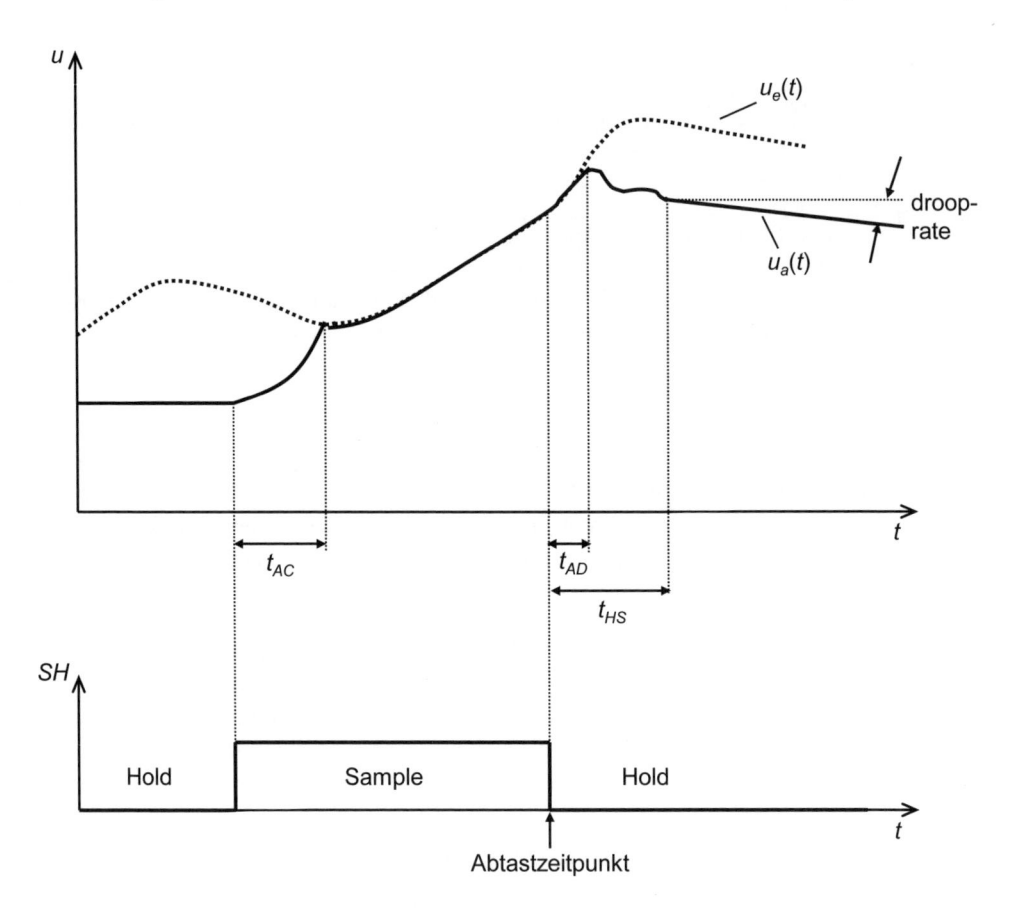

Bild 3.14 Abtastvorgang beim SH-Schaltkreis

Bedeutung der Spezifikationen

t_{AC} = Acquisition Time (Erfassungszeit): Sie gibt an, wie lange es dauert, bis die angelegte Eingangsspannung innerhalb definierter Genauigkeitsgrenzen (z. B. 0,1 %) erreicht wird.

t_{AD} = Aperture Delay Time (Öffnungsverzögerung): ist die Zeit zwischen dem Hold-Befehl und dem vollständigen Öffnen des Halbleiterschalters.

Zu unterscheiden ist hier:

1. beliebige Abtastung (random sampling): Das Hold-Signal wird durch ein bestimmtes Ereignis (Trigger) gegeben. Die Eingangsfrequenz nach Gleichung 3.12 ist dann nicht durch t_C sondern durch t_{AD} bestimmt, da sich innerhalb dieser Zeit die Spannung u_e noch ändern kann.

$$f_e \leq \frac{U_{LSB}}{4 \cdot \pi \cdot U_S \cdot t_{AD}}$$

2. periodische Abtastung (periodic sampling) von Signalverläufen: Ein konstanter zeitlicher Versatz durch t_{AD} hat hier i. Allg. keinen Einfluss, jedoch aber eine mögliche Schwankung (Unsicherheit) in der Zeit t_{AD}. Diese wird über die sogenannte Aperture Uncertainty (oder Aperture Jitter) t_{AU} angegeben. Innerhalb dieser Zeitspanne kann der übernommene Spannungswert variieren. Damit gilt für die Frequenz des Eingangssignals:

$$f_e \leq \frac{U_{LSB}}{4 \cdot \pi \cdot U_S \cdot t_{AU}} \tag{3.13}$$

t_{HS} = Hold Settling Time (Hold-Einschwingzeit): Dauer des Einschwingvorgangs nach dem Umschalten in die Hold-Phase. Frühestens nach Ablauf dieser Zeit darf die AD-Umsetzung beginnen.

Droop Rate (Abfallrate): Änderung der Ausgangsspannung u_a aufgrund von Kondensator-Leckströmen und Eingangsströmen des Verstärkers; (Angabe z. B. in μV/s)

Beispiel 3.4:

Zur digitalen Erfassung von Signalen mit höheren Frequenzen wird dem ADU aus Beispiel 3.3 ein SH-Baustein mit den Zeitspezifikationen t_{AC} = 3 μs; t_{AU} = 0,5 ns; und t_{HS} = 0,5 μs vorgeschaltet. Welche maximale Eingangsfrequenz ist dann bei Vollaussteuerung mit einem Sinussignal möglich?

Lösung 3.4:

In Beispiel 3.3 wurde ein U_{LSB} von 39,06 mV ermittelt.

Damit ergibt sich jetzt für die max. mögliche Eingangsfrequenz nach Gleichung 3.13:

$$f_{e\,max} = \frac{U_{LSB}}{4 \cdot \pi \cdot U_S \cdot t_{AU}} = \frac{39{,}06\,\text{mV}}{4 \cdot \pi \cdot 5\,\text{V} \cdot 0{,}5\,\text{ns}} = 1{,}24\,\text{MHz}$$

Zeitliche Koordination zwischen SH-Schaltkreis und AD-Umsetzer

Bei den Steuersignalen *SH*-Steuersignal (SH-Schaltkreis) und *SC* = Start Conversion (AD-Umsetzer) ist der in Bild 3.15 dargestellte zeitliche Bezug zu beachten. Die Sample-Phase muss mindestens für die Zeit t_{AC} anliegen. Nach dem Umschalten in die Hold-Phase kann nach der Zeit t_{HS} die AD-Wandlung gestartet werden. Die nächste Sample-Phase kann frühestens nach Ablauf der Wandlungszeit t_C beginnen.

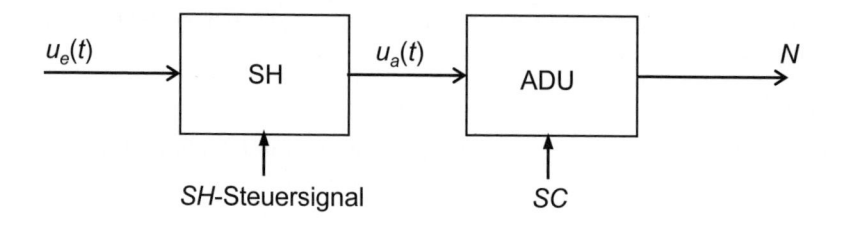

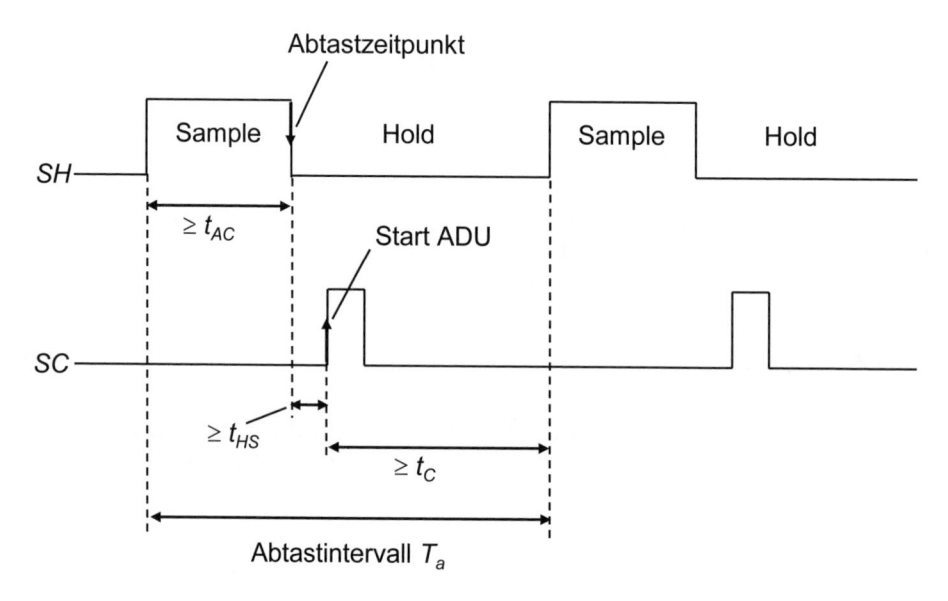

Bild 3.15 Zeitliche Relation der Steuersignale

Für das Abtastintervall T_a, also für die notwendige Zeit zur Erfassung eines Abtastwertes aus dem Signalverlauf, ergibt sich demnach folgende Beziehung:

$$T_a \geq t_{AC} + t_{HS} + t_C$$

Für die Abtastfrequenz f_a als Kehrwert des Abtastintervalls T_a gilt dann:

$$f_a \leq \frac{1}{t_{AC} + t_{HS} + t_C} \tag{3.14}$$

In Tabelle 3.3 sind die relevanten Gleichungen aus den Abschnitten 3.5 und 3.6 übersichtlich zusammengestellt.

Tabelle 3.3 Zusammenfassung zu SH und ADU

Schaltung	Forderung an die Eingangsfrequenz f_e	Forderung an die Abtastfrequenz f_a
ADU	$f_e \leq \dfrac{U_{LSB}}{4 \cdot \pi \cdot U_S \cdot t_C}$	$f_a \leq \dfrac{1}{t_C}$
SH + ADU	$f_e \leq \dfrac{U_{LSB}}{4 \cdot \pi \cdot U_S \cdot t_{AU}}$	$f_a \leq \dfrac{1}{t_{AC} + t_{HS} + t_C}$

Beispiel 3.5:

Ein Signal $u(t) = 0{,}5\,\text{V} + 3\,\text{V} \cdot \sin(2 \cdot \pi \cdot 1\,\text{kHz} \cdot t)$ soll mit einem ADU mit einer Frequenz von 4 kHz abgetastet werden.

Der ADU hat die Daten: 8 Bit; $FS = 5\,\text{V}$; bipolar; $t_C = 4\,\mu\text{s}$

Überprüfen Sie, ob dem ADU ein SH vorzuschalten ist. Falls ja, geben Sie die Zeitspezifikationen für den SH-Schaltkreis an.

Lösung 3.5:

Der Gleichspannungsanteil von 0,5 V hat keinen Einfluss auf die zeitliche Änderung der Eingangsspannung und bleibt deshalb unberücksichtigt.

Für den bipolaren Wandler mit $U_{ref} = 2 \cdot FS$ ergibt sich U_{LSB} zu

$$U_{LSB} = \frac{U_{ref}}{2^n} = \frac{2 \cdot 5\,\text{V}}{2^8} = 39\,\text{mV}$$

Nach Tabelle 3.3 gilt für den ADU:

$$f_e \leq \frac{U_{LSB}}{4 \cdot \pi \cdot U_S \cdot t_C} \leq \frac{39\,\text{mV}}{4 \cdot \pi \cdot 5\,\text{V} \cdot 4\,\mu\text{s}} \leq 259\,\text{Hz} \quad \text{und} \quad f_a \leq \frac{1}{t_C} \leq \frac{1}{4\,\mu\text{s}} \leq 250\,\text{kHz}$$

Da die Eingangsfrequenz 1 kHz beträgt, muss ein SH-Schaltkreis mit folgenden Spezifikationen zur Anwendung kommen:

Aus $f_e \leq \dfrac{U_{LSB}}{4 \cdot \pi \cdot U_S \cdot t_{AU}}$ und $f_a \leq \dfrac{1}{t_{AC} + t_{HS} + t_C}$ nach Tabelle 3.3 folgt

$$t_{AU} \leq \frac{U_{LSB}}{4 \cdot \pi \cdot U_S \cdot f_e} \leq \frac{39\,\text{mV}}{4 \cdot \pi \cdot 5\,\text{V} \cdot 1\,\text{kHz}} \leq 1\,\mu\text{s}$$

und

$$t_{AC} + t_{HS} \leq \frac{1}{f_a} - t_C \leq \frac{1}{4\,\text{kHz}} - 4\,\mu\text{s} = 246\,\mu\text{s}$$

Der SH-Schaltkreis muss also die Zeitspezifikationen $t_{AU} \leq 1\,\mu\text{s}$ und $t_{AC} + t_{HS} \leq 246\,\mu\text{s}$ erfüllen.

3.7 Übungen

Aufgabe 3.1:

Eine Spannung U im Bereich 0 V bis 20 V soll digital gemessen werden. Es steht ein ADU mit den Daten: bipolar; 10 Bit; FS = 5 V; t_C = 5 µs zur Verfügung.

a) Skizzieren und dimensionieren Sie die Anschaltung der Spannung U an den ADU.

b) Welche Messunsicherheit (Fehler) ergibt sich bei der Messung einer Spannung U?

Aufgabe 3.2:

Zur digitalen Temperaturmessung wird nach Bild 3.16 ein Pt-100-Widerstand eingesetzt, dessen Widerstand R_t gemäß

$$R_t = 100\,\Omega \cdot (1 + \alpha \cdot \theta) \qquad \text{mit} \qquad \alpha = 0{,}39/100\,°C$$

von der Temperatur θ abhängig ist. Gegeben sind die Schaltungsparameter: I_0 = 50 mA; U_0 = 2 V; V = 2; U_{LSB} = 39 mV; n = 8

Welcher Ausgangswert N ergibt sich bei einer Temperatur von 50 °C?

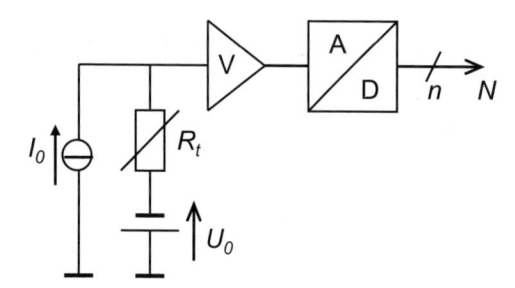

Bild 3.16 Aufgabe 3.2

Aufgabe 3.3:

Für die digitale Messung der Luftfeuchte kommt ein Feuchtesensor mit integrierter Signalkonditionierung zum Einsatz. Er liefert eine Ausgangsspannung U_a, die in folgender Weise von der relativen Feuchte RF (in Prozent) abhängt:

$$U_a = (0{,}04\,\text{V}\,/\,\%) \cdot RF$$

Der nachgeschaltete ADU (FS = 5 V; unipolar; 8 Bit; t_C = 5 µs) wandelt die Spannung in einen Zahlenwert N um.

a) Welchen Wert N (dual und dezimal) gibt der ADU bei einer Feuchte von 75 % aus?

b) Welche Luftfeuchte liegt vor, wenn der ADU einen Wert N = 0010 0101$_2$ ausgibt?

Aufgabe 3.4:

Ein idealer ADU (*FS* = 5 V; bipolar; *n* = 10; t_C = 5 µs) wird mit einer Sinusspannung mit U_S = 2 V angesteuert.

a) Welches Signal/Rauschverhältnis in dB ergibt sich?

b) Welchen prozentualen Anteil in Bezug auf die Signalspannung hat das Quantisierungsrauschen?

Aufgabe 3.5:

Eine Temperaturmessung erfolgt über einen Temperatursensor mit angeschlossenem Transmitter. Der Transmitter bildet den Temperaturbereich von −50 °C bis +50 °C auf das Einheitssignal 4 bis 20 mA ab. Über den Widerstand von 200 Ω wird der Strom in die Eingangsspannung für den ADU umgeformt.

a) Welche Messunsicherheit (Messfehler) ergibt sich bei der Temperaturmessung mit dieser Messeinrichtung?

b) Welche Temperatur liegt vor, wenn der ADU einen Ausgangswert *N* = 65 liefert?

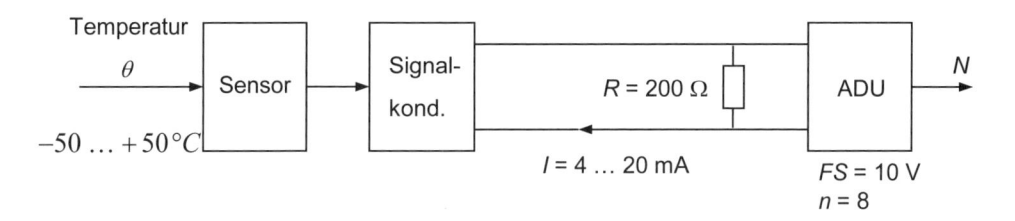

Bild 3.17 Aufgabe 3.5

3.8 Lösungen

Lösung 3.1:

a) Zur Spannungsmessung ist ein Spannungsteiler vorzuschalten (Bild 3.18).

Spannungsteilerregel:

$$\frac{U_{AD}}{U} = \frac{R_2}{R_1 + R_2} = \frac{5\,\text{V}}{20\,\text{V}} = \frac{1}{4} \Rightarrow R_1 = 3 \cdot R_2$$

z. B.: R_1 = 30 kΩ; R_2 = 10 kΩ

b) $U_{LSB} = \dfrac{2 \cdot 5\,\text{V}}{2^{10}} = 9{,}77\,\text{mV}$

Messfehler für U_{AD}: ± ½ U_{LSB} = ± 4,88 mV   mit $U = 4 \cdot U_{AD}$ folgt

Messfehler für U: (± ½ U_{LSB})·4 = ± 19,5 mV

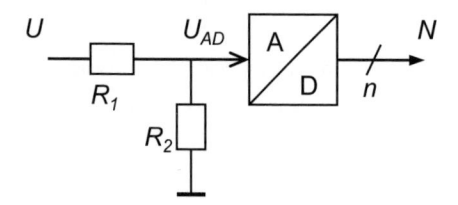

Bild 3.18 Schaltung zu Aufgabe 3.1

Lösung 3.2:

Der Pt-100-Widerstand ergibt sich bei 50 °C zu:

$$R_t = 100\,\Omega \cdot (1 + \alpha \cdot 50\,°C) = 119{,}5\,\Omega$$

Für die Eingangsspannung am Verstärker gilt:

$$U_V = I_0 \cdot R_t - U_0 = 3{,}975\,V$$

Die Eingangsspannung am ADU beträgt: $U_{AD} = 2 \cdot U_V = 7{,}95\,V$

Damit erhält man für N:

$$N = \left\langle \frac{U_{AD}}{U_{LSB}} \right\rangle = 204$$

Lösung 3.3:

a) $$U_{LSB} = \frac{FS}{2^8} = 19{,}5\,mV$$

$$N = \left\langle \frac{0{,}04\,V \cdot 75}{U_{LSB}} \right\rangle = 154 = 10011010_2$$

b) $N = 00100101_2 = 37_{10}$

$$U_a = N \cdot U_{LSB} \pm \frac{1}{2} U_{LSB} = 0{,}7215\,V \pm 9{,}75\,mV$$

$$RF = \frac{U_a \cdot \%}{0{,}04\,V} = 18{,}1\% \pm 0{,}25\%$$

Lösung 3.4:

a) $$U_{LSB} = \frac{U_{ref}}{2^n} = \frac{10\,V}{2^{10}} = 9{,}77\,mV$$

$$F_{qRMS} = \frac{U_{LSB}}{\sqrt{12}} = 2{,}82\,mV\,; \quad U_{RMS} = \frac{U_S}{\sqrt{2}} = 1{,}414\,V$$

$$SNR_{dB} = 20 \cdot \lg(\frac{U_{RMS}}{F_{qRMS}}) = 54\,\text{dB}$$

b) $\quad Rauschanteil = \dfrac{F_{qRMS}}{U_{RMS}} \cdot 100\% = 0,2\%$

Lösung 3.5:

a) $\quad$ Unsicherheit ADU-Eingangsspannung U_{AD}: $\pm\dfrac{1}{2}U_{LSB} = \pm 19,5\,\text{mV}$

$\quad$ Unsicherheit Strom I: $\dfrac{\pm\dfrac{1}{2}U_{LSB}}{R} = \pm 97,5\,\mu\text{A}$

$\quad$ Umrechnung Strom-Temperatur: $\dfrac{100\,°\text{C}}{16\,\text{mA}} = 6,25 \cdot \dfrac{°\text{C}}{\text{mA}}$

$\quad$ Unsicherheit Temperatur θ: $\pm 97,5\,\mu\text{A} \cdot 6,25 \cdot \dfrac{°\text{C}}{\text{mA}} = \pm 0,6\,°\text{C}$

b) Berechnung der einzelnen Größen ohne Berücksichtigung der Unsicherheit aus a)

$$U_{AD} = U_{LSB} \cdot N = 2,535\,\text{V}$$

$$I = \frac{U_{AD}}{R} = 12,695\,\text{mA}$$

Ein Strom I von 12,695 mA bedeutet eine Stromänderung ΔI von 8,695 mA gegenüber dem Anfangswert 4 mA.

Mit dem Umrechnungsfaktor von 6,25 °C/mA bedeutet dies eine Temperaturänderung $\Delta\theta$ von 54,34 °C gegenüber dem Anfangswert von −50 °C.

Somit ergibt sich eine Temperatur von θ = 54,34 °C − 50 °C = 4,34 °C

Mit Berücksichtigung der Unsicherheit gilt für den Temperatur-Messwert:

θ = 4,34 °C ± 0,6 °C

4 Signalabtastung und Signalrekonstruktion

In den Kapiteln zwei und drei wurden die notwendigen Hardware-Komponenten zur digitalen Messdatenverarbeitung behandelt. Im vierten Kapitel werden nun die theoretischen Voraussetzungen zur Signalverarbeitung untersucht.

■ 4.1 Abtastung und Abtast-Theorem

Durch die Signalabtastung erhält man von einer kontinuierlichen Funktion $u(t)$ eine Folge von Augenblickswerten, die Abtastwerte u_k. Erfolgt die Abtastung mit der Abtastfrequenz f_a, dann beträgt der zeitliche Abstand zwischen den einzelnen Abtastwerten $\Delta t = T_a = 1/f_a$ (Bild 4.1).

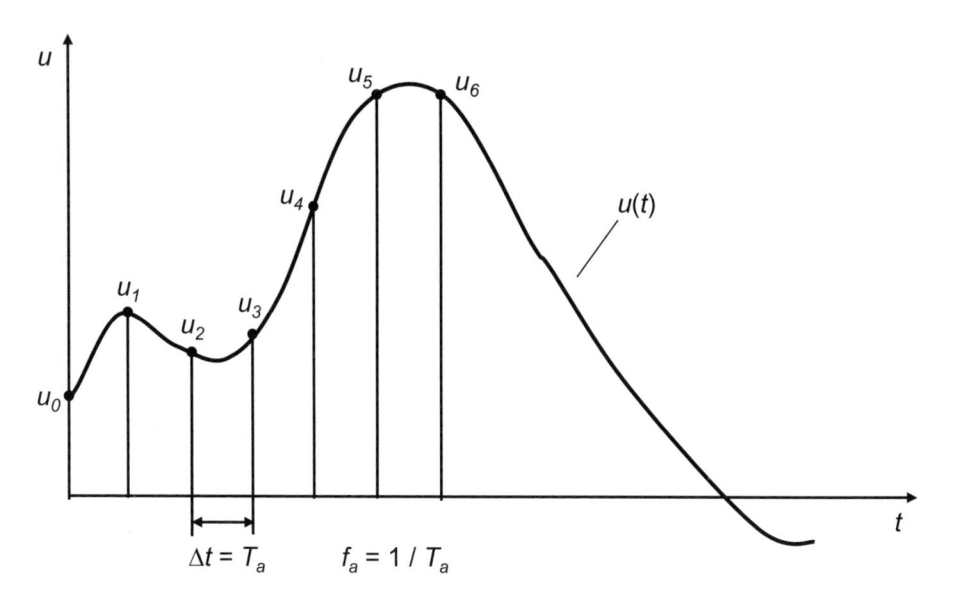

Bild 4.1 Signalabtastung

Bezüglich der zu wählenden Abtastfrequenz ist zu fragen:

Mit welcher Abtastfrequenz f_a muss man ein gegebenes Signal $u(t)$ abtasten, damit man aus den Abtastwerten u_k den Verlauf von $u(t)$ wieder rekonstruieren kann?

Die Antwort auf diese Frage erhält man mit Hilfe der Fourier-Transformation durch eine Betrachtung im Frequenzbereich. Sie ist als sogenanntes Abtast-Theorem formuliert.

Abtast-Theorem (Nyquist-Theorem)

Aus den Abtastwerten u_k lässt sich das ursprüngliche Signal $u(t)$ wieder rekonstruieren, wenn die Abtastfrequenz f_a größer als das Zweifache der im Signal enthaltenen maximalen Frequenz f_{max} ist.

$$f_a > 2 \cdot f_{max} \qquad (4.1)$$

Die Existenz des Abtast-Theorems soll hier nicht mit aufwendiger Mathematik, sondern anschaulich mit einem LabVIEW-Programm gezeigt werden.

Im Panel des Programms können die Parameter Signalamplitude und Signalfrequenz für eine Sinusfunktion, sowie die Abtastfrequenz und die Anzahl der gewünschten Abtastwerte eingegeben werden. Als Ergebnis wird das mit einer LabVIEW-Funktion ermittelte Frequenzspektrum des Signals dargestellt (Bild 4.2 und Bild 4.3).

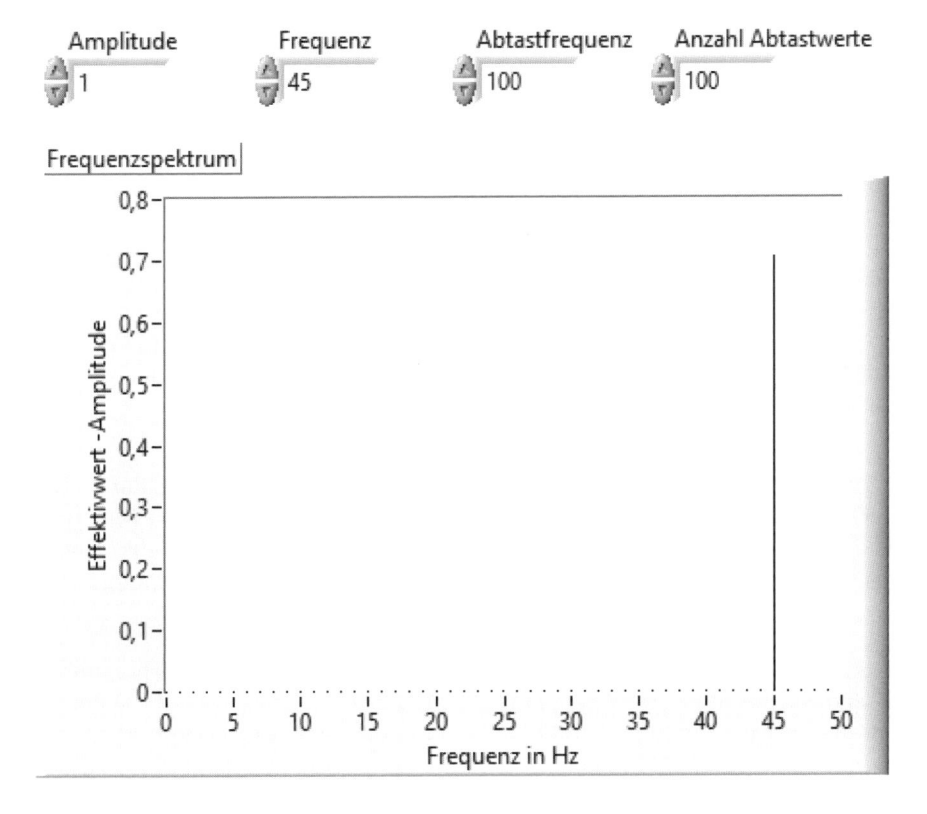

Bild 4.2 Spektrum für 45-Hz-Signalfrequenz

Im Bild 4.2 wird durch die Fourieranalyse die Signalfrequenz korrekt wiedergegeben, da das Abtast-Theorem erfüllt ist (100 Hz > 2 · 45 Hz).

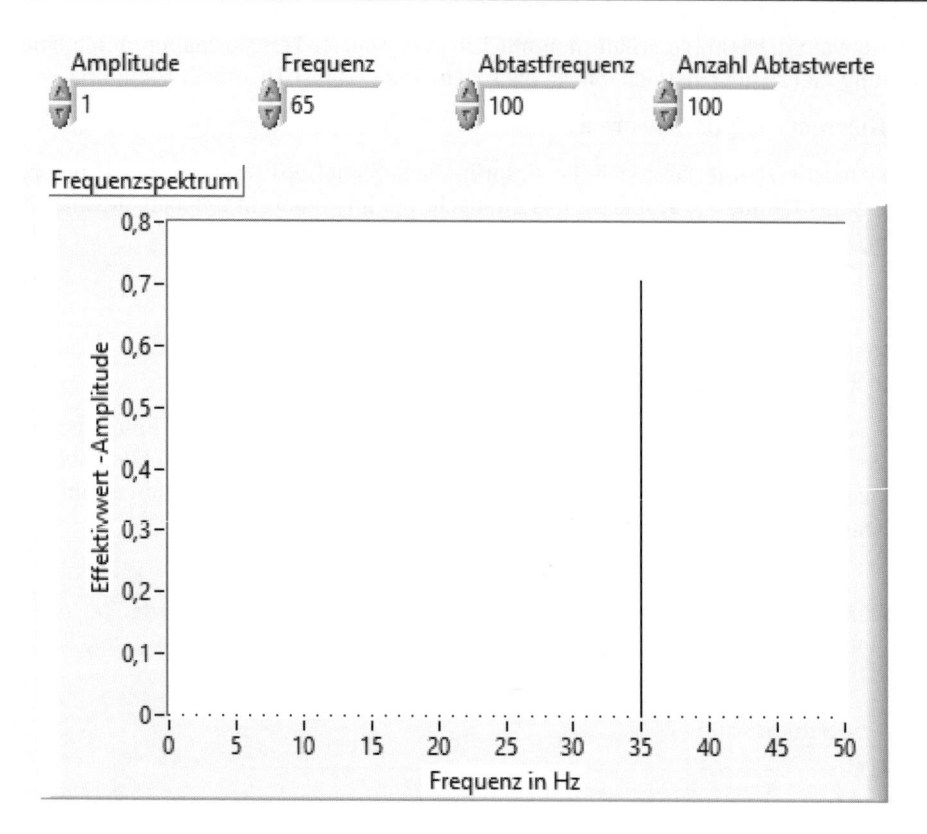

Bild 4.3 Spektrum für 65-Hz-Signalfrequenz

Im Bild 4.3 ist das Abtast-Theorem nicht erfüllt (100 Hz < 2 · 65 Hz) und die Analyse ergibt eine falsche Signalfrequenz von 35 Hz. (Formal ergibt sich durch die Fourieranalyse eine Spiegelung an der Abtastfrequenz: $f_a \pm f$)

> Wird bei einer Signalabtastung das Abtast-Theorem nicht eingehalten, dann entsteht der sogenannte „Aliasing Effekt", d.h. bei der Fourieranalyse oder der Rekonstruktion des Signals aus den Abtastwerten ergeben sich falsche Frequenzen, also Frequenzen, die im ursprünglichen Signal nicht vorhanden waren.

Bild 4.4 zeigt das entsprechende LabVIEW-Programm. Das SubVI (Unterprogramm) „Sinus.vi" erzeugt die Abtastwerte gemäß den eingegebenen Parametern; die Funktion „Amplitude and Phase Spectrum.vi" ermittelt das zugehörige Frequenzspektrum.

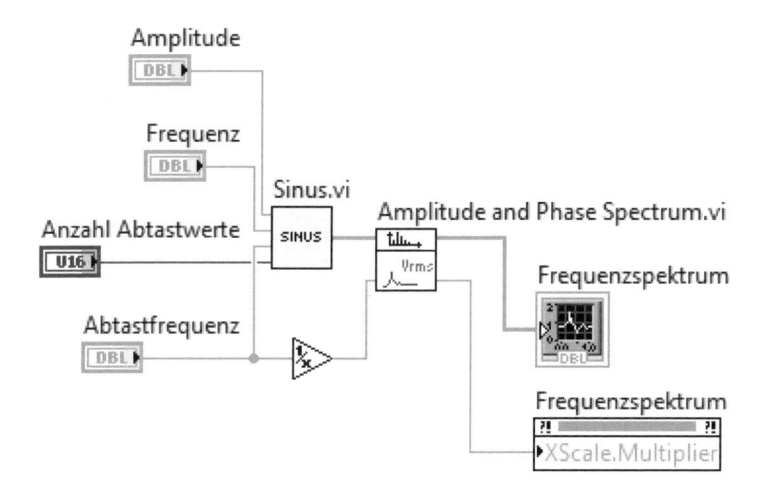

Bild 4.4 LabVIEW-Programm zur Signalanalyse

Zur Einhaltung des Abtast-Theorems ist die Kenntnis von f_{max} notwendig. Für die Ermittlung von f_{max} bestehen im Wesentlichen folgende Möglichkeiten:

- Analyse des Signals mit einem Spektrumanalysator (z. B. digitales Speicheroszilloskop mit der Möglichkeit der Frequenzanalyse)
- Abschätzung von f_{max} aus dem Signalverlauf (z. B. aufgenommen mit Oszilloskop oder Datenlogger). Mit Bild 4.5 wird dies verdeutlicht. Ist Δt der zeitlich minimalste Abstand zwischen zwei Extremwerten im Signalverlauf $u(t)$, so lässt sich f_{max} in folgender Weise abschätzen:

$$f_{max} \approx \frac{1}{2 \cdot \Delta t}$$

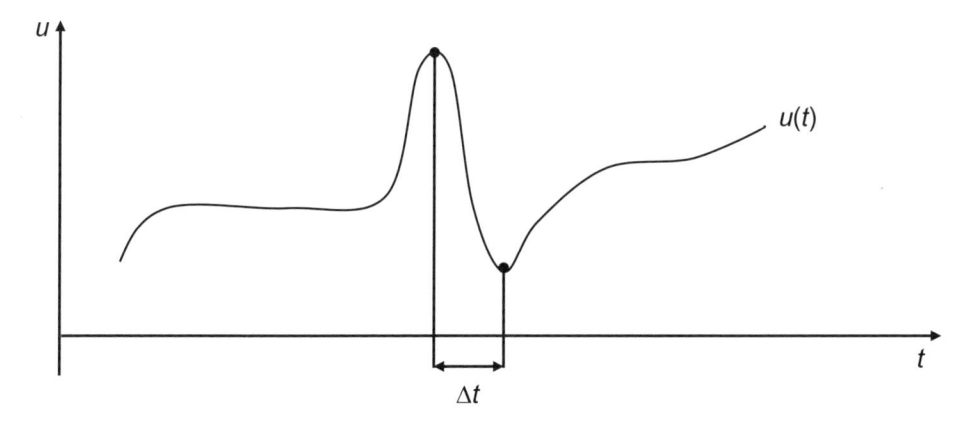

Bild 4.5 Abschätzung für f_{max} aus dem Signalverlauf

- Erzwingen einer maximalen Frequenz f_{max} durch Vorschalten eines Tiefpasses (Bild 4.6). Der Tiefpass wird als **Anti-Aliasing-Filter (AAF)** bezeichnet, da mit Festlegung von f_{max} die Abtastfrequenz gemäß dem Abtasttheorem gewählt werden kann und ein „Aliasing-Effekt" vermieden wird. Durch den Einsatz des Anti-Aliasing-Filters darf natürlich die zu erfassende Signalinformation nicht beeinträchtigt werden (z. B. kann bei der Digitalisierung eines Audiosignals ein AAF mit 20 kHz eingesetzt werden, da der hörbare Frequenzbereich nicht beschnitten wird).

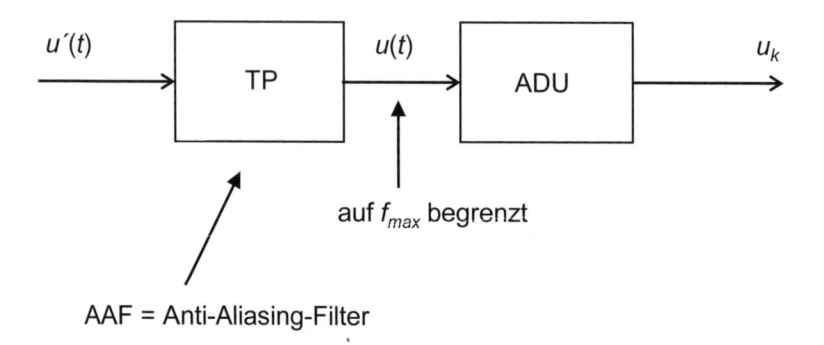

```
u'(t) ──▶[ TP ]── u(t) ──▶[ ADU ]──▶ u_k
             ▲
        auf f_max begrenzt

AAF = Anti-Aliasing-Filter
```

Bild 4.6 Frequenzbegrenzung mit Tiefpass

■ 4.2 Rekonstruktion des analogen Signals

Zur Rekonstruktion des analogen Signals aus den Abtastwerten wird ein DA-Wandler mit nachgeschaltetem **Glättungs-Tiefpass** eingesetzt. In Bild 4.7 ist die Kette der möglichen Funktionseinheiten für Abtastung und Rekonstruktion eines Signals wiedergegeben.

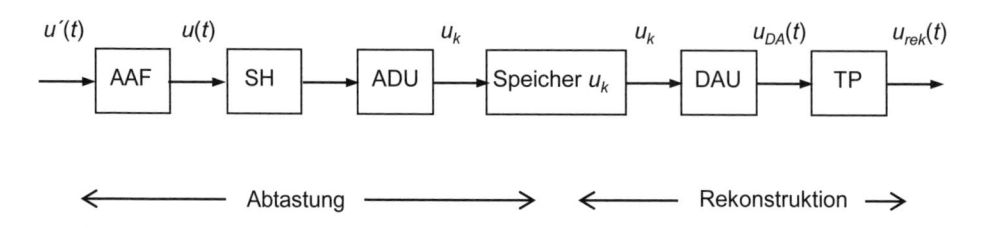

```
u'(t) ─▶[AAF]─u(t)─▶[SH]─▶[ADU]─u_k─▶[Speicher u_k]─u_k─▶[DAU]─u_DA(t)─▶[TP]─u_rek(t)─▶

◀──── Abtastung ────▶     ◀── Rekonstruktion ──▶
```

Bild 4.7 Abtastung und Rekonstruktion

Der Signalverlauf entlang dieser Kette ist im Bild 4.8 schematisch dargestellt:

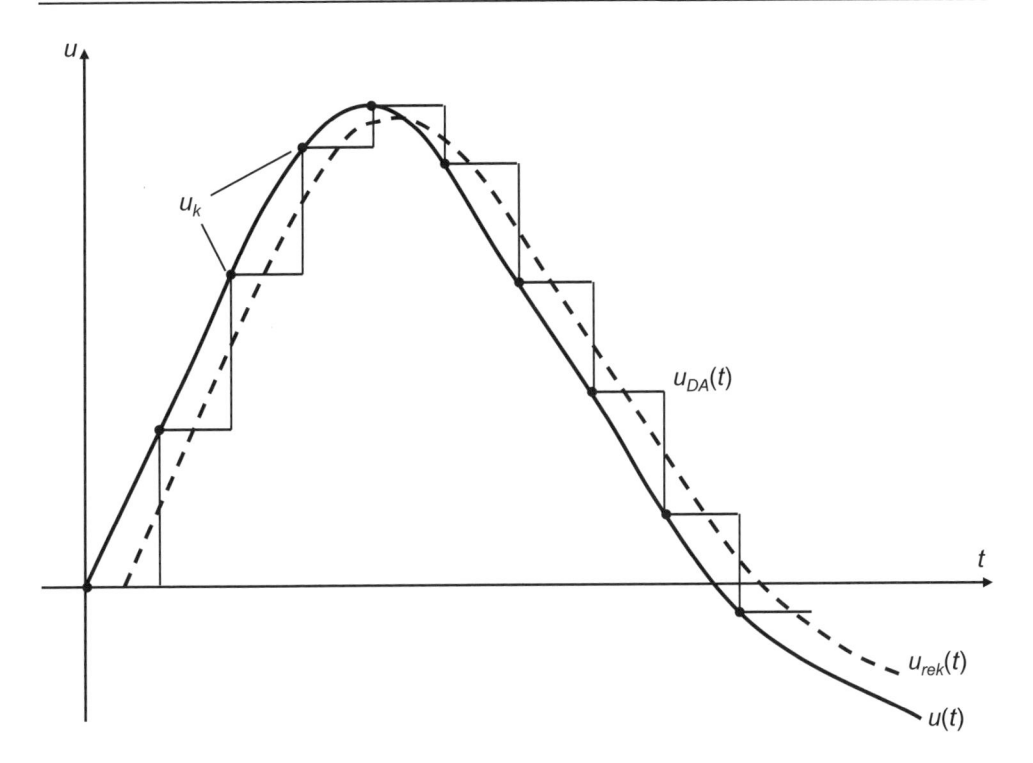

Bild 4.8 Signalverlauf bei Abtastung und Rekonstruktion

Das durch den AAF bandbegrenzte Signal $u(t)$ wird über die SH-Schaltung und den ADU abgetastet und in die Folge der Abtastwerte u_k umgeformt. Der DAU erzeugt aus den Abtastwerten an seinem Ausgang die treppenförmige Spannung $u_{DA}(t)$. Diese wird durch den nachgeschalteten Tiefpass geglättet, sodass das rekonstruierte Signal $u_{rek}(t)$ entsteht. An der schematischen Darstellung lässt sich „anschaulich" erkennen, dass das rekonstruierte Signal $u_{rek}(t)$ gegenüber dem Originalsignal $u(t)$ zeitlich verschoben und in der Amplitude gedämpft ist. Eine genaue mathematische Betrachtung der Verhältnisse mit Hilfe der Fourier-Transformation, auf die hier verzichtet wird, liefert für die Amplitudendämpfung die sog. **Gewichtsfunktion** G mit

$$G = \frac{\sin\left(\pi \cdot \frac{f}{f_a}\right)}{\pi \cdot \frac{f}{f_a}} \tag{4.2}$$

Da in der Beschreibung der Dämpfung nach Gleichung 4.2 die Signalfrequenz f enthalten ist, erfolgt für Signale mit unterschiedlichen Frequenzanteilen eine unterschiedliche Dämpfung der einzelnen Teilfrequenzen. Aus Bild 4.9 ist zu entnehmen, dass tiefe Signalfrequenzen kaum gedämpft werden ($G \approx 1$) und Signalfrequenzen in der Nähe der halben Abtastfrequenz deutlich gedämpft werden ($G \approx 0{,}63$). Dieser Sachverhalt ist zu beachten, um bei der Signalwiedergabe Signalverzerrungen zu vermeiden.

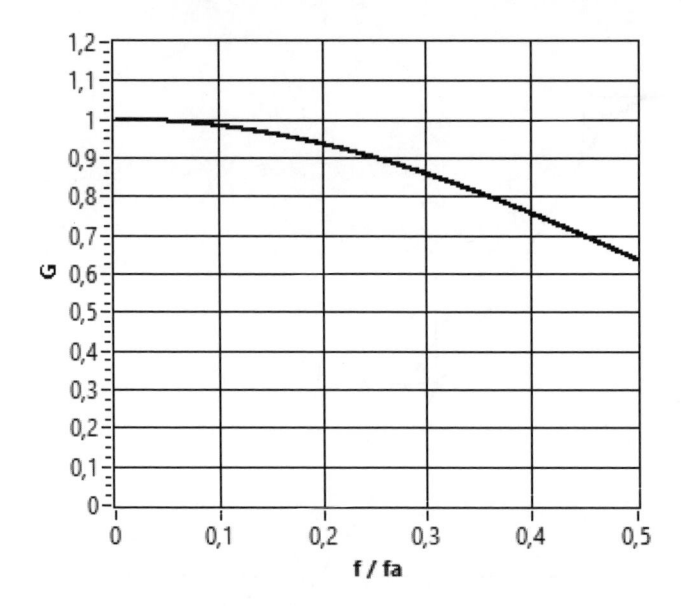

Bild 4.9 Frequenzabhängigkeit der Amplitudendämpfung G

Häufig wird die Amplitudendämpfung bei der Rekonstruktion entsprechend der Fehlerdefinition in der Messtechnik durch den Amplitudenfehler ausgedrückt.

Mit U_S = Amplitude des ursprünglichen Signals

und $U_{rekS} = G \cdot U_S$ = Amplitude des rekonstruierten Signals

folgt für den **relativen Amplitudenfehler** F_{rel}:

$$F_{rel} = \frac{U_{rekS} - U_S}{U_S} \cdot 100\,\% = \frac{G \cdot U_S - U_S}{U_S} \cdot 100\,\% = (G-1) \cdot 100\,\%$$

oder mit Einsetzen für G

$$F_{rel} = \left(\frac{\sin\left(\pi \cdot \frac{f}{f_a}\right)}{\pi \cdot \frac{f}{f_a}} - 1 \right) \cdot 100\,\% \tag{4.3}$$

Beispiel 4.1:

Ermitteln Sie den relativen Amplitudenfehler bei der Signalrekonstruktion für den Fall, dass die Abtastfrequenz 2-mal, 5-mal bzw. 10-mal so groß ist wie die Signalfrequenz.

Lösung 4.1:

Nach Gleichung 4.3 ergibt sich für den Amplitudenfehler $-36\,\%$; $-6,5\,\%$ bzw. $-1,6\,\%$

Beispiel 4.2:

Ein Signal $u(t) = 3\,\text{V} \cdot \sin(2\pi \cdot 200\,\text{Hz} \cdot t) + 5\,\text{V} \cdot \sin(2\pi \cdot 50\,\text{Hz} \cdot t)$ wird mit 1 kHz abgetastet. Geben Sie das aus den Abtastwerten rekonstruierte Signal $u_{rek}(t)$ an.

Lösung 4.2:

Mit Gleichung 4.2 berechnet man die Amplituden des rekonstruierten Signals und erhält:
$u_{rek}(t) = 2{,}8\,\text{V} \cdot \sin(2\pi \cdot 200\,\text{Hz} \cdot t) + 4{,}98\,\text{V} \cdot \sin(2\pi \cdot 50\,\text{Hz} \cdot t)$.

Die Signalkomponente mit 200 Hz wird demnach um −6,7 % gedämpft, die 50-Hz-Signalkomponente nur um −0,4 %.

Möglichkeiten zur Reduzierung des Amplitudenfehlers

- Erhöhung der Abtastfrequenz f_a. In der Praxis wird häufig mit einer Abtastfrequenz $f_a = 5$ bis $20 \cdot f_{max}$ gearbeitet.
- Verstärkung des rekonstruierten Signals mit frequenzabhängiger Verstärkung $V(f)$, um den Einfluss der Gewichtsfunktion $G(f)$ auszugleichen (Bild 4.10)
- Interpolation von Zwischenwerten, sodass für die Rekonstruktion mittels DAU die Abtastfrequenz „künstlich" erhöht wird (oversampling). Dies erfordert einen entsprechenden Aufwand und bleibt Anwendungen wie z. B. beim CD-Player vorbehalten.

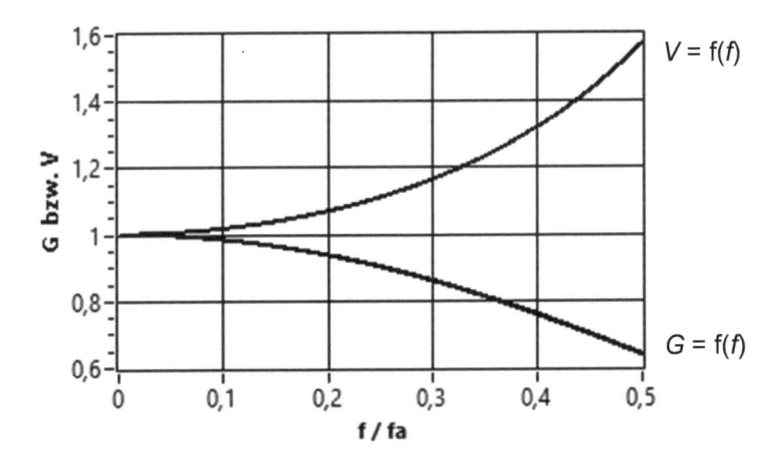

Bild 4.10 Frequenzabhängige Verstärkung

4.3 Übungen

Aufgabe 4.1:

a) Was versteht man unter dem Aliasing-Effekt?

b) Was ist ein Anti-Aliasing-Filter und wozu wird es eingesetzt?

Aufgabe 4.2:

Ein Signal $u(t) = 1{,}5\,\text{V} \cdot \sin(2\pi \cdot 500\,\text{Hz} \cdot t) + 3\,\text{V} \cdot \sin(2\pi \cdot 3\,\text{kHz} \cdot t)$ wurde mit 8 kHz abgetastet und die Abtastwerte u_k zwischengespeichert.

a) Skizzieren Sie das Blockschaltbild für die Rekonstruktion des analogen Signals aus den Abtastwerten und erläutern Sie die Funktion der einzelnen Einheiten.

b) Geben Sie die Gleichung für das rekonstruierte Signal $u_{rek}(t)$ an.

Aufgabe 4.3:

Das analoge Signal $u(t)$ in Bild 4.11 soll durch einen ADU (8 Bit, bipolar, $FS = 10\,\text{V}$) mit einer Abtastfrequenz $f_a = 1\,\text{MHz}$ digitalisiert werden.

a) Überprüfen Sie, ob das Abtasttheorem erfüllt ist.

b) Welche Wandlungszeit t_C muss der ADU haben?

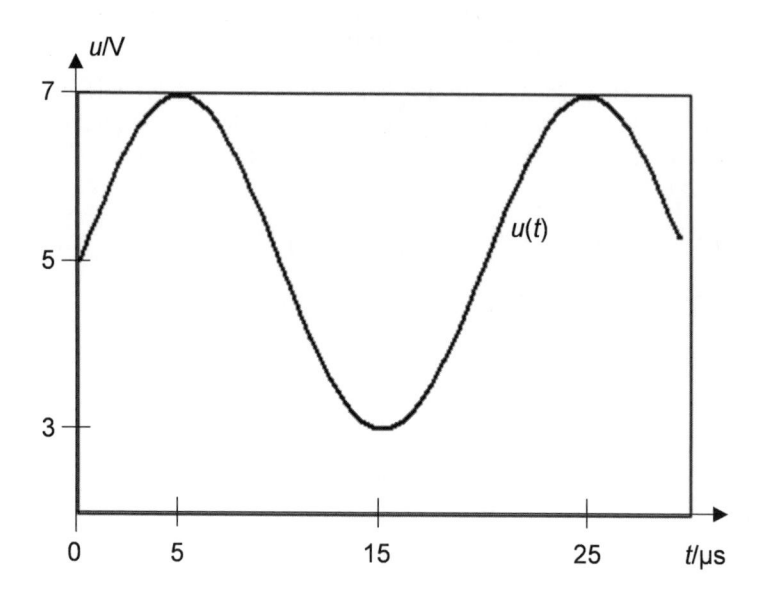

Bild 4.11 Signal zu Aufgabe 4.3

Aufgabe 4.4:

Ein Fernsprechsignal im Amplitudenbereich ±5 V und im Frequenzbereich $f = 0{,}3\,\text{kHz}$ bis 3 kHz soll digital übertragen werden.

a) Wie groß ist die Abtastfrequenz zu wählen, wenn der Amplitudenfehler bei der Rekonstruktion des Signals höchstens 5 % betragen darf?

b) Welche Bedingung ist an die Wandlungszeit t_C des bipolaren 8-Bit-ADU mit $FS = 5\,\text{V}$ zu stellen?

4.4 Lösungen

Lösung 4.1:

a) Wird bei der Signalabtastung das Abtasttheorem nicht eingehalten, so ergeben sich bei der Signalrekonstruktion „falsche" Signalfrequenzen.

b) Das Anti-Aliasing-Filter (AAF) ist ein Tiefpass, der das abzutastende Signal auf eine maximale Frequenz f_{max} hin begrenzt. Mit Kenntnis von f_{max} kann die Abtastfrequenz dann gemäß dem Abtasttheorem gewählt werden.

Lösung 4.2:

a) DAU und Glättungsfilter

DAU: Umsetzen der Abtastwerte in analoge Spannung

Glättungsfilter: Tiefpassfilter zum Herausfiltern der ursprünglichen Signalfrequenz bzw. zum Unterdrücken der höheren Frequenzanteile in der stufenförmigen Ausgangsspannung des DAU

b) $u_{rek}(t) = 1{,}49\ \text{V} \cdot \sin(2\pi \cdot 500\ \text{Hz} \cdot t) + 2{,}35\ \text{V} \cdot \sin(2\pi \cdot 3\ \text{kHz} \cdot t)$

Lösung 4.3:

a) Aus Bild 4.3 lässt sich ablesen: $\Delta t = 10\ \mu\text{s}$

$$f_{max} = \frac{1}{2 \cdot \Delta t} = 50\ \text{kHz}$$

$f_a = 1\ \text{MHz} > 2 \cdot 50\ \text{kHz}$, d. h. das Abtasttheorem ist erfüllt.

b) Forderung aus Eingangsfrequenz:

$$f \leq \frac{U_{LSB}}{4 \cdot \pi \cdot U_S \cdot t_C} \Rightarrow t_C \leq \frac{U_{LSB}}{4 \cdot \pi \cdot U_S \cdot f} = \frac{78{,}125\ \text{mV}}{4 \cdot \pi \cdot 2\ \text{V} \cdot 50\ \text{kHz}} = 62\ \text{ns}$$

Forderung aus der Abtastfrequenz:

$$f_a \leq \frac{1}{t_C} \Rightarrow t_C \leq \frac{1}{f_a} = 1\ \mu\text{s}$$

damit gilt: $t_C \leq 62$ ns

Lösung 4.4:

a) $$F_{rel} = \left(\frac{\sin\left(\pi \cdot \frac{f}{f_a}\right)}{\pi \cdot \frac{f}{f_a}} - 1 \right) \cdot 100\ \% = -5\ \% \Rightarrow \frac{\sin\left(\pi \cdot \frac{f}{f_a}\right)}{\pi \cdot \frac{f}{f_a}} = 0{,}95$$

Die Funktion $\frac{\sin(x)}{x}$ hat bei x = 0,55 den Wert 0,95,

damit folgt mit $x = \frac{\pi \cdot f}{f_a}$

$$\frac{\pi \cdot f}{f_a} = 0{,}55 \Rightarrow f_a = \frac{\pi \cdot f}{0{,}55} = \frac{\pi \cdot 3\,\text{kHz}}{0{,}55} = 17\,\text{kHz}$$

b) Forderung aufgrund der Eingangsfrequenz von 3 kHz:

$$t_C \leq \frac{U_{LSB}}{4 \cdot \pi \cdot U_S \cdot f} = \frac{39{,}06\,\text{mV}}{4 \cdot \pi \cdot 5\,\text{V} \cdot 3\,\text{kHz}} = 207\,\text{ns}$$

Forderung aus der Abtastfrequenz von 17 kHz:

$$t_C \leq \frac{1}{f_a} = \frac{1}{17\,\text{kHz}} = 59\,\mu\text{s}$$

damit folgt: $t_C \leq 207$ ns

5 Messwerterfassungssysteme

Messwerterfassungssysteme unterscheiden sich teilweise deutlich im Preis. Die Frage stellt sich, worin unterscheiden sich diese Systeme. Um diese Frage zu beantworten, sollen im Folgenden einige grundsätzliche Systeme näher betrachtet werden. In Bild 5.1 ist eine sehr einfache Struktur dargestellt.

■ 5.1 Grundstrukturen von Messwerterfassungssystemen

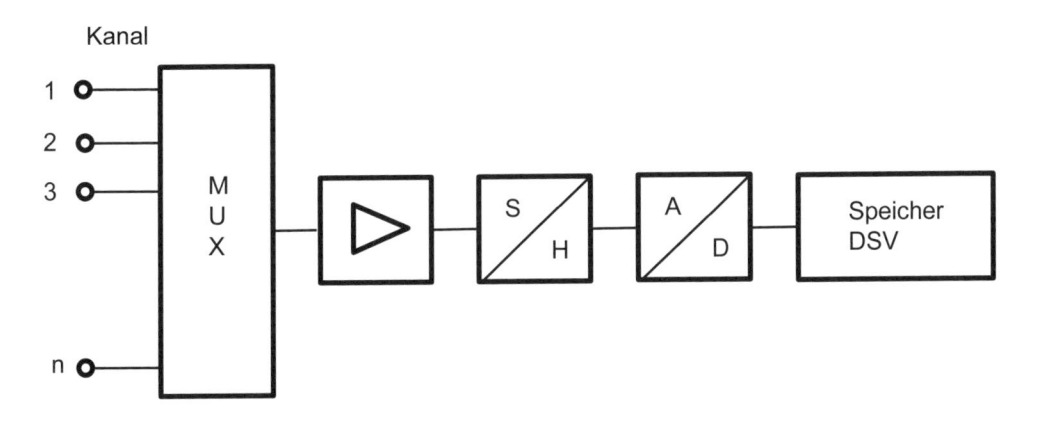

Bild 5.1 Einfache Messwerterfassung

Die Messwerterfassung Bild 5.1 besteht aus einigen Grundkomponenten, die zu jeder Messwerterfassung gehören. Mit dem MUX (Multiplexer) ist ein Bauteil gemeint, das die analogen Eingangs-Messsignale, in einer bestimmten Taktsequenz, dem gemeinsamen Verstärker zuführt. In der Regel wird dieser MUX mit Halbleiterschaltern realisiert. Die Abtaststufe (Sample and Hold) entnimmt aus dem analogen Messsignal einen Momentanwert und hält diesen Wert für die Umsetzzeit konstant. Die momentan, konstante Eingangsspannung wird durch den Analog-Digital-Umsetzer (ADU) in eine digitale Zahl umgesetzt. Die Integerfolge wird dann in einen Speicher abgelegt oder mit der digitalen Signalverarbeitung (DSV) weiterverarbeitet. Die einzelnen Komponenten müssen durch eine geeignete Steuerung zeitlich richtig abgestimmt sein. Diese Messwerterfassungsstruktur Bild 5.1 ist in der Regel sehr preiswert, weist aber einige grundsätzliche Nachteile auf. Ein wesentlicher Nachteil der einfachen Messwerterfassung ist, dass alle Kanäle mit der gleichen Verstärkung angepasst werden und dass kein Anti-Aliasing-Filter vorhanden ist. Dies ist in der Regel notwendig, um das Abtasttheorem einzuhalten. Diese Nachteile werden durch die zweite Struktur behoben. Der gemeinsame ADU reduziert auch in dieser Struktur die Umwandlungszeit auf die Anzahl der Kanäle.

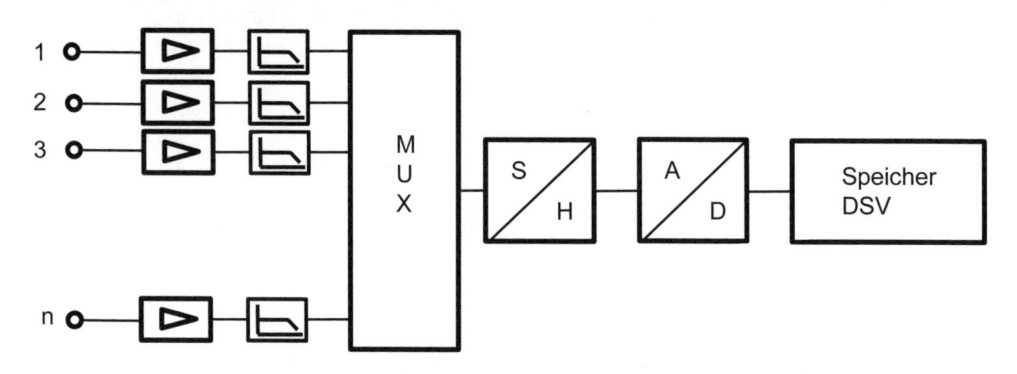

Bild 5.2 Messwerterfassung mit Filter und getrennter Anpassung

Oftmals werden zu einer Messaufgabe mehrere unterschiedliche Signale erfasst und in Beziehung zueinander gesetzt, sei es, dass sie im einfachsten Fall multipliziert werden oder durch komplexe Algorithmen miteinander verarbeitet werden. Dann ist es wichtig, dass die Signale genau zum gleichen Zeitpunkt erfasst wurden und kein zeitlicher Versatz der einzelnen Messwerte vorhanden ist. Um dies zu gewährleisten, muss die Struktur die Abtastung der einzelnen Kanäle zur gleichen Zeit sicherstellen (Bild 5.3).

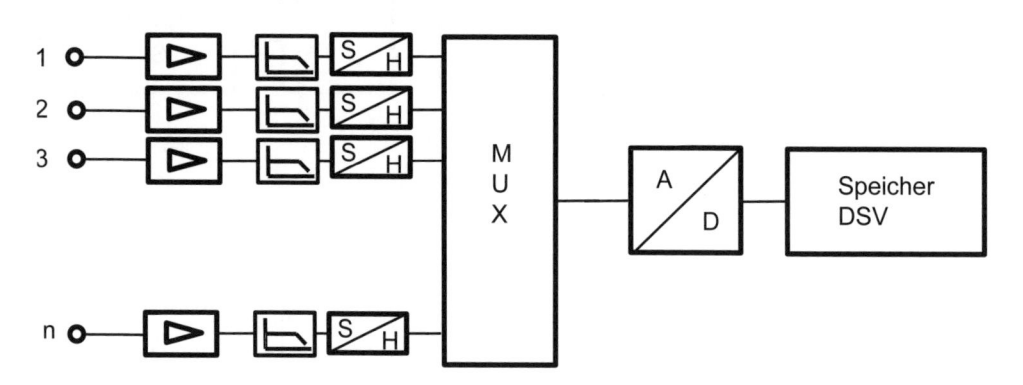

Bild 5.3 Struktur mit gleichzeitiger Messwerterfassung

Eine Erweiterung der Struktur in Bild 5.1 stellt die Struktur in Bild 5.4 dar. Die Abtastung wird pro Kanal durchgeführt, sodass jeder Kanal die volle Umsetzungszeit nutzen kann und diese nicht auf die Kanäle aufgeteilt wird. Allerdings sind bei dieser Struktur die Kosten deutlich höher als bei der einfachen Struktur.

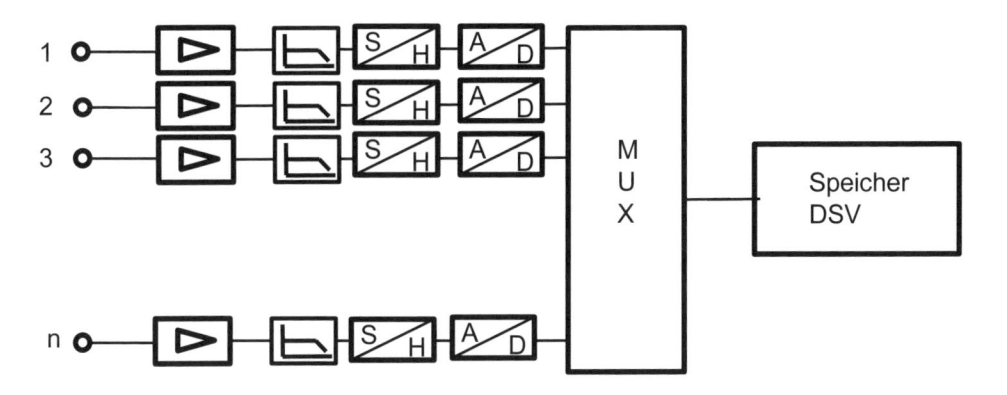

Bild 5.4 Komplexe Messwerterfassungsstruktur

Werden die verschiedenen Strukturen geordnet, ergibt sich folgende Aufteilung (Bild 5.5.)

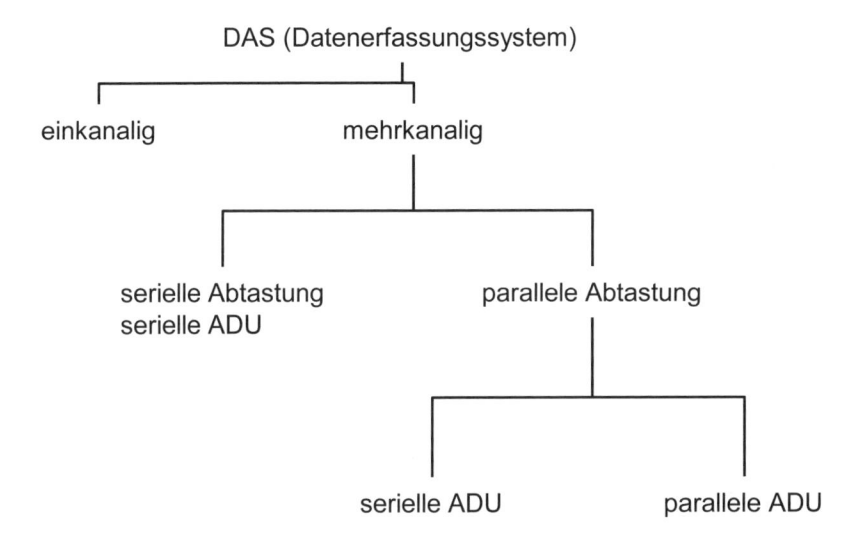

Bild 5.5 Klassifizierung von Messwerterfassungssystemen

Bei Messwerterfassungssystemen werden Systeme mit serieller und paralleler Abtastung und Umwandlung unterschieden. In der Regel werden Messwertsysteme immer mehrkanalig angeboten.

Die Erfassung der Signalquellen kann massebezogen (z.B. Funktionsgenerator, elektrische Geräte) oder massefrei (z.B. Thermoelement, Isolationsverstärker) sein. Um dies entsprechend richtig zu erfassen, können unterschiedliche Betriebsarten in den Datenerfassungssystemen eingestellt werden:

RSE (Referenced Single Ended): Alle Messsignale haben den gleichen Bezugspunkt, der mit der Masse des Erfassungssystems verbunden ist.

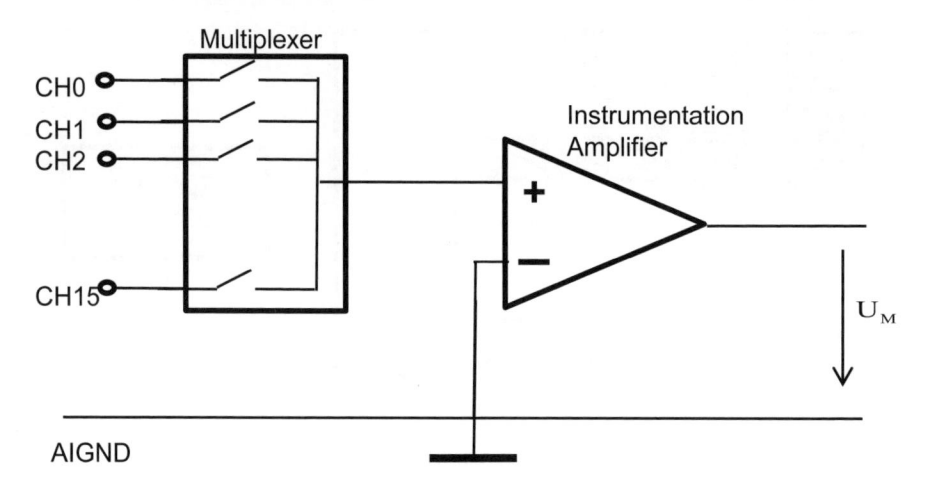

Bild 5.6 RSE-Betriebsart

NRSE (Nonreferenced Single Ended): Alle Messsignale haben einen gemeinsamen Bezugspunkt. Dieser ist aber nicht mit der Masse des Erfassungssystems verbunden.

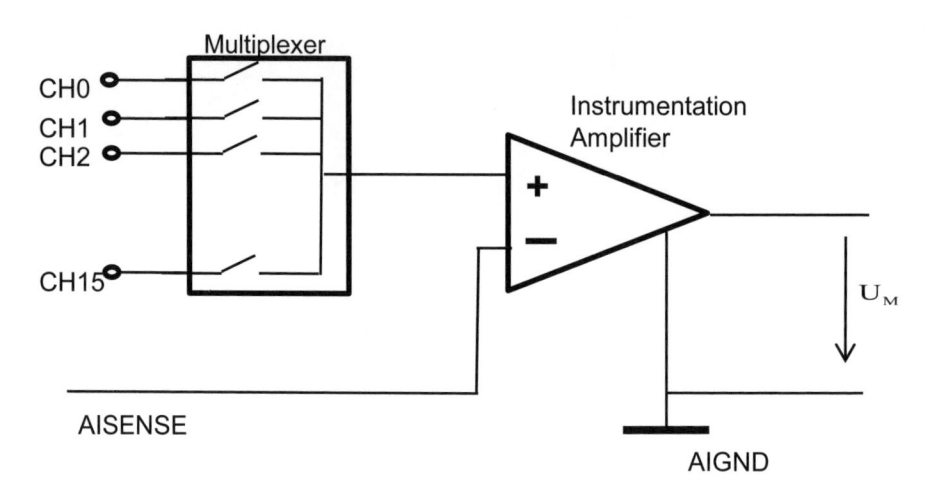

Bild 5.7 NRSE-Betriebsart

5.1 Grundstrukturen von Messwerterfassungssystemen

DIFF (Differential): Ein Messsignal wird jeweils als Differenzsignal über zwei Eingangskanäle zugeführt. Es besteht kein Bezug zu der Masse des Erfassungssystems.

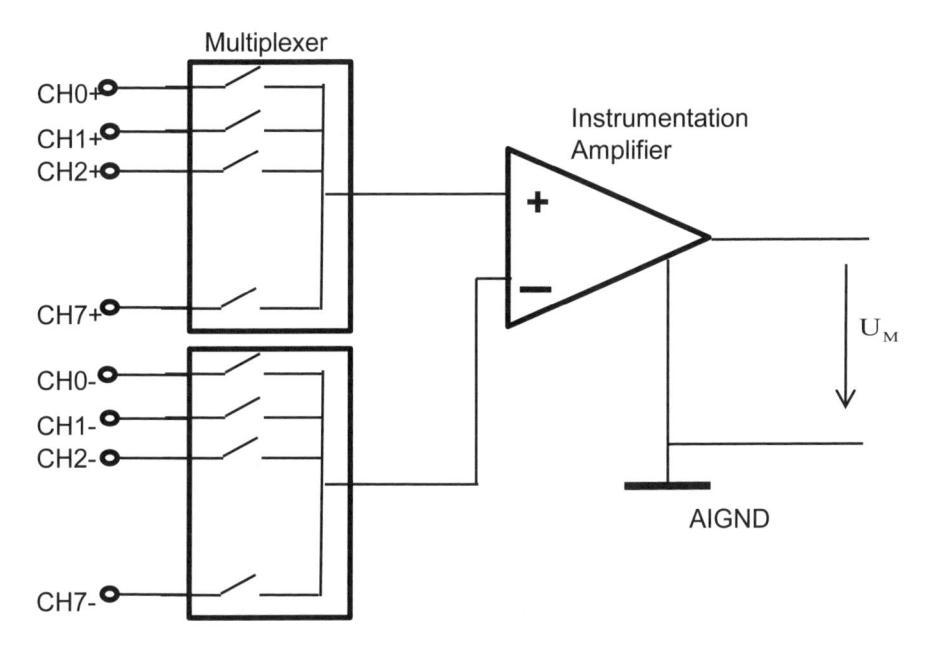

Bild 5.8 DIFF-Betriebsart

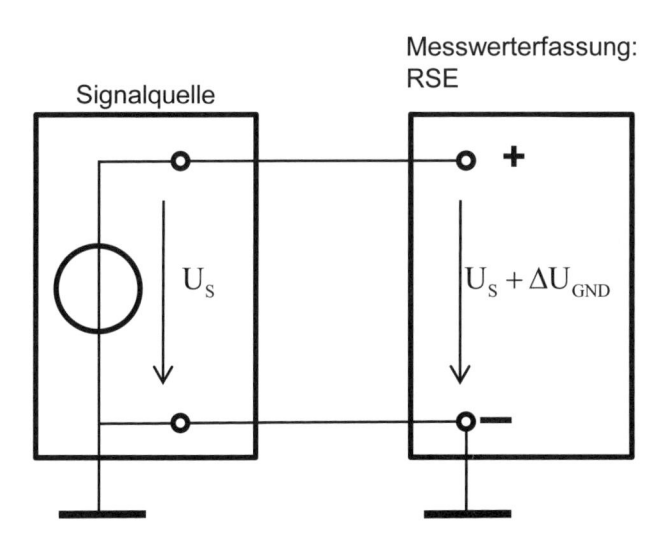

Messung massebezogener Signale

Zur Vermeidung von Erdschleifen sollte in der Betriebsart DIFF oder NRSE gemessen werden. Bei großen Signalamplituden ist der Störeinfluss in der Betriebsart RSE vernachlässigbar.

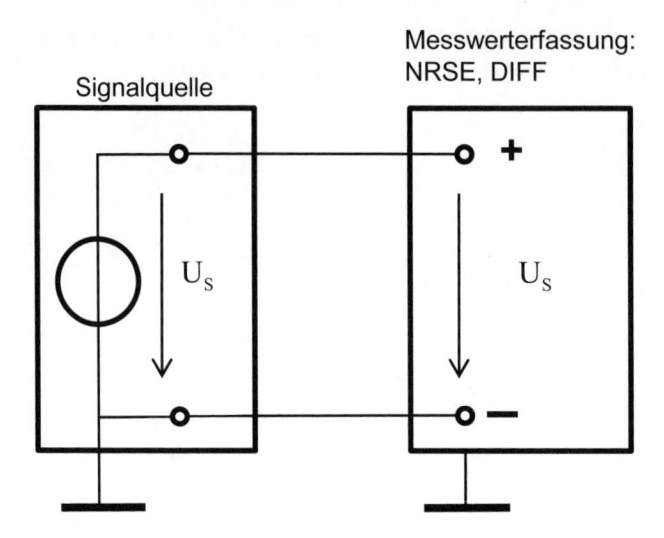

Bild 5.9 Messung massebezogener Signale

Messung massefreier (floating) Signale

Massefreie Signale können mit allen drei Betriebsarten RSE, NRES und DIFF gemessen werden. Bei DIFF- oder NRSE-Messungen sind Widerstände zur Ableitung der Ruheströme des Verstärkers nach Masse vorzusehen.

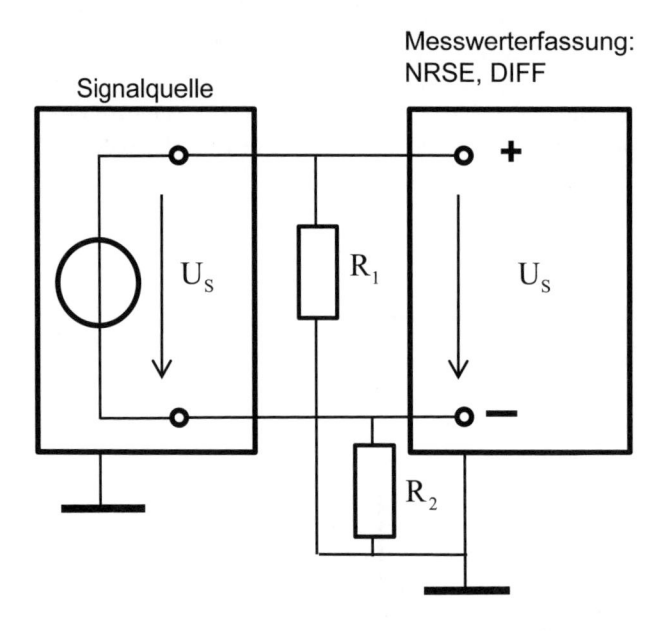

Bild 5.10 Messung massefreier Signale

Der Ruhestrom in Bild 5.10 wird vom Verstärker in die Schaltung gespeist. Die Widerstände R_1, R_2 (10 kΩ ... 100 kΩ) stellen einen Gleichstrompfad für den Ruhestrom des Instrumentenverstärkers nach Masse zur Verfügung. Bei Gleichspannungsquellen ist nur der Widerstand R_2 erforderlich, bei Wechselspannungsquellen ist $R_1 = R_2$ zu wählen.

Mehrkanalige Datenerfassung
Für die mehrkanalige Erfassung von Messwerten gibt es drei Möglichkeiten:

- Continuous-Scanning:
  Die einzelnen Kanäle werden mit der eingestellten Abtastrate (Scanrate) nacheinander abgetastet (z. B. bei einer Scanrate von 100 kS/s und 10 Kanälen schaltet der Multiplexer alle 10 μs auf den nächsten Kanal um. Pro Kanal ergibt sich ein Abtastrate von 10 kS/s).

- Simultaneous-Scanning:
  Alle Kanäle werden zum gleichen Zeitpunkt erfasst. Dazu wird durch eine Sampling- und-Hold-Schaltung in allen Kanälen der Messwert zum gleichen Zeitpunkt festgehalten und dann nacheinander vom Multiplexer abgeholt.

- Interval-Scanning:
  Mit diesem Verfahren ist es möglich, viele Kanäle mit geringer Abtastrate zu erfassen und den zeitlichen Abstand zwischen den Kanälen klein zu halten (z. B. Erfassung von 10 Kanälen jede Sekunde mit zeitlichem Versatz von 10 μs zwischen den Kanälen).

Triggerung
Für die Triggerung gibt es folgende Möglichkeiten:

- Digital-Hardware-Triggerung:
  Die Flanke eines TTL-Signals dient zur Auslösung (z. B. über die Leitung EXTTRIG an dem Erfassungssystem).

- Analog-Hardware-Triggerung:
  Das gemessene Signal wird von einer Hardware auf die Triggerbedingung hin geprüft. (Diese Möglichkeit bieten viele Messboxen nicht.)

- Software-Triggerung:
  Die Software muss laufend die gemessenen Werte überprüfen und bei Erreichen der Triggerbedingung die Übertragung an den Rechner starten.

■ 5.2 Ausgewählte Sensoren

Die unterschiedlichen Signal- und Sensorarten erfordern eine Vielzahl von Schaltungen zur Signalkonditionierung. Typische Aufgaben der Signalkonditionierung sind z. B.:

- Umformung des Sensorausgangssignals in eine elektrische Spannung
- Verstärkung (Instrumentierungs-Verstärker, Trennverstärker)
- Filterung (analoge und digitale Filter)

In den folgenden Abschnitten sollen einige ausgewählte Sensoren vorgestellt werden. Viele Sensoren sind passiv, d. h. sie benötigen eine Anregung, also eine Erregerspannung oder einen Erregerstrom. Sensoren, die eine Anregung brauchen, sind z. B.:

- RTD (Resistance Temperature Detector, Widerstandstemperaturmesser)
- LVDT (Linear Variabler Differential Transformator) zur Längenmessung
- DMS (Dehnungsmessstreifen) in einer Brückenschaltung

5.2.1 Dehnungsmessstreifen (DMS)

Mit einem DMS-Messaufnehmer können physikalische Größen wie Kraft, Druck, Dehnung, Schwingung und Beschleunigung gemessen werden. Dies geschieht durch die Einwirkung einer Kraft auf einen Körper. Anhand eines zylindrischen Widerstandes soll dies erläutert werden. Der Widerstand eines metallischen Zylinders (Bild 5.11) kann in Abhängigkeit von seiner Geometrie und einer Materialkonstanten nach Formel (5.1) berechnet werden.

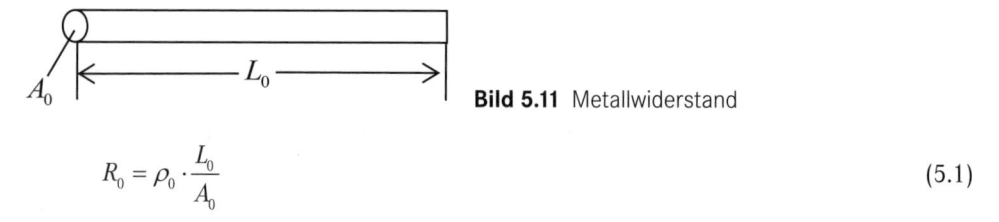

Bild 5.11 Metallwiderstand

$$R_0 = \rho_0 \cdot \frac{L_0}{A_0} \tag{5.1}$$

mit ρ = spezifischer Widerstand

Wird durch eine Kraft in Längsrichtung der Zylinder gedehnt oder gestaucht, ändert sich der Widerstand.

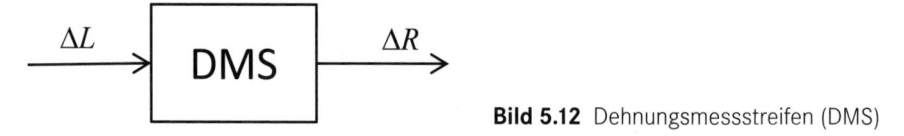

Bild 5.12 Dehnungsmessstreifen (DMS)

Durch die Krafteinwirkung F ändert sich aber nicht nur die Länge L, sondern auch der Durchmesser A und der spezifische Widerstand ρ (5.2).

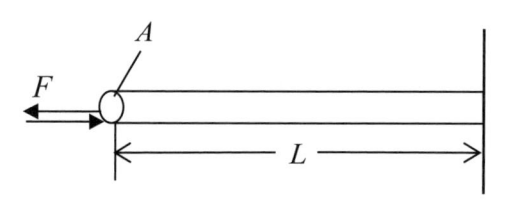

Bild 5.13 Metallwiderstand mit Krafteinwirkung

$$R = \rho \cdot \frac{L}{A} \tag{5.2}$$

Mit $R = R_0 + \Delta R$, $L = L_0 + \Delta L$, $A = A_0 + \Delta A$ und $\rho = \rho_0 + \Delta \rho$

Werden die absoluten Änderungen in ein Verhältnis zu den ursprünglichen Größen gesetzt, ergeben sich die relativen Größen:

relative Widerstandsänderung: $r = \dfrac{\Delta R}{R_0}$ (5.3)

relative Längenänderung: $\varepsilon = \dfrac{\Delta L}{L_0}$ (5.4)

Werden alle Änderungen, die zu einer Widerstandsänderung führen, zusammengefasst, ergibt sich ein k-Faktor (Proportionalitätsfaktor). Dieser Faktor berücksichtigt auch die Änderung des spezifischen Widerstandes, der bei metallischen Leitern nicht besonders groß ist im Gegensatz zu Halbleitermaterialien. Der Einfluss der relativen Längenänderung auf die relative Änderung des Widerstandes wird allgemein über den k-Faktor ausgedrückt.

$r = k \cdot \varepsilon$ (5.5)

Für metallische Leiter nimmt der k-Faktor ungefähr den Wert 2 an. Für Halbleitermaterialien kann der k-Faktor Werte bis ca. 200 annehmen. Das Verhältnis der Längenänderung zur Radiusänderung wird über die sogenannte Poisson-Zahl beschrieben:

$\mu = \dfrac{\Delta r / r_0}{\Delta L / L_0}$ mit $r_0 = \sqrt{\dfrac{A_0}{\pi}}$ (5.6)

Für metallische Leiter ergibt sich ein ungefährer Wert von $\mu = 0{,}3$.

Zur Messung wird der DMS auf das Messobjekt aufgeklebt. Die Verformung des Messkörpers wird durch den Kleber (Spezialkleber!) auf den DMS übertragen.

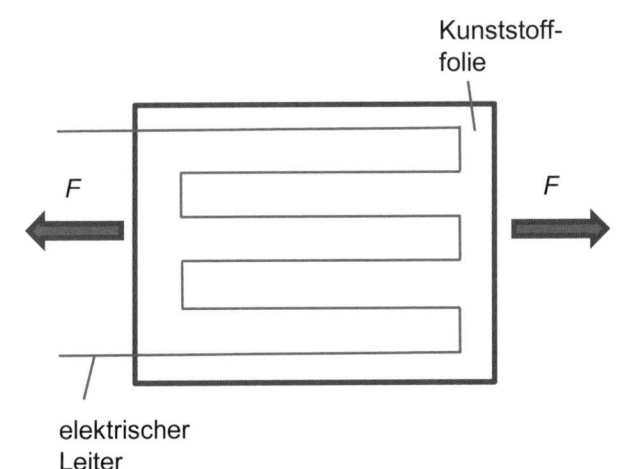

Bild 5.14 Aufbau DMS

5.2.2 Kapazitive Messfühler

Kapazitive Messfühler haben einen weiten Einsatzbereich. Sie können zur Dickenmessung, Abstandsmessung oder Füllstandsmessung eingesetzt werden. Kapazitive Messfühler formen eine eingangsseitige Messgröße in eine Kapazitätsänderung um.

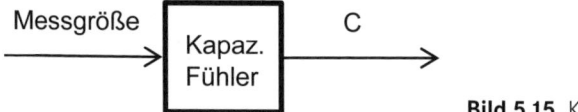

Bild 5.15 Kapazitiver Messsensor

Das Messverfahren beruht auf dem Prinzip der allgemeinen Kondensatoranordnung. Für einen einfachen Plattenkondensator Bild 5.16 gilt der Zusammenhang Gleichung (5.7).

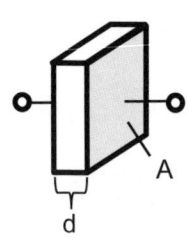

Bild 5.16 Plattenkondensator

$$C = \varepsilon_0 \cdot \varepsilon_r \cdot \frac{A}{d} \tag{5.7}$$

In der Formel (5.7) gibt es drei Größen, die bei einem Plattenkondensator verändert werden können. Die Dielektrizitätskonstante ε_r, die Fläche des Plattenkondensators A und der Abstand d. Alle drei Größen können für unterschiedliche Anwendungen genutzt werden.

Kapazitätsänderung durch Abstandsänderung

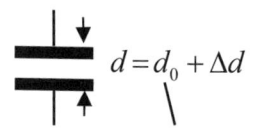

Die Kapazitätsänderung durch eine Abstandsänderung kann genutzt werden zum Scannen von Oberflächen, wenn die zu scannende Oberfläche die Gegenplatte darstellt oder die Kapazitätsänderung kann durch eine einwirkende Kraft auf die Platten, also auf den Abstand der Platten, verursacht werden.

$$d = d_0 + \Delta d$$

Nennabstand

Bild 5.17 Kapazitätsänderung durch eine Abstandsänderung

Die Herleitung einer anschaulichen Formel für die Abschätzung des Einflusses der Messgröße (z. B. Abstand) auf die Kapazität läuft immer darauf hinaus, eine Multiplikation einer Nenngröße (z. B. Nennkapazität) mit der Messgröße zu erzwingen.

Die Kapazität für die Kapazitätsänderung durch eine Abstandsänderung lässt sich nach der Formel (5.7) leicht aufstellen.

$$C = \varepsilon_0 \cdot \varepsilon_r \cdot \frac{A}{d_0 + \Delta d}$$

$$C = \varepsilon_0 \cdot \varepsilon_r \cdot \frac{A}{d_0(1 + \Delta d / d_0)} = \varepsilon_0 \cdot \varepsilon_r \cdot \frac{A}{d_0} \cdot \frac{1}{1 + \Delta d / d_0} \tag{5.8}$$

$$C = C_0 \cdot \frac{1}{1 + \Delta d / d_0}$$

Beispiel: Simulation der Kapazitätsänderung durch eine Abstandsänderung

Mit einer Simulation durch LabVIEW lässt sich der Zusammenhang zwischen der Messgröße Abstand und der Kapazität leicht anschaulich darstellen. Für die Simulation wurde ein Array mit einstellbaren Werten erzeugt und die Formel wurde im Formelknoten realisiert. Die Ausgabe wird dann grafisch mit der xy-Darstellung erzeugt.

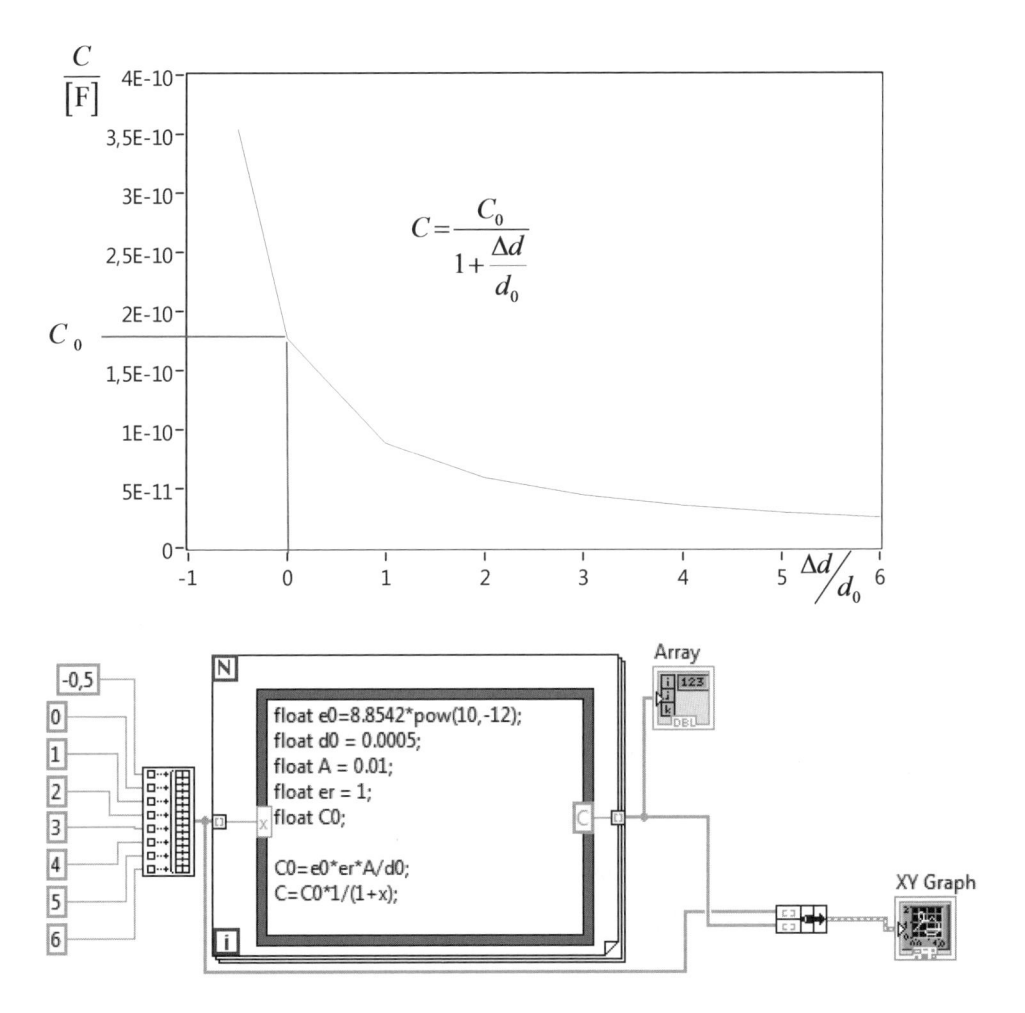

Bild 5.18 Simulation: Kapazitätsänderung durch Abstandsänderung

Wird der Bereich $\pm\frac{\Delta d}{d_0} = 0{,}5$ betrachtet, ergibt sich eine sehr kleine Änderung im nF-Bereich.

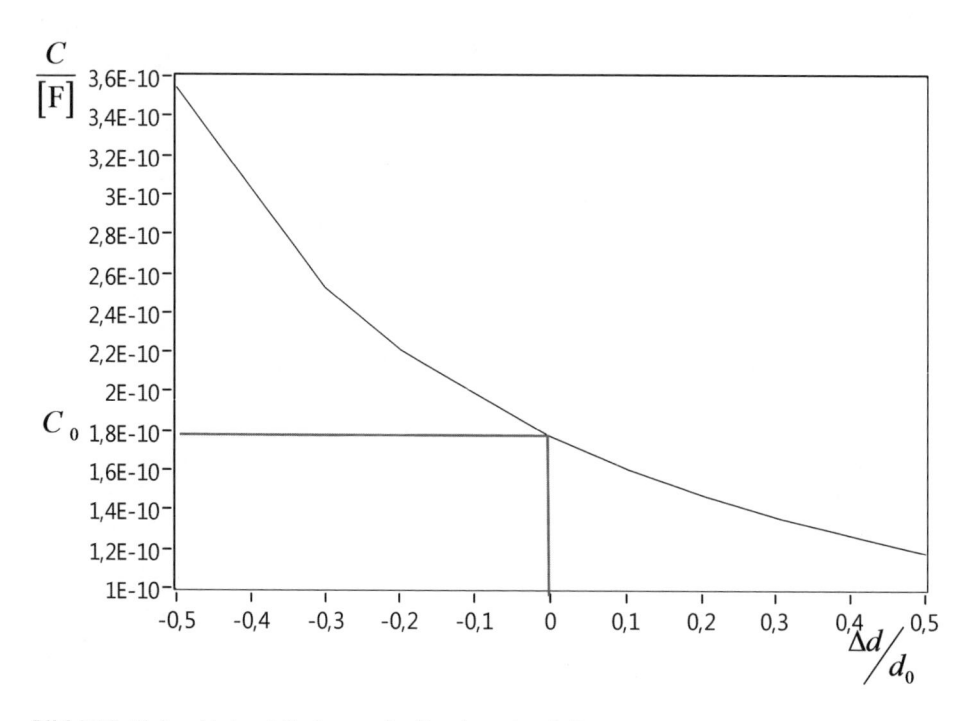

Bild 5.19 Kleine Abstandsänderung der Kondensatorplatten

Der Zusammenhang zwischen der Kapazitätsänderung und der Abstandsänderung ist nichtlinear.

Kapazitätsänderung durch Veränderung der aktiven Flächen

Die Einstellung der aktiven Flächen zueinander ist ein oft benutztes Mittel zur Einstellung von Resonanzkreisen. Mit Drehkondensatoren ist dies einfach zu realisieren. Vereinfacht soll der Zusammenhang mit einem Plattenkondensator gezeigt werden.

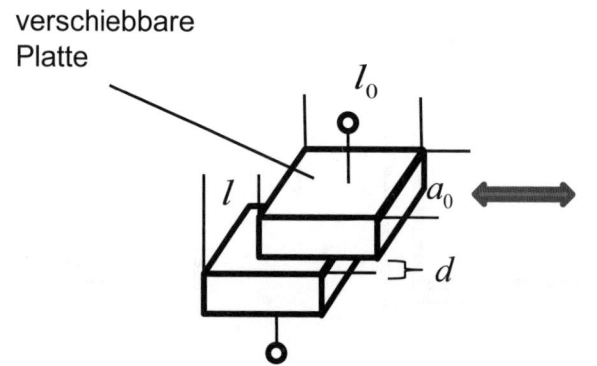

Bild 5.20 Kondensator mit aktiver Flächenänderung

Die Herleitung (5.9) ergibt einen linearen Zusammenhang zwischen dem Bezugswert C_{max} und der relativen Änderung der aktiven Fläche.

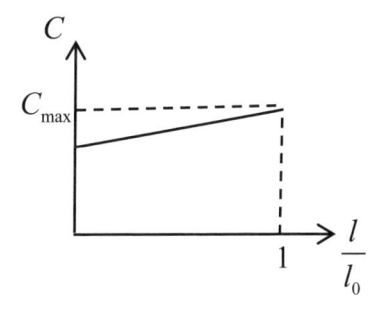

Bild 5.21 Lineare Abhängigkeit zwischen der Kapazität und der Fläche

$$\begin{aligned} C &= \varepsilon_0 \varepsilon_r \cdot \frac{a_0 \cdot l}{d} \\ C &= \varepsilon_0 \varepsilon_r \cdot \frac{a_0 \cdot l}{d} \quad \Big| \cdot \frac{l_0}{l_0} \\ C &= \varepsilon_0 \varepsilon_r \cdot \frac{a_0 \cdot l_0}{d} \cdot \frac{l}{l_0} \\ C &= C_{max} \cdot \frac{l}{l_0} \end{aligned} \qquad (5.9)$$

Die Schlussfolgerung, dass bei einer Änderung der aktiven Fläche die Kapazitätsänderung sich linear zur Flächen- bzw. zur Längenänderung verhält, lässt sich auch auf einen zylindrischen Kondensator zur Messung einer Füllstandshöhe anwenden.

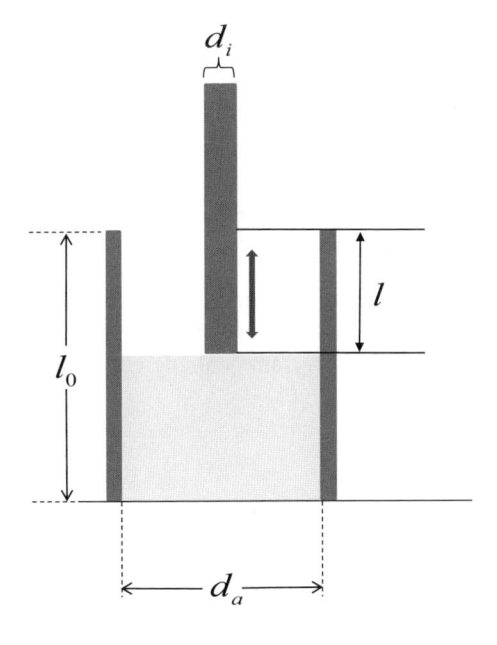

Bild 5.22 Zylinderkondensator mit aktiver Flächenänderung

$$C = C_{max} \cdot \frac{l}{l_0}$$

mit (5.10)

$$C_{max} = \varepsilon_0 \varepsilon_r \cdot \frac{2 \cdot \pi \cdot l_0}{\ln \frac{d_a}{d_i}}$$

Kapazitätsänderung durch Verschiebung des Dielektrikums
Wird ein Plattenkondensator mit einer verschiebbaren Platte als Dielektrikum eingesetzt (Bild 5.23), kann der Zusammenhang zwischen der Einschiebtiefe und der Kapazität wie folgt berechnet werden:

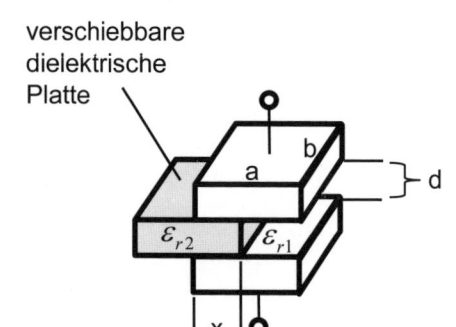

Bild 5.23 Plattenkondensator mit verschiebbarem Dielektrikum

Für die Konstruktion in Bild 5.23 muss zuerst ein passendes Ersatzschaltbild gefunden werden. Die beiden Teile des Kondensators verhalten sich wie zwei parallel geschaltete Kondensatoren.

$$C = C_1 + C_2$$

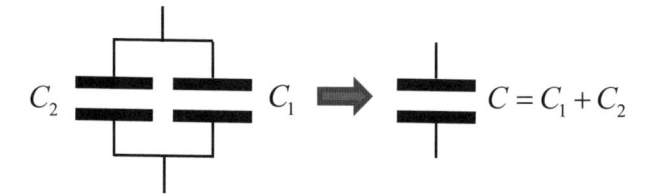

Bild 5.24 Parallelschaltung von zwei Kondensatoren

Das Ziel der Herleitung ist, einen Ausdruck zu erhalten, der den Zusammenhang zwischen der Einschiebtiefe und Kapazität sehr einfach und übersichtlich beschreibt. In den meisten Fällen wird bei einer solchen Herleitung ein multiplikativer Zusammenhang entwickelt. Die grundsätzliche Vorgehensweise ist immer die gleiche.

$$C_1 = \varepsilon_0 \cdot \varepsilon_{r1} \cdot \frac{(a-x) \cdot b}{d}; \quad C_2 = \varepsilon_0 \cdot \varepsilon_{r2} \cdot \frac{x \cdot b}{d} \qquad (5.11)$$

5.2 Ausgewählte Sensoren

In den Formeln (5.11) wird die allgemeine Formel (5.7) für den Plattenkondensator als Ausgangsbeschreibung benutzt. Ausgehend von diesen Beschreibungen werden die beiden Kondensatoren wegen der Parallelschaltung addiert.

$$C = C_1 + C_2$$
$$C = \varepsilon_0 \cdot \varepsilon_{r1} \cdot \frac{(a-x) \cdot b}{d} + \varepsilon_0 \cdot \varepsilon_{r2} \cdot \frac{x \cdot b}{d}$$
$$C = \varepsilon_0 \cdot \varepsilon_{r1} \cdot \frac{a \cdot b}{d} - \varepsilon_0 \cdot \varepsilon_{r1} \cdot \frac{x \cdot b}{d} + \varepsilon_0 \cdot \varepsilon_{r2} \cdot \frac{x \cdot b}{d}$$
$$C = \varepsilon_0 \cdot \varepsilon_{r1} \cdot \frac{a \cdot b}{d} + \varepsilon_0 \cdot \frac{x \cdot b}{d} \cdot (\varepsilon_{r2} - \varepsilon_{r1})$$
$$C = \varepsilon_0 \cdot \varepsilon_{r1} \cdot \frac{a \cdot b}{d} \cdot \left[1 + \frac{(\varepsilon_{r2} - \varepsilon_{r1}) \cdot x}{\varepsilon_{r1} \cdot a}\right] \quad (5.12)$$
$$C = C_0 \cdot \left[1 + \frac{(\varepsilon_{r2} - \varepsilon_{r1}) \cdot x}{\varepsilon_{r1} \cdot a}\right]$$

mit

$$C_0 = \varepsilon_0 \cdot \varepsilon_{r1} \cdot \frac{a \cdot b}{d}$$

C_0 steht für die Anfangskapazität ohne eingeschobene Platte. Zwischen der Einschiebtiefe und der Kapazität besteht ein linearer Zusammenhang.

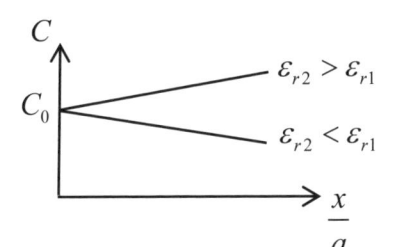

Bild 5.25 Linearer Zusammenhang zwischen x und C

Statt der eingeschobenen Platte kann bei einem senkrechten Aufbau auch eine Flüssigkeit den Abstand zwischen den Kondensatorplatten füllen. In diesem Fall könnte der kapazitive Messfühler als Füllstandsmesser eingesetzt werden. Für eine Füllstandsmessung würde aber anstelle eines Plattenkondensators ein Zylinderkondensator zum Einsatz kommen.

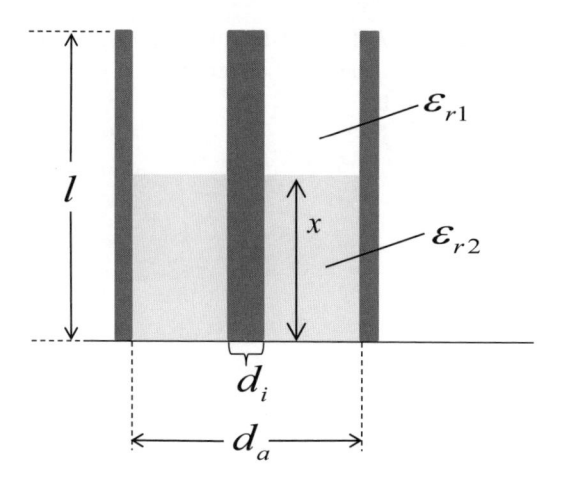

Bild 5.26 Zylinderkondensator

Die Kapazität eines Zylinderkondensators wird allgemein mit der Formel (5.13) beschrieben.

$$C = \varepsilon_0 \cdot \varepsilon_r \cdot \frac{2 \cdot \pi \cdot l}{\ln(\frac{d_a}{d_i})} \tag{5.13}$$

Mit der oben durchgeführten mathematischen Herleitung für einen Plattenkondensator ergibt sich für einen Zylinderkondensator nach Gleichung (5.12) folgender Zusammenhang:

$$C = C_0 \cdot \left[1 + \frac{(\varepsilon_{r2} - \varepsilon_{r1}) \cdot x}{\varepsilon_{r1} \cdot l}\right] \tag{5.14}$$

mit

$$C_0 = \varepsilon_0 \cdot \varepsilon_{r1} \cdot \frac{2 \cdot \pi \cdot l}{\ln(\frac{d_a}{d_i})}$$

C_0 steht für die Anfangskapazität des leeren Behälters.

Kapazitätsänderung durch Dickenänderung des Dielektrikums
Die Möglichkeit der Messung einer Dickenänderung wird in der Qualitätsprüfung zur Herstellung von Folien und Klebebändern eingesetzt.

Der Aufbau ist recht einfach. Die Folien werden durch einen Plattenkondensator geführt und die Folie dient als Dielektrikum. Die Frage, ob es eine Rolle spielt, in welcher Höhe die Folie durch die Platten geführt, wird kann durch die folgende Herleitung beantwortet werden. Als Erstes muss ein entsprechendes Ersatzschaltbild eingeführt werden. Für den Aufbau in Bild 5.27 kann eine Reihenschaltung angenommen werden.

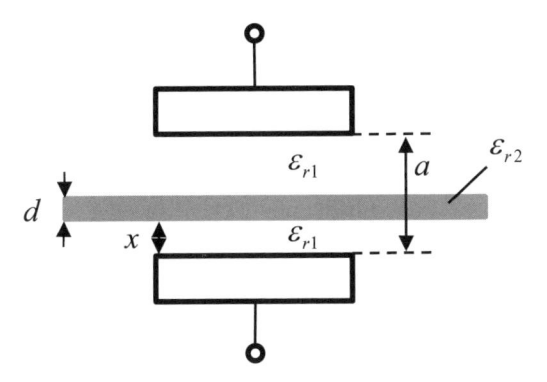

Bild 5.27 Plattenkondensator mit Dielektrikum

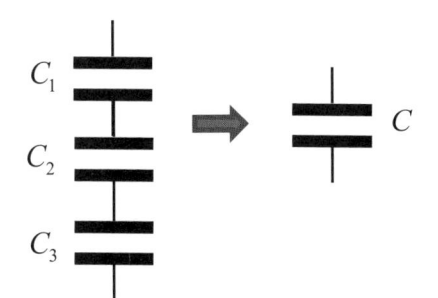

Bild 5.28 Ersatzschaltbild des Plattenkondensators mit Dielektrikum

Die einzelnen Kondensatoren können mit dem entsprechenden Dielektrikum und den geometrischen und elektrischen Größen nach Gleichung (5.15) bestimmt werden.

$$C_1 = \varepsilon_0 \cdot \varepsilon_{r1} \cdot \frac{A}{a-(d+x)}; \quad C_2 = \varepsilon_0 \cdot \varepsilon_{r2} \cdot \frac{A}{d}; \quad C_3 = \varepsilon_0 \cdot \varepsilon_{r1} \cdot \frac{A}{x}; \qquad (5.15)$$

Die Reihenschaltung von Kondensatoren wird über den Kehrwert der Kapazitäten berechnet.

$$\frac{1}{C} = \frac{1}{C_1} + \frac{1}{C_2} + \frac{1}{C_3}$$

$$\frac{1}{C} = \frac{a-(d+x)}{\varepsilon_0 \cdot \varepsilon_{r1} \cdot A} + \frac{d}{\varepsilon_0 \cdot \varepsilon_{r2} \cdot A} + \frac{x}{\varepsilon_0 \cdot \varepsilon_{r1} \cdot A}$$

$$\frac{1}{C} = \frac{1}{\varepsilon_0 \cdot A} \left[\frac{a}{\varepsilon_{r1}} - \frac{d}{\varepsilon_{r1}} - \frac{\cancel{x}}{\cancel{\varepsilon_{r1}}} + \frac{d}{\varepsilon_{r2}} + \frac{\cancel{x}}{\cancel{\varepsilon_{r1}}} \right]$$

$$\frac{1}{C} = \frac{a}{\varepsilon_0 \cdot \varepsilon_{r1} \cdot A} \left[1 - \frac{d}{a} + \frac{d \cdot \varepsilon_{r1}}{a \cdot \varepsilon_{r2}} \right] \qquad (5.16)$$

$$\frac{1}{C} = \frac{a}{\varepsilon_0 \cdot \varepsilon_{r1} \cdot A} \left[1 + \frac{d}{a} \left(\frac{\varepsilon_{r1}}{\varepsilon_{r2}} - 1 \right) \right]$$

$$C = \frac{\varepsilon_0 \cdot \varepsilon_{r1} \cdot A}{a} \cdot \frac{1}{1 + \frac{d}{a} \left(\frac{\varepsilon_{r1}}{\varepsilon_{r2}} - 1 \right)}$$

$$C = C_0 \cdot \frac{1}{1 + \frac{d}{a}\left(\frac{\varepsilon_{r1}}{\varepsilon_{r2}} - 1\right)}$$

C_0 ist die Anfangskapazität des Plattenkondensators ohne Folie. Die Höhe x der Folie im Plattenkondensator hat sich herausgekürzt, d.h. sie spielt für die Dickenmessung keine Rolle.

5.2.3 Induktive Messfühler

Für die Messung kleiner Abstände und Wege können auch induktive Verfahren zum Einsatz kommen. Mit einer Luftdrossel und einem verschiebbaren Kern, dem sogenannten Tauchanker lässt sich die Induktivität in Abhängigkeit von dem Eintauchen des Kerns verändern. Durch das Eintauchen des Weicheisenkerns erhöht sich die Induktivität der Spule.

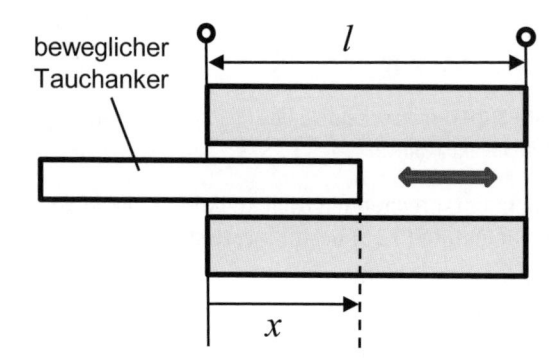

Bild 5.29 Tauchanker-Aufnehmer

Die Induktivität berechnet sich ausgehend von der Formel für eine Spule:

$$L = \frac{N^2 \cdot \mu_0 \cdot \mu_r \cdot A}{l} \tag{5.17}$$

N Windungszahl
A innere Fläche der Spule
μ_0 Permeabilität
μ_r relative Permeabilität

zu

$$L = N^2 \cdot \mu_0 \cdot A \cdot \frac{1}{\frac{x}{\mu_r} + (l - x)} \tag{5.18}$$

Unter der Annahme, dass die relative Permeabilität μ_r sehr groß ist, kann die Gleichung (5.18) vereinfacht werden:

$$L = N^2 \cdot \mu_0 \cdot A \cdot \frac{1}{(l-x)}$$

$$L = \frac{N^2 \cdot \mu_0 \cdot A}{l} \cdot \frac{1}{(1-\frac{x}{l})} \tag{5.19}$$

$$L = L_0 \cdot \frac{1}{(1-\frac{x}{l})}$$

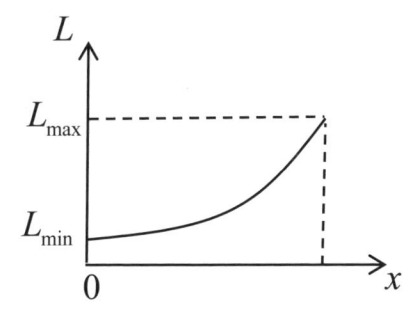

Bild 5.30 Nichtlinearer Zusammenhang des Tauchanker-Aufnehmers

Der Verlauf in Bild 5.30 ist nichtlinear. Durch ein Differentialprinzip und Verwendung einer Messbrücke lässt sich der Verlauf linearisieren und die Empfindlichkeit erhöhen.

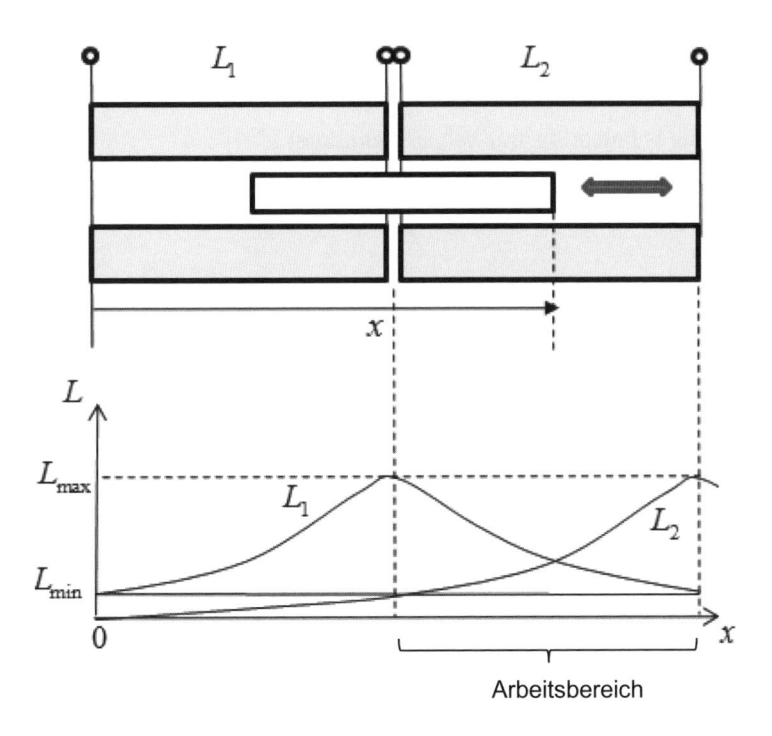

Bild 5.31 Differential-Tauchanker-Aufnehmer

Die beiden Spulen L_1 und L_2 bilden den Differential-Tauchanker-Aufnehmer. Die Spulen verhalten sich in Abhängigkeit von dem Tauchanker invers. Wird der Tauchanker nach rechts bewegt, wird die Induktivität L_1 kleiner und die Induktivität L_2 größer.

■ 5.3 Signalkonditionierung

Unter Signalkonditionierung wird die Anpassung des Sensorsignals an die Messwerterfassung verstanden. Die unterschiedlichen Signal- und Sensorarten erfordern verschiedene Signalkonditionierungseigenschaften. Es ist zu entscheiden, welche Signalkonditionierung für die jeweilige Anwendung benötigt wird. Anforderungen, die sich aus der Messaufgabe ergeben, sind z. B.:

- hohe Kanalanzahl
- schwache Signale
- Rauschreduzierung
- Schutz des Systems (Überspannung, Überstrom, Verpolung)
- zusätzliche Funktionen (z. B. Einspeisung, Linearisierung)

In Bezug auf diese Anforderungen ergeben sich für die Signalkonditionierung folgende Aufgaben:

- Schalten und Multiplexen
- Verstärken
- Filtern
- Linearisieren (Umformung bei nichtlinearer Sensor-Kennlinie)
- Auswerten durch spezielle Schaltungen und Anregungen
- Isolation

■ 5.4 Schaltungen zur Signalkonditionierung

Sensorsignale sind in der Regel in der Amplitude sehr klein und müssen verstärkt werden, um eine Vergrößerung des Signal-Rausch-Abstandes zu erreichen. Die Frage stellt sich, wo die Verstärkung am besten stattfinden soll, unmittelbar an der Signalquelle oder direkt vor der Digitalisierung der Messwerte. Dies soll ein Beispiel verdeutlichen.

Beispiel 5.1: Signal-Rausch-Abstand

In diesem Beispiel wird das Kleinsignal insgesamt um den Faktor 100 verstärkt. Es werden drei Fälle angenommen: eine Verstärkung in dem Messwerterfassungssystem, eine Verstärkung direkt am erzeugten Kleinsignal und eine Verstärkung in beiden Verstärkern. Die Tabelle 5.1 zeigt die Ergebnisse.

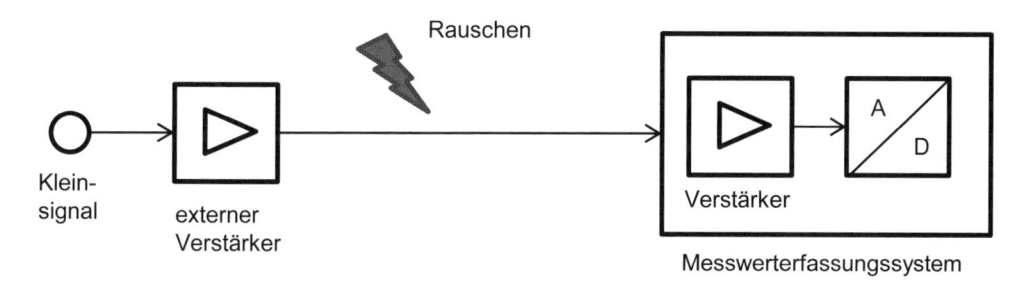

Bild 5.32 Signalübertragung, Signal-Rausch-Abstand

Tabelle 5.1 Signal-Rausch-Abstand

	Kleinsignal-Spannung	Externer Verstärker	Rauschen	Interner Verstärker	Digitalisierte Spannung	SNR
Nur interne Verstärkung	0,01 V	keine	0,001 V	x 100	1,1 V	10
Externe und interne Verstärkung	0,01 V	x 10	0,001 V	x 10	1,01 V	100
Nur externe Verstärkung	0,01 V	x 100	0,001 V	keine	1,001 V	1000

Die Tabelle 5.1 zeigt sehr schön, dass eine Signalverstärkung unmittelbar nach der Signalerzeugung stattfinden muss, um einen hohen Signal-Rausch-Abstand zu erhalten.

5.4.1 Messverstärker

Messverstärker haben die Aufgabe der Impedanz- und Pegelanpassung zwischen den verschiedenen Stufen einer Messkette. Sie stellen meist das Verbindungsglied zwischen Sensor und den weiteren Verarbeitungseinheiten dar. Die an sie gestellten Anforderungen umfassen

- hohen Eingangswiderstand,
- kleinen Ausgangswiderstand,
- hohe Unterdrückung von Gleichtaktsignalen,
- geringe Temperaturdrift von Nullpunkt und Verstärkung,
- gute Linearität.

Grundschaltungen mit Operationsverstärkern
Für die unterschiedlichen Anforderungen gibt es eine Reihe von Grundschaltungen, die einfach aufgebaut werden können. Einige dieser Grundschaltungen sollen kurz vorgestellt werden.

Invertierende Operationsverstärkerschaltung

Die invertierende Operationsverstärkerschaltung verstärkt ein Eingangssignal über das Widerstandsverhältnis $\frac{R_f}{R_e}$. Der Eingangswiderstand der Schaltung wird durch den Widerstand R_e bestimmt. Die Schaltung invertiert das Eingangssignal.

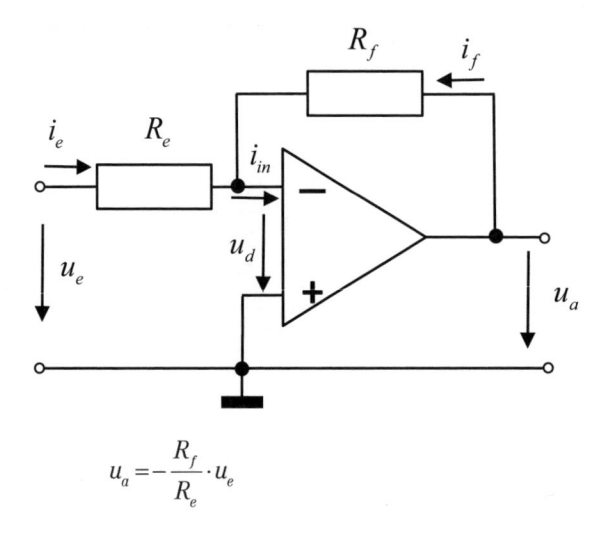

$$u_a = -\frac{R_f}{R_e} \cdot u_e$$

Bild 5.33 Invertierender Operationsverstärker

Die Gleichung für den invertierenden Operationsverstärker lässt sich über einen einfachen Ansatz herleiten. Der Operationsverstärker wird als ideal angenommen, mit den Parametern in Tabelle 5.2.

Tabelle 5.2 Idealer Operationsverstärker

$R_e = \infty$	Eingangswiderstand
$R_a = 0$	Ausgangswiderstand
$V = \infty$	Verstärkung des OP
$u_d = 0$	Differenzeingangsspannung
$u_a = V \cdot u_d$	Ausgangsspannung

Ausgehend von dem idealen Eingangswiderstand $R_e = \infty$ kann gefolgert werden, dass dann der Eingangsstrom i_{in} null sein muss. Wenn kein Strom durch R_e fließt, dann fällt auch keine Spannung an dem Eingangswiderstand ab. Das bedeutet, dass dann der Stromknoten auf dem gleichen Potenzial liegt wie der Massepunkt, also eine virtuelle Masse darstellt.

Der Stromknoten ergibt mit $i_{in} = 0$ die Knotengleichung:

$$i_e = -i_f \tag{5.20}$$

Zusätzlich lassen sich die Ströme i_e und i_f wegen der virtuellen Masse über das ohmsche Gesetz berechnen.

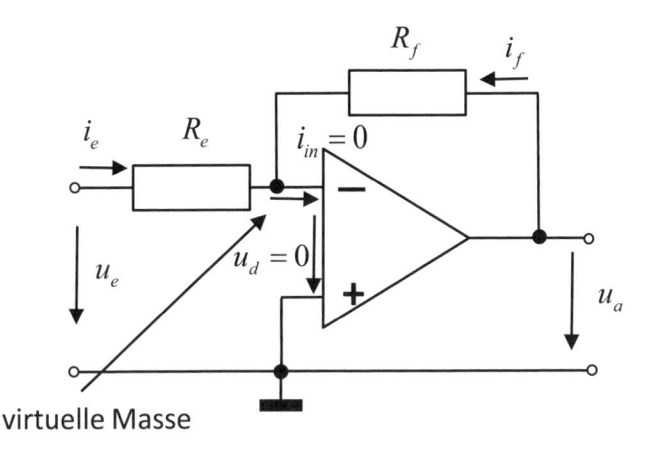

Bild 5.34 Idealer Operationsverstärker

$$i_e = \frac{u_e}{R_e}$$
$$i_f = \frac{u_a}{R_f} \tag{5.21}$$

Eingesetzt in die Knotengleichung (5.20) ergibt sich die oben genannte Gleichung für den invertierenden Operationsverstärker. In dieser Vorgehensweise lassen sich die meisten Operationsverstärkerschaltungen berechnen.

Strom-Spannungs-Wandler

Sensorsignale werden häufig als Stromsignal übertragen. Diese werden dann im Messwerterfassungssystem in ein Spannungssignal umgewandelt und weiterverarbeitet.

$$u_a = -R_f \cdot i_e$$

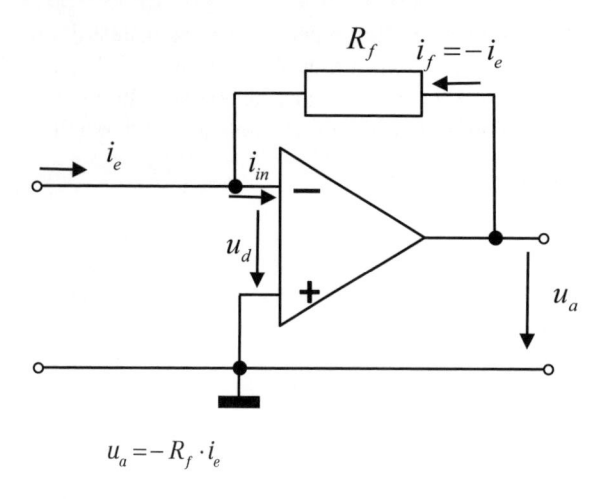

Bild 5.35 Strom-Spannungs-Wandler

Nichtinvertierender Operationsverstärker (Elektrometerverstärker)

Für die Forderung eines hohen Eingangswiderstandes eignet sich die nichtinvertierende Operationsverstärkerschaltung (Elektrometerschaltung). Hier wird der Eingangswiderstand der Schaltung durch den Eingangswiderstand des Operationsverstärkers bestimmt.

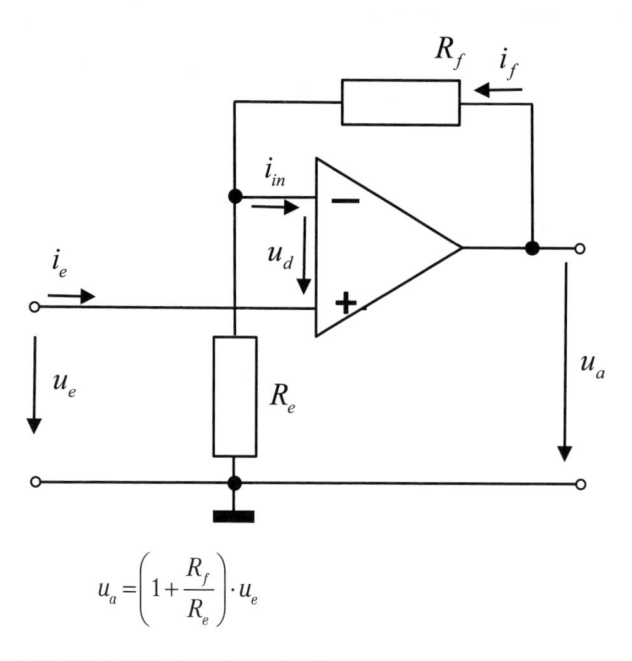

$$u_a = \left(1 + \frac{R_f}{R_e}\right) \cdot u_e$$

Bild 5.36 Nichtinvertierender Operationsverstärker

Impedanzwandlung

Eine Impedanzwandlung, also ein hoher Eingangswiderstand und ein niedriger Ausgangswiderstand, wird zur Spannungs-Anpassung mehrerer Schaltstufen verwendet.

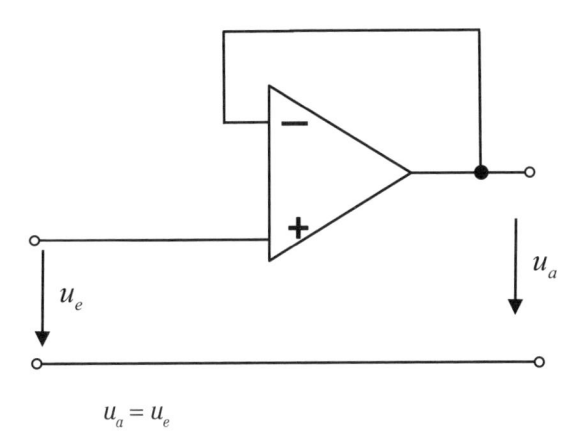

$$u_a = u_e$$

Bild 5.37 Impedanzwandler

Summier-Verstärker

Um Spannungen zu summieren oder zu subtrahieren, können ebenfalls Operationsverstärkerschaltungen benutzt werden.

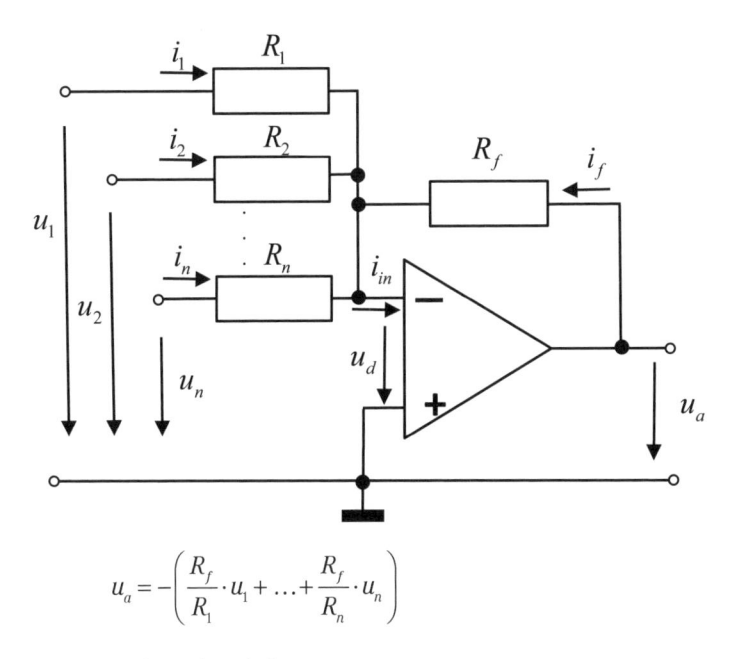

$$u_a = -\left(\frac{R_f}{R_1} \cdot u_1 + \ldots + \frac{R_f}{R_n} \cdot u_n\right)$$

Bild 5.38 Summierschaltung

Subtrahier-Verstärker

Die Subtrahierschaltung wird an dieser Stelle etwas genauer betrachtet werden. Mit den Grundlagen der Elektrotechnik soll die Subtrahiergleichung hergeleitet werden.

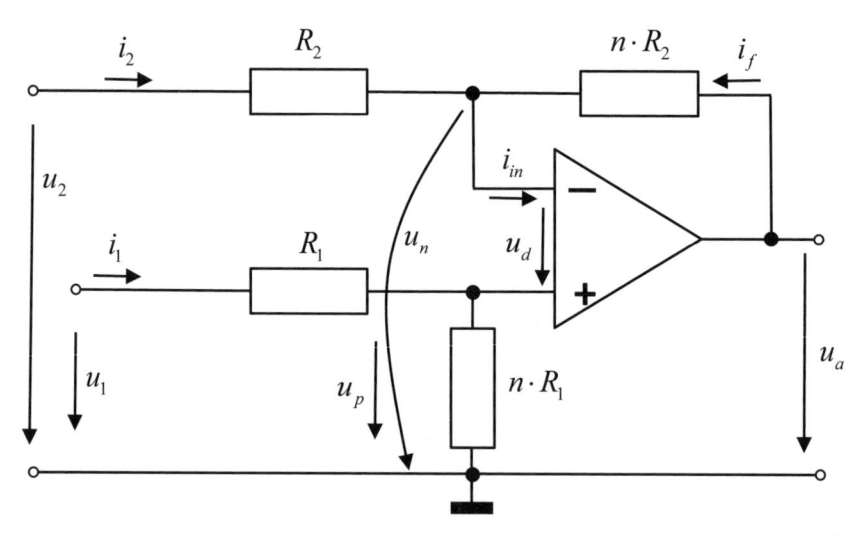

$$u_a = n \cdot (u_1 - u_2)$$

Bild 5.39 Subtrahierschaltung

Es muss als Erstes das Überlagerungsprinzip angewendet werden, d. h. die Eingangsspannungen werden getrennt berechnet und zum Schluss addiert.

1. Schritt: Berechnung mit $u_1 = 0$

$u_1 = 0$

ergibt mit der Annahme $i_{in} = 0$ und $u_d = 0$, dass

$u_p = 0$ und $u_n = 0$ sind;

aus der Stromsummenregel folgt

$$u_{a2} = \frac{n \cdot R_2}{R_2} \cdot u_2 = n \cdot u_2$$

2. Schritt: Berechnung mit $u_2 = 0$

Spannungsteilerregel, um u_p zu berechnen

$$u_p = \frac{n \cdot R_1}{R_1 + n \cdot R_1} \cdot u_1$$

wegen $u_d = 0$ ist $u_p = u_n$

Spannungsteilerregel, um u_{a1} zu berechnen

$$u_{a1} = \frac{R_2 + n \cdot R_2}{R_2} \cdot u_p$$

$$u_{a1} = \frac{R_2 + n \cdot R_2}{R_2} \cdot \frac{n \cdot R_1}{R_1 + n \cdot R_1} \cdot u_1$$

mit $R_1 = R_2$ folgt

$$u_{a1} = \frac{(1+n)}{1} \cdot \frac{n}{(1+n)} \cdot u_1 = n \cdot u_1$$

3. Schritt: Zusammenfassen der Spannungen

$$u_a = u_{a1} + u_{a2}$$
$$u_a = n \cdot u_1 - n \cdot u_2$$
$$u_a = n \cdot (u_1 - u_2)$$

Instrumentierungs-Verstärker

Der Instrumentierungs-Verstärker (Instrumentation Amplifier) vereint die Vorteile der oben genannten Grundschaltungen. Er nutzt den hochohmigen Eingangswiderstand von Operationsverstärkern und die Eigenschaft als Differenzverstärker und führt so zu einem universell einsetzbaren Messverstärker. Die Schaltung setzt sich aus zwei Stufen zusammen: Die erste Stufe besteht aus zwei miteinander verkoppelten Operationsverstärkern in einer Elekrometerschaltung, die zweite Stufe stellt eine Subtrahierschaltung dar.

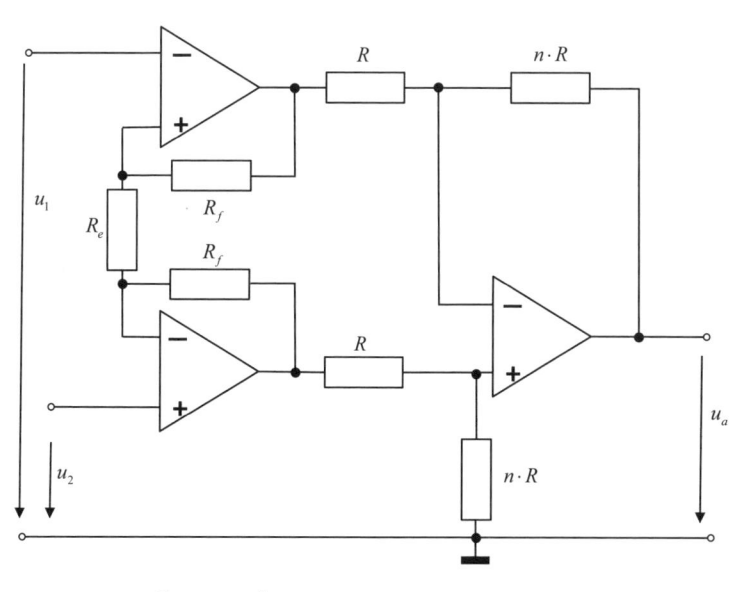

$$u_a = n \cdot \left[1 + 2 \cdot \frac{R_f}{R_e}\right] \cdot [u_2 - u_1]$$

Bild 5.40 Instrumentierungs-Verstärker

Trennverstärker

Trennverstärker (Isolation Amplifier) haben die Aufgabe, die Signalwege galvanisch zu trennen. Der Einsatz kann aus folgenden Gründen notwendig sein:

- Einhaltung schutztechnischer Bestimmungen, z. B. in der Medizintechnik
- Messpunkte sind auf unterschiedlich hohen Potenzialen
- Schutz gegen elektromagnetische Störungen und hohe Gleichtaktspannungen

Als Kopplungsarten zwischen den Ein- und Ausgangskreis sind üblich:

- optoelektronische Kopplung
- Übertragerkopplung (Transformatorprinzip)
- kapazitive Kopplung

5.4.2 Filter

Die Filterung wird hauptsächlich zur Eliminierung von Rauschen in bestimmten Frequenzbereichen eingesetzt (Hochpass-, Tiefpass-, Bandpassfilter). So können z. B. Stromleitungen in Gebäuden ein Rauschen von 50/60 Hz erzeugen. Werden beispielsweise nur langsam veränderliche Signale gemessen, so kann das von der Stromleitung erzeugte Rauschen mit einem Tiefpass herausgefiltert werden. Solche Filter können in Software oder Hardware implementiert werden. Um den Aliasing-Effekt zu vermeiden, müssen Frequenzen, die größer als die halbe Abtastfrequenz sind, herausgefiltert werden. Das Anti-Aliasing Filter muss in Hardware implementiert werden. Hardware-Filterschaltungen werden in der Regel mit Operationsverstärkern aufgebaut.

5.4.3 Messbrücken

Zur Signalverarbeitung von Sensorsignalen werden in vielen Fällen Messbrücken eingesetzt. Die Sensorsignale können zum einen verstärkt und zum anderen können die Signale mit der Ausschlagmethode sehr gut weiterverarbeitet werden. Mit der Messbrücke lässt sich ein Sensorsignal auf einen bestimmten Arbeitspunkt so einstellen, dass nur Abwei-

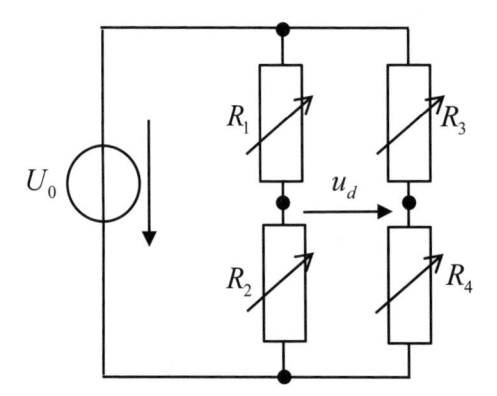

Bild 5.41 Messbrücke

chungen zu diesem Arbeitspunkt eine Spannung hervorrufen. Eine Messbrücke besteht im Prinzip aus zwei parallel geschalteten Reihenschaltungen von jeweils zwei Widerständen. Der Spannungsabgriff u_d für die weitere Signalverarbeitung liegt genau in der Mitte der vier Widerstände.

Unter der Voraussetzung, dass der Spannungsabgriff u_d einen hochohmigen Eingangswiderstand besitzt, kann die Diagonalspannung über die Spannungsteilerregel ermittelt werden.

$$u_d = \left(\frac{R_2}{R_1 + R_2} - \frac{R_4}{R_3 + R_4} \right) \cdot U_0 \tag{5.22}$$

Der Ausschlag der Brücke wird zu null, wenn alle vier Widerstände gleich groß sind. Die Diagonalspannung u_d ist dann null. Bei einer Vollbrücke, d.h. alle vier Widerstände können durch eine Änderung die Brücke verstimmen, müssen die Widerstände R_1 und R_4 kleiner und die Widerstände R_2 und R_3 größer werden, um eine positive Spannung u_d zu erzeugen. Die Diagonalspannung u_d kann also positive und negative Werte annehmen.

Je nachdem, wie viele Widerstände sich ändern können, werden die Brückenschaltungen als Voll-, Halb- oder Viertelbrücke bezeichnet. Für eine Vollbrücke mit z. B. vier Dehnungsmessstreifen gilt:

$$u_d = (-r_1 + r_2 + r_3 - r_4) \cdot \frac{U_0}{4} \tag{5.23}$$

mit

$$r_i = \frac{\Delta R}{R_0}$$

Die relativen Widerstandsänderungen ergeben bei einer Dehnung $r > 0$ und bei einer Stauchung $r < 0$. Werden die Widerstände R_2 und R_3 in gleicher Weise gedehnt, wie R_1 und R_4 gestaucht werden, so gilt:

$$U_d = 4 \cdot r \cdot \frac{U_0}{4} = r \cdot U_0 \tag{5.24}$$

Wird nur ein Dehnungsmessstreifen an die Stelle R_2 in die Brückenschaltung (Bild 5.41) geschaltet, ergibt sich die folgende Gleichung (5.25) einer Viertelbrücke:

$$U_d = r_2 \cdot \frac{U_0}{4} \tag{5.25}$$

mit

$$r_3 = r_4 = r_1 = 0$$

Bei einer Halbbrücke ergeben sich zusätzlich zu der Verstärkung die Vorteile einer Gleichtaktunterdrückung. Dies kann zur Temperaturkompensation genutzt werden.

$$U_d = (-r_1 + r_2) \cdot \frac{U_o}{4} \qquad (5.26)$$

mit

$$U_d = (-r_1 + r_2) \cdot \frac{U_o}{4}$$

mit

$$r_3 = r_4 = 0$$

Eine Gleichtaktunterdrückung bedeutet, dass die beiden relativen Änderungen $r_1 = r_2 = r$ eine Diagonalspannung $u_d = 0$ erzeugen. Sind die Änderungen im Betrag gleich groß, aber im Vorzeichen gegensätzlich, ergibt sich der typische Wert für eine Halbbrücke:

$$U_d = r \cdot \frac{U_o}{2} \qquad (5.27)$$

mit

$$r_3 = r_4 = 0$$

Für kapazitive und induktive Fühler muss die Brückenschaltung mit einer Wechselspannung gespeist werden.

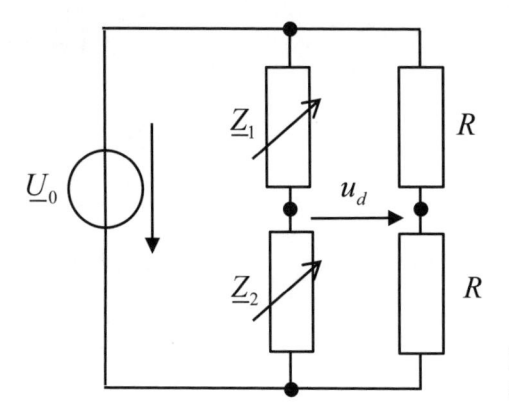

Bild 5.42 Messbrücke mit Wechselspannungsspeisung

Ausgehend von der Gleichung (5.22) ergibt sich für die Halbbrücke folgende Beziehung:

$$\begin{aligned} \underline{U}_d &= \left(\frac{\underline{Z}_2}{\underline{Z}_1 + \underline{Z}_2} - \frac{R}{R+R} \right) \cdot \underline{U}_0 \\ \underline{U}_d &= \left(\frac{\underline{Z}_2}{\underline{Z}_1 + \underline{Z}_2} - \frac{1}{2} \right) \cdot \underline{U}_0 \\ \underline{U}_d &= \left(\frac{2 \cdot \underline{Z}_2 - \underline{Z}_1 - \underline{Z}_2}{2 \cdot (\underline{Z}_1 + \underline{Z}_2)} \right) \cdot \underline{U}_0 \\ \underline{U}_d &= \frac{1}{2} \cdot \frac{\underline{Z}_2 - \underline{Z}_1}{\underline{Z}_1 + \underline{Z}_2} \cdot \underline{U}_0 \end{aligned} \qquad (5.28)$$

5.4.4 Trägerfrequenz-Messverfahren

Das Ausgangssignal von Messfühlern ist im Allgemeinen zur direkten Weiterverwendung als Eingangssignal von z. B. Anzeigeeinrichtungen oder Reglern nicht geeignet. Es muss vielmehr durch eine entsprechende Signalverarbeitung in eine dazu geeignete Form umgewandelt werden. Eine dabei häufig angewendete Methode ist das Trägerfrequenz-Messverfahren.

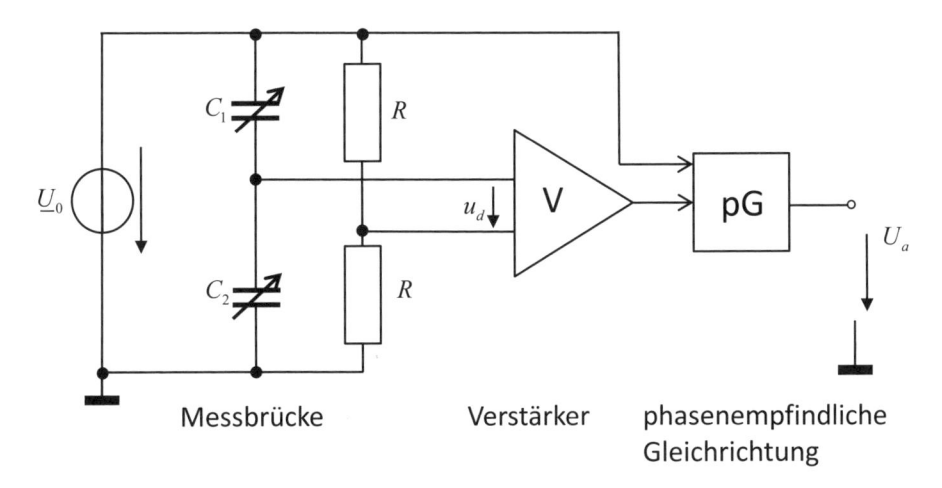

Bild 5.43 Trägerfrequenz-Messverfahren

In dem Bild 5.43 werden die Messfühler C_1 und C_2 als Teile einer Wechselstrombrücke verschaltet. Das Ausgangssignal u_d der verstimmten Brückenschaltung wird mit der Versorgungsspannung u_0 an eine phasenempfindliche Gleichrichtung (pG) geschaltet. Die Ausgangsspannung der pG-Schaltung wird gefiltert und liefert eine vorzeichenbehaftete Gleichspannung U_a.

Dabei wird die Eigenschaft einer phasenempfindlichen Gleichrichtung (Bild 5.44) ausgenutzt, zwei frequenzgleiche, jedoch gegeneinander phasenverschobene Sinussignale u_1 und u_2 zu einem von dieser Phasenverschiebung abhängigen Ausgangssignal U_a umzuformen.

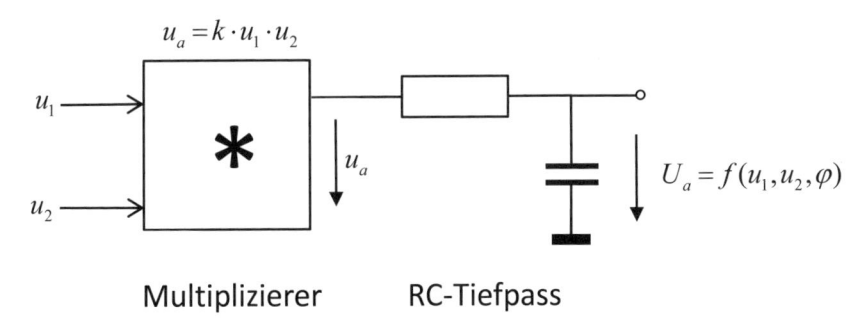

mit k = Proportionalitätsfaktor

Bild 5.44 Realisierung einer phasenempfindlichen Gleichrichtung

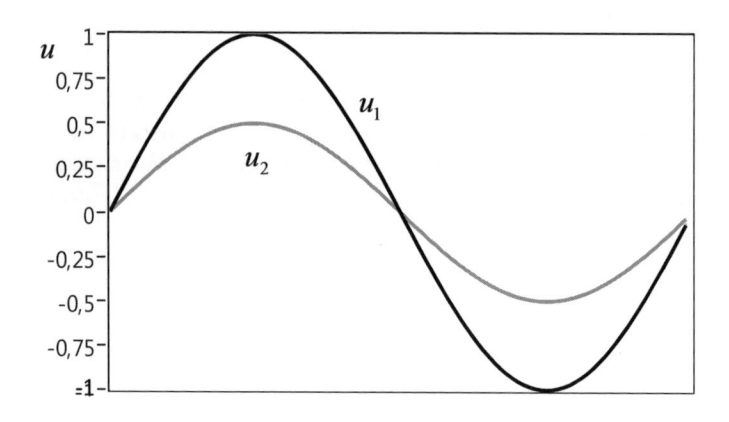

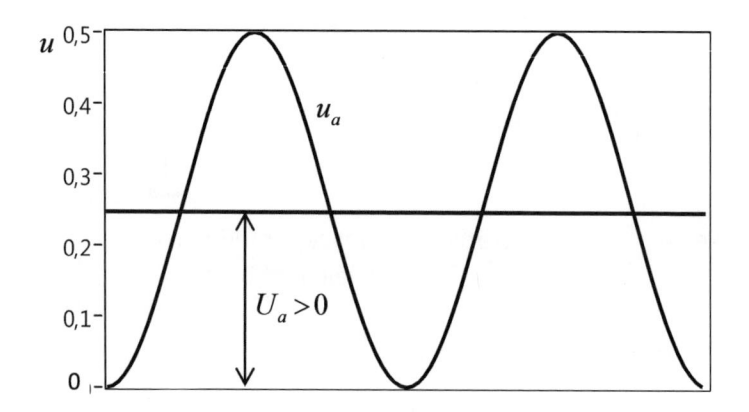

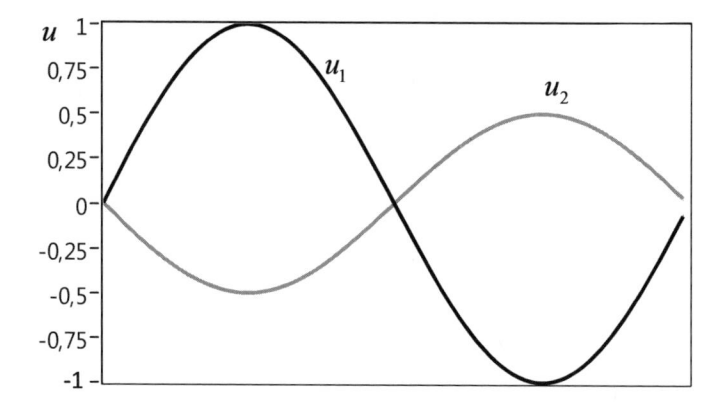

Bild 5.45 Trägerfrequenz-Messverfahren: gleichphasig

5.4 Schaltungen zur Signalkonditionierung

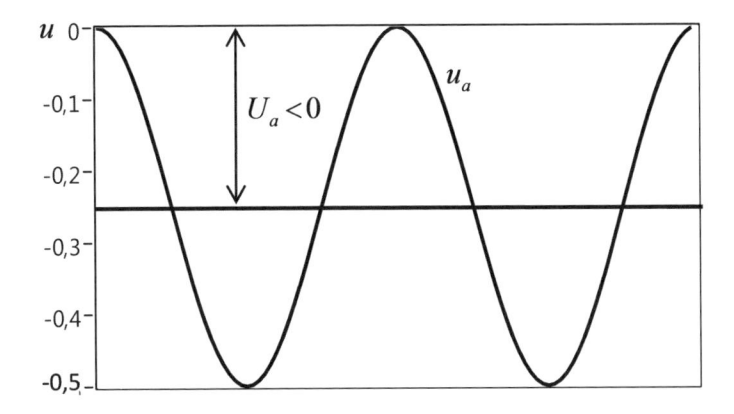

Bild 5.46 Trägerfrequenz-Messverfahren: gegenphasig

Für die kapazitiven Sensoren in der dargestellten Messbrücke (Bild 5.43) ergibt sich folgende Beziehung:

Die komplexen Widerstände $\underline{Z}_1 = \dfrac{1}{j\omega C_1}$ und $\underline{Z}_2 = \dfrac{1}{j\omega C_2}$ der Kapazitäten werden in die Gleichung (5.28) für die Halbbrücke eingesetzt.

$$\underline{U}_d = \frac{1}{2} \cdot \frac{\dfrac{1}{j\omega C_2} - \dfrac{1}{j\omega C_1}}{\dfrac{1}{j\omega C_1} + \dfrac{1}{j\omega C_2}} \cdot \underline{U}_0$$

$$\underline{U}_d = \frac{1}{2} \cdot \frac{\dfrac{1}{C_2} - \dfrac{1}{C_1}}{\dfrac{1}{C_1} + \dfrac{1}{C_2}} \cdot \underline{U}_0 \qquad (5.29)$$

$$\underline{U}_d = \frac{1}{2} \cdot \frac{\dfrac{1}{C_2} - \dfrac{1}{C_1}}{\dfrac{1}{C_1} + \dfrac{1}{C_2}} \cdot \underline{U}_0 \qquad \left| \cdot \frac{C_1 \cdot C_2}{C_1 \cdot C_2} \right.$$

$$\underline{U}_d = \frac{1}{2} \cdot \frac{C_1 - C_2}{C_1 + C_2} \cdot \underline{U}_0$$

Aus der Gleichung (5.29) ergibt sich folgende Schlussfolgerung:

Für $C_1 = C_2$ ist die Ausgangsspannung U_a gleich null. Für den Fall, dass der Kondensator C_1 größer ist als C_2, ist die Ausgangsspannung u_d der Messbrücke in Phase mit der Speisespannung und es ergibt sich eine positive Ausgangsspannung U_a. Für den Fall, dass der Kondensator C_2 größer als C_1 ist, ist die Ausgangsspannung U_a negativ. Der Betrag der Gleichspannung hängt jeweils von der Differenz der Kondensatorwerte (5.29) ab.

Werden in dem Bild 5.43 die Kondensatoren durch Induktivitäten ersetzt, ergeben sich ähnliche Verhältnisse.

$$\underline{U}_d = \frac{1}{2} \cdot \frac{j\omega L_2 - j\omega L_1}{j\omega L_1 + j\omega L_2} \cdot \underline{U}_0$$

$$\underline{U}_d = \frac{1}{2} \cdot \frac{L_2 - L_1}{L_1 + L_2} \cdot \underline{U}_0$$

(5.30)

mit

$L_1 = L_2$: $\quad \underline{U}_d = 0$

$L_1 > L_2$: $\quad \underline{U}_d$ in Phase mit $\underline{U}_0$

$L_1 < L_2$: $\quad \underline{U}_d$ in Gegenphase mit $\underline{U}_0$

Für die Berechnung der Ausgangsspannung U_a muss die gesamte Messkette berücksichtigt werden. Die Multiplikation der sinusförmigen Spannungen (Bild 5.44) ergibt eine sinusförmige Spannung mit der doppelten Frequenz. Aus diesem Signal wird der Gleichanteil herausgefiltert. Es ergibt sich folgende Beziehung:

$$U_a = \pm \frac{1}{2} \cdot k \cdot \hat{U}_1 \cdot \hat{U}_2$$

(5.31)

Für das Trägerfrequenz-Messverfahren mit Widerständen, Kondensatoren oder Induktivitäten ergeben sich aus den Vorüberlegungen direkt auswertbare Beziehungen:

Halbbrücke mit Induktivitäten

$$U_a = \frac{1}{4} \cdot k \cdot V \cdot \hat{U}_0^2 \cdot \frac{L_2 - L_1}{L_1 + L_2}$$

$$U_a = \frac{1}{2} \cdot k \cdot V \cdot U_0^2 \cdot \frac{L_2 - L_1}{L_1 + L_2} \quad \text{mit} \quad U_0 = \frac{\hat{U}_0}{\sqrt{2}}$$

(5.32)

Halbbrücke mit Kondensatoren

$$U_a = \frac{1}{2} \cdot k \cdot V \cdot U_0^2 \cdot \frac{C_1 - C_2}{C_1 + C_2}$$

(5.33)

Halbbrücke mit Widerständen

$$U_a = \frac{1}{2} \cdot k \cdot V \cdot U_0^2 \cdot \frac{R_2 - R_1}{R_1 + R_2}$$

(5.34)

5.5 Übungen

Aufgabe 5.1: Messung der Schichtdicke von Kunststofffolien

Zur Messung der Schichtdicke einer Kunststofffolie (Permittivitätszahl 4,5) mit einer Dicke von 0,5 mm ± 50 µm soll ein kapazitiver Messfühler mit den Abmessungen a = 1 mm; A = 100 cm² eingesetzt werden.

Dimensionieren Sie hierzu die erforderliche Schaltung für die Signalaufbereitung und legen Sie die Kalibrierung des Anzeigeinstrumentes so fest, dass hieran die Abweichung der Schichtdicke vom Nennwert mit einer Auflösung von 10 µm unmittelbar ablesbar ist.

Bild 5.47 Messwertaufnehmer

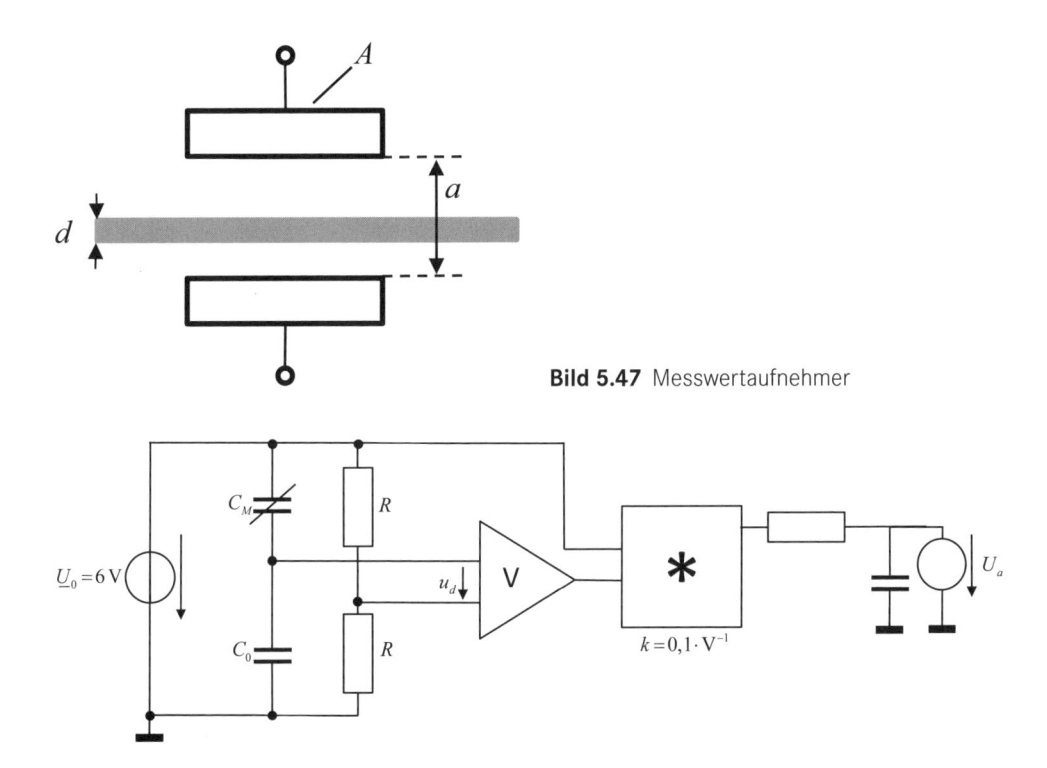

Bild 5.48 Signalaufbereitung

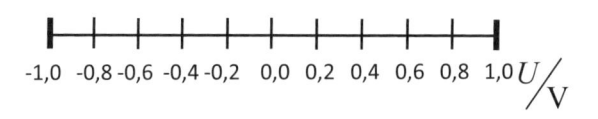

Bild 5.49 Kalibrierung

Aufgabe 5.2: Digitale Feuchtemessung

Zur Messung der relativen Luftfeuchte wird ein kapazitiver Feuchtesensor mit nebenstehender Kennlinie eingesetzt. Die Signalaufbereitung und Signalverarbeitung wird durch die skizzierte Schaltung vorgenommen, wobei der Feuchtesensor die Kapazität C_s in der Brückenschaltung bildet.

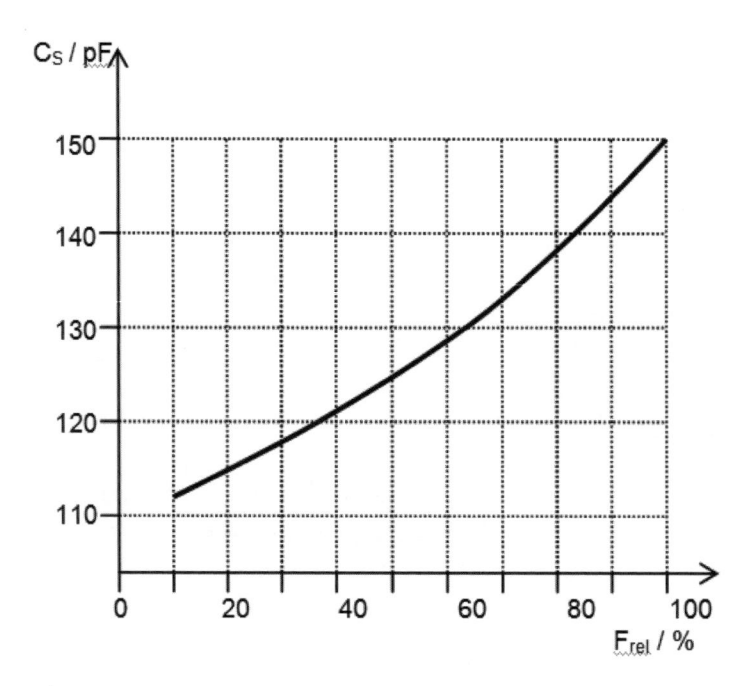

Bild 5.50 Feuchtekennlinie

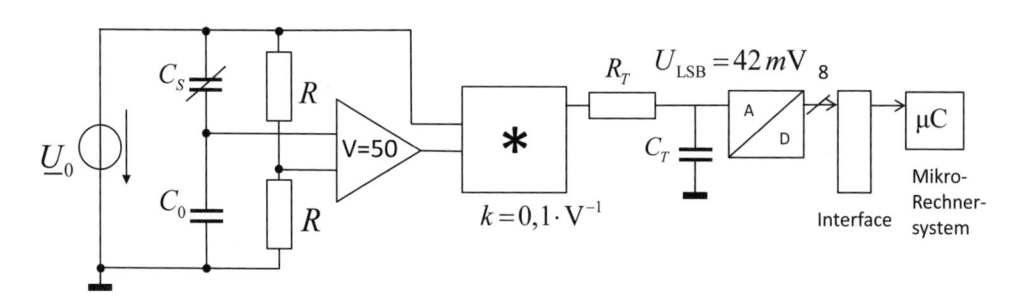

Bild 5.51 Signalaufbereitung

mit

$U_0 = 5\,\text{V};\ 100\,\text{kHz}$

Tabelle 5.3 Feuchtetabelle

Feuchte in %	C_S	U_a	N
10			
20			
30			
40			
50			
60			
70			
80			
90			
100			

a) Bestimmen Sie für diese Schaltung den Zusammenhang zwischen der digitalen Ausgangsgröße N des ADU und der Feuchte im Bereich 10 % … 100 %.

b) Dimensionieren Sie das *RC*-Tiefpassfilter so, dass die überlagerte Wechselgröße am Eingang des ADU einen Spitze-Spitze-Wert von $1/2\ U_{LSB}$ nicht überschreitet.

5.6 Lösungen

Lösung 5.1: Messung der Schichtdicke von Kunststofffolien

Für den Messwertaufnehmer ergibt sich die Gleichung (5.16):

$$C = C_0 \cdot \frac{1}{1 + \dfrac{d}{a}\left(\dfrac{\varepsilon_{r1}}{\varepsilon_{r2}} - 1\right)}$$

mit

$$C_0 = \varepsilon_0 \cdot \varepsilon_{r1} \cdot \frac{A}{a}$$

$$\varepsilon_{r1} = 1;\ \varepsilon_{r2} = 4{,}5;\ \varepsilon_0 = 8{,}854 \cdot 10^{-12}\ \mathrm{F/m}$$

Damit $U_a = 0\,\mathrm{V}$ wird für $d = d_{Nenn} = 0{,}5$ mm, muss die Kapazität $C_0 = C_{Nenn} = C_M(d = d_{Nenn}) = 144{,}88$ pF gewählt werden. Die Änderung der Foliendicke von dem Nennwert wird zu einem Spannungswert größer oder kleiner $u_d = 0\,\mathrm{V}$ führen. Für eine maximale positive Abweichung soll eine maximale Spannung von 1 V anfallen. Die Verstärkung ergibt sich zu:

$$U_a = \frac{1}{2} \cdot k \cdot V \cdot U_0^2 \cdot \frac{C_M - C_{Nenn}}{C_M + C_{Nenn}}$$

umstellen nach V und Einsetzen der Werte

$$V=\frac{154{,}73\,\text{pF}-144{,}88\,\text{pF}}{154{,}73\,\text{pF}+144{,}88\,\text{pF}}\cdot\frac{2\cdot 1\,\text{V}}{0{,}1\cdot(6\,\text{V})^2}=16{,}89$$

Tabelle 5.4 Werte der Kalibrierung

d	C_M	U_a
0,5 mm + 50 µm	154,73 pF	1 V
⋮	⋮	⋮
0,5 mm + 0 µm	144,88 pF	0 V
⋮	⋮	⋮
0,5 mm − 50 µm	136,22 pF	−0,937 V

Durch die leichte Nichtlinearität ergibt sich für eine maximale schmalere Folie nicht genau der Wert $U_a = -1$ V.

Lösung 5.2: Digitale Feuchtemessung

a)

Tabelle 5.5 Kondensatorwerte aus der Grafik Bild 5.50 abgelesen

Feuchte in %	C_s	U_a	N
10	112 pF	0,563 V	13
20	115 pF	1,389 V	33
⋮			
100	150 pF	9,615 V	229

Die Spannung $U_{a\max}$ berechnet sich aus dem maximalen Kondensatorwert bezogen auf einen Minimalwert:

$$U_a = \frac{1}{2}\cdot k \cdot V \cdot U_0^2 \cdot \frac{C_s - C_0}{C_s + C_0}$$

$$U_{a\max} = \frac{1}{2}\cdot 0{,}1\,\text{V}^{-1}\cdot 50\cdot(5\,\text{V})^2 \cdot \frac{150\,\text{pF}-110\,\text{pF}}{150\,\text{pF}+110\,\text{pF}} = 9{,}62\,\text{V}$$

Der Integerwert wird nach der Gleichung (3.1) berechnet:

$$N = \left\langle \frac{U_a}{U_{LSB}} \right\rangle$$

b)

$$A = \frac{\hat{U}_2}{\hat{U}_1} = \frac{1}{\sqrt{1 + \left(\frac{f}{f_g}\right)^2}} \qquad \text{mit} \qquad f_g = \frac{1}{2\pi RC}$$

mit

$$U_1 = U_{a\max} = 9{,}62\,\text{V und}$$
$$U_2 = \frac{1}{4} U_{LSB} = 10{,}5\,\text{mV}$$

folgt

$$\frac{10{,}5\,\text{mV}}{9620\,\text{mV}} = \frac{\hat{U}_2}{\hat{U}_1} = \frac{1}{\sqrt{1 + \left(\frac{f}{f_g}\right)^2}} \Rightarrow \frac{f}{f_g} = 916{,}2$$

$$f_g = \frac{2 \cdot 100\,\text{kHz}}{916{,}2} = 218{,}3\,\text{Hz}$$

Gewählt: $C_T = 1\,\mu\text{F} \Rightarrow R_T = \dfrac{1}{2\pi * C_T} = 729\,\Omega$

6 Grundlagen zur digitalen Signalverarbeitung

Durch die weite Verbreitung leistungsstarker Prozessoren hat die digitale Signalverarbeitung stark an Bedeutung gewonnen. In diesem Kapitel werden die grundsätzlichen Zusammenhänge erläutert.

6.1 Einführung

Vor der Einführung leistungsfähiger Prozessoren wurden Signale hauptsächlich mittels analoger Schaltungen verarbeitet. Eine analoge Schaltung verarbeitet analoge Eingangssignale $x(t)$ zu einem analogen Ausgangssignal $y(t)$. Eine solche Signalverarbeitung wird deshalb analoge Signalverarbeitung genannt.

$u_e(t)$ / $x(t)$ → ASV → $u_a(t)$ / $y(t)$

Bild 6.1 Analoge Signalverarbeitung

Mit dem Aufkommen leistungsstarker und preisgünstiger Prozessoren wurde immer mehr dazu übergegangen, Signale digital zu verarbeiten. Das Verarbeiten digitaler Signale wird als digitale Signalverarbeitung bezeichnet. Für ein Echtzeitsystem mit digitaler Signalverarbeitung sind im Allgemeinen die in Bild (6.2) gezeigten Komponenten notwendig. Für die digitale Signalverarbeitung müssen die analogen Signale abgetastet und quantisiert werden. Dies soll mit dem ADU angedeutet werden. Soll wieder ein analoges Signal entstehen, wird eine Umwandlung mittels DAU notwendig.

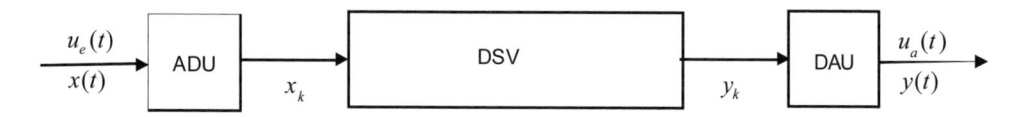

$u_e(t)$ / $x(t)$ → ADU → x_k → DSV → y_k → DAU → $u_a(t)$ / $y(t)$

Bild 6.2 Digitale Signalverarbeitung

Der Digitalrechner hat die Aufgabe, eine Folge von Eingangszahlen (digitales Eingangssignal x_k) zu einer Folge von Ausgangszahlen (digitales Ausgangssignal y_k) zu verarbeiten. Übliche Mikroprozessoren mit einer Neumann-Struktur sind für die DSV zwar einsetzbar, die Programmierung ist aber aufwendig und die Ausführung ist langsam. Ein Mikroprozessor, der sich für DSV-Aufgaben besser eignet, ist in einer Harvad-Architektur ausgeführt und wird als Digitaler-Signal-Prozessor (DSP) bezeichnet.

Für die digitale Signalverarbeitung sprechen einige klassische Vorteile der Digitaltechnik:

- Langzeit und Temperaturstabilität
- hohe Genauigkeit bei großer Wortbreite
- kein Trimmen (Abgleichen)
- hohe Zuverlässigkeit
- geringe Störempfindlichkeit
- hohe Flexibilität durch einfaches Ändern der Software

Es gibt aber auch einige Nachteile, die nicht unerwähnt bleiben sollen:

- zusätzlicher Schaltungsaufwand
- Probleme bei hohen Frequenzen, wegen begrenzter Zykluszeiten der Prozessoren
- komplizierte und anspruchsvolle Theorie

Die Anwendungen der DSV sind sehr vielseitig und reichen von der Mess- und Regelungstechnik über die Datenübertragung bis hin zur Sprach- und Bildverarbeitung. Die Konsumelektronik, aber auch die Medizintechnik ist ohne digitale Signalverarbeitung heute kaum vorstellbar. EKG-Analysatoren und Hautkrebserkennung über eine Bildverarbeitungssoftware sind nur zwei Beispiele aus der Medizintechnik.

In der analogen wie in der digitalen Messdatenverarbeitung werden Eingangssignale verarbeitet. Die Art der Signale unterscheidet sich aber deutlich. In der analogen Messdatenverarbeitung werden kontinuierliche Signale verarbeitet. Kontinuierliche Signale (Bild 6.3) sind als stetige Funktionen über ein Zeitintervall darstellbar. Zu jedem Zeitpunkt gibt es einen zugeordneten Wert.

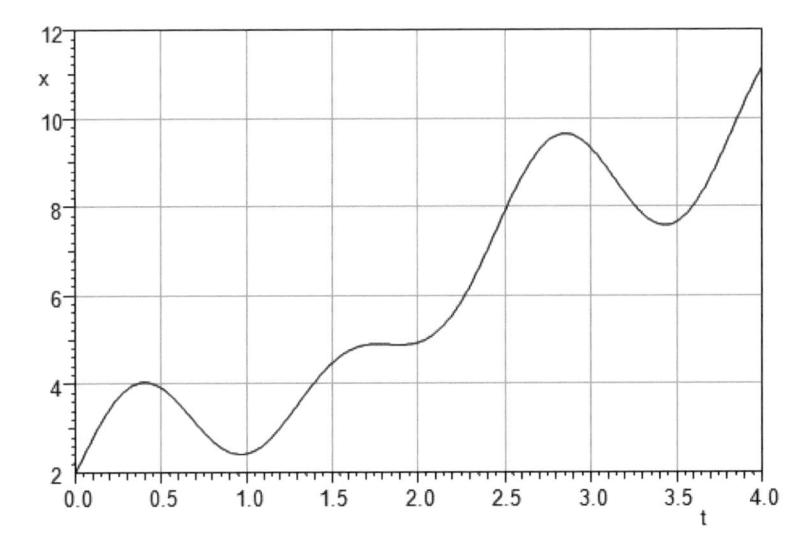

Bild 6.3 Kontinuierliches Signal

6 Grundlagen zur digitalen Signalverarbeitung

In der digitalen Messdatenverarbeitung werden zeit- und wertediskrete, also digitale Signale verarbeitet. Unter einem digitalen Signal wird ein Signal verstanden, das nur zu diskreten Zeitpunkten vorliegt und in der Amplitude quantisiert ist. Oftmals werden die Signale auch als Folgen bezeichnet. In Bild 6.4 sollen die Kreuze das digitalisierte Signal darstellen. Wird das digitalisierte Signal über einen DAU ausgegeben, entsteht ein kontinuierliches, wertediskretes Signal.

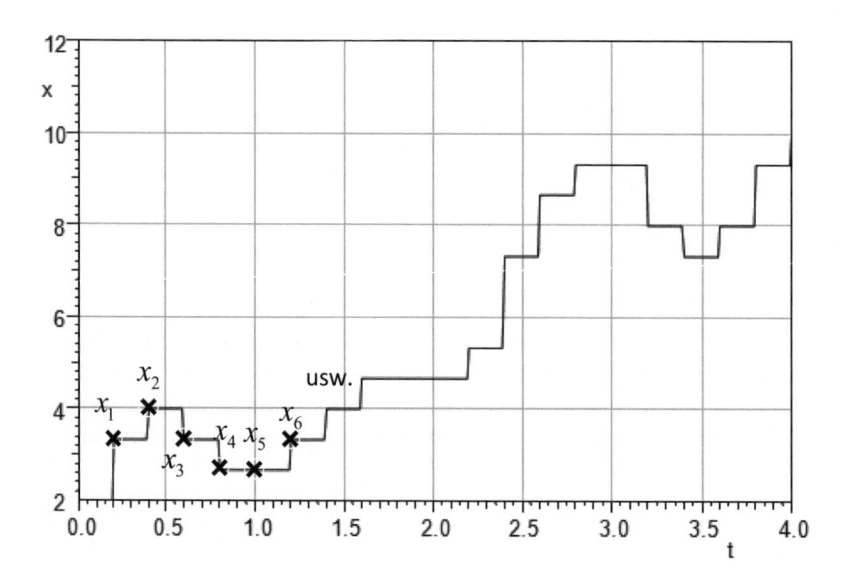

Bild 6.4 Diskretes Signal

Die analoge Signalverarbeitung verwendet passive und aktive Bauteile der Elektrotechnik. Das folgende Beispiel 6.1 soll dies verdeutlichen.

Beispiel 6.1: Analoges Filter erster Ordnung

Für dieses *RC*-Glied soll die Differentialgleichung aufgestellt werden.

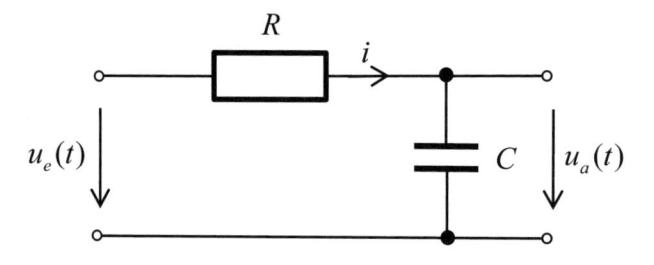

Bild 6.5 *RC*-Glied

1. Schritt: Maschengleichung aufstellen

$$u_e = u_R + u_a; \quad u_a = u_C \tag{6.1}$$

2. Schritt: ohmsches Gesetz für den Widerstand aufstellen

$$u_R = i \cdot R \tag{6.2}$$

3. Schritt: ohmsches Gesetz für den Kondensator aufstellen

Am Kondensator verursacht eine zeitliche Änderung der Spannung einen Stromfluss.

$$i = C \cdot \frac{du_C}{dt} \tag{6.3}$$

Einsetzen von Gleichung (6.3) in Gleichung (6.2) und Gleichung (6.2) in Gleichung (6.1). Das Ergebnis stellt eine Differenzialgleichung erster Ordnung dar.

$$u_e = R \cdot C \cdot \frac{du_a}{dt} + u_a \tag{6.4}$$

Oder allgemein formuliert:

$$x = T \cdot \frac{dy}{dt} + y; \tag{6.5}$$

mit $x = u_e$; $y = u_a$ und der Zeitkonstanten $T = RC$

Beispiel 6.2: Übergang zu einer Differenzengleichung

Das Beispiel 6.1 soll in eine Differenzengleichung überführt werden. Differenzengleichungen arbeiten mit Folgen, also digitalen Signalen und stellen quasi die abgetastete Differentialgleichung dar. Diese Gleichung erfordert eine Abtastfrequenz.

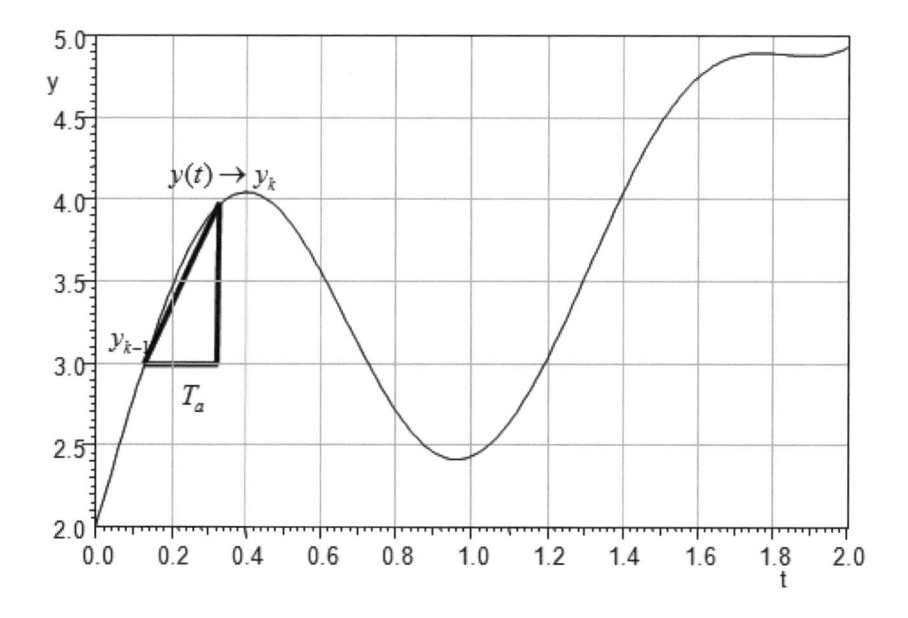

Bild 6.6 Annäherung der Ableitung durch eine Steigungsgerade

Ausgehend von einer vereinfachten Annährung der Ableitung durch eine Steigungsgerade (Bild 6.6), kann folgender Zusammenhang geschrieben werden:

$$\frac{dy}{dt} \approx \frac{\Delta y}{\Delta t} = \frac{y_k - y_{k-1}}{T_a} \tag{6.6}$$

Werden die kontinuierlichen Zeitsignale $x(t)$ und $y(t)$ durch die Mittelwerte zweier Abtastwerte $\frac{x_k + x_{k-1}}{2}$ und $\frac{y_k + y_{k-1}}{2}$ ersetzt, lässt sich Gleichung (6.5) als Differenzengleichung schreiben:

$$\frac{x_k + x_{k-1}}{2} = T \cdot \frac{y_k - y_{k-1}}{T_a} + \frac{y_k + y_{k-1}}{2} \tag{6.7}$$

umgeformt nach y_k ergibt sich die Differenzengleichung

$$\begin{aligned}
\frac{x_k + x_{k-1}}{2} &= T \cdot \frac{y_k - y_{k-1}}{T_a} + \frac{y_k + y_{k-1}}{2} \\
\frac{1}{2} \cdot x_k + \frac{1}{2} \cdot x_{k-1} &= \frac{T}{T_a} \cdot y_k - \frac{T}{T_a} \cdot y_{k-1} + \frac{1}{2} \cdot y_k + \frac{1}{2} \cdot y_{k-1} \\
\left(\frac{T}{T_a} + \frac{1}{2}\right) \cdot y_k &= \frac{1}{2} \cdot x_k + \frac{1}{2} \cdot x_{k-1} + \left(\frac{T}{T_a} - \frac{1}{2}\right) \cdot y_{k-1} \\
y_k &= \frac{1}{2} \cdot \frac{1}{\left(\frac{T}{T_a} + \frac{1}{2}\right)} \cdot x_k + \frac{1}{2} \cdot \frac{1}{\left(\frac{T}{T_a} + \frac{1}{2}\right)} \cdot x_{k-1} + \frac{\left(\frac{T}{T_a} - \frac{1}{2}\right)}{\left(\frac{T}{T_a} + \frac{1}{2}\right)} \cdot y_{k-1}
\end{aligned} \tag{6.8}$$

$$y_k = a_0 \cdot x_k + a_1 \cdot x_{k-1} + b_1 \cdot y_{k-1}$$

Mit den Koeffizienten

$$a_0 = \frac{1}{2} \frac{1}{\left(\frac{T}{T_a} + \frac{1}{2}\right)}; \quad a_1 = a_0 \quad \text{und} \quad b_1 = \frac{\left(\frac{T}{T_a} - \frac{1}{2}\right)}{\left(\frac{T}{T_a} + \frac{1}{2}\right)}$$

Beispiel 6.3:

Programmieren Sie die Differenzengleichung (6.8) als Algorithmus mit LabVIEW. Die Parameter a_0 und b_1 sollen in Abhängigkeit von der Zeitkonstanten T automatisch berechnet werden.

6.1 Einführung

Lösung Beispiel 6.3:

Berechnung der Koeffizienten mit einem Formelknoten

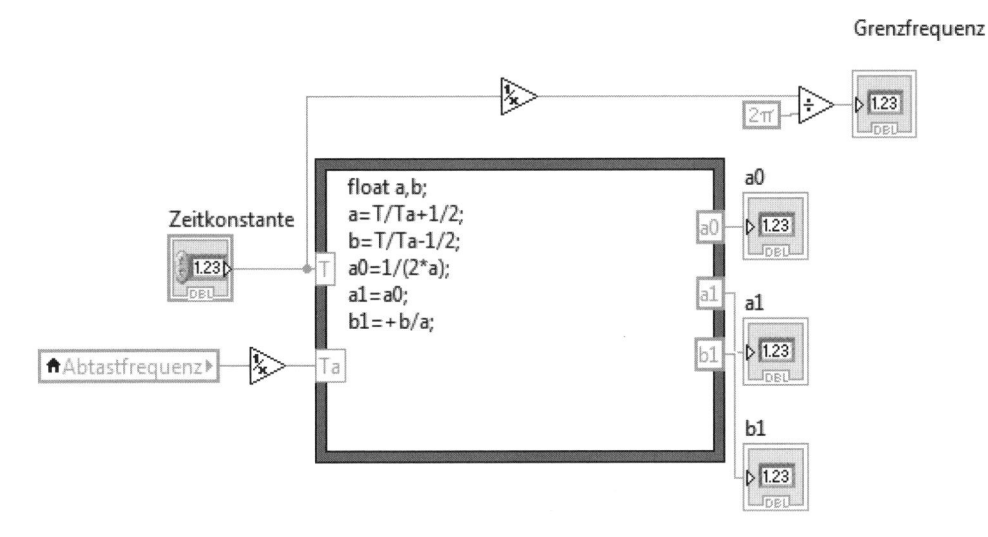

Bild 6.7 Koeffizienten für einen Tiefpass erster Ordnung

Die Differenzengleichung lässt sich in LabVIEW mit einer FOR-Schleife einfach umsetzen. Mit den Shift-Registern wird die Verschiebung von y_k zu y_{k-1} und von x_k zu x_{k-1} innerhalb der Schleife realisiert. Die Verschiebung von x_{k-1} zu x_{k-2} ist mit dem zweiten Shift-Register schon vorbereitet, aber noch nicht verbunden.

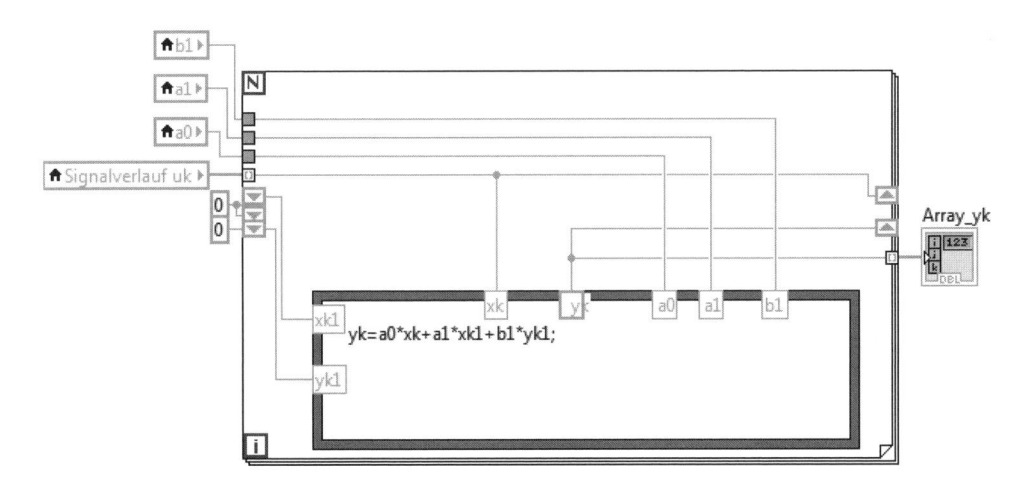

Bild 6.8 Differenzengleichung TP erster Ordnung

Analoge Signalverarbeitung

Die analoge Signalverarbeitung kann im Zeitbereich und im Frequenzbereich betrachtet werden. Die Berechnungen im Frequenzbereich werden in der Elektrotechnik mit der komplexen Rechnung durchgeführt. Als Eingangssignal wird von einem sinusförmigen Signal ausgegangen. Dieses Signal wird durch den Frequenzgang für jede Frequenz in Betrag und in der Phase unterschiedlich beeinflusst. Schaltungstechnisch kommen die Bauteile der Elektrotechnik zum Einsatz.

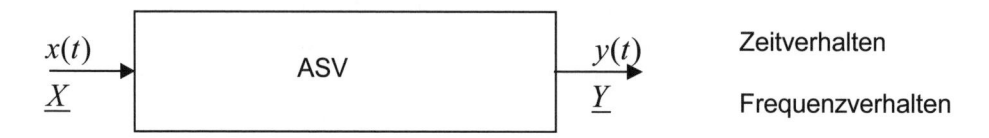

$x(t)$ / $\underline{X}$ → [ASV] → $y(t)$ / $\underline{Y}$ Zeitverhalten / Frequenzverhalten

Bild 6.9 Analoge Signalverarbeitung

Das Eingangssignal $x(t)=\hat{x}\cdot\sin(\omega t+\varphi_x)$ und das Ausgangssignal $y(t)=\hat{y}\cdot\sin(\omega t+\varphi_y)$ können in einer komplexen Schreibweise (Gleichung (6.9)) formuliert werden.

$$\underline{X} = X \cdot e^{j\phi_x} \cdot e^{j\omega t} \tag{6.9}$$

$$\underline{Y} = Y \cdot e^{j\phi_y} \cdot e^{j\omega t}$$

Daraus ergeben sich der Frequenz-, Amplituden-, Phasengang und die Ortskurve.

$$\frac{\underline{Y}}{\underline{X}} = \underline{H}(j\omega) \quad \text{Frequenzgang, Ortskurve} \tag{6.10}$$

$$\left|\frac{\underline{Y}}{\underline{X}}\right| = H(j\omega) \quad \text{Amplitudengang}$$

$$\frac{\angle Y}{\angle X} = \phi(j\omega) \quad \text{Phasengang}$$

Hier wird vorausgesetzt, dass die Eingangssignale mit einer linearen Signalverarbeitung verarbeitet werden, also ein sinusförmiges Eingangssignal ergibt ein sinusförmiges Ausgangssignal mit der gleichen Frequenz. Das Eingangssignal wird nur in dem Betrag und der Phase beeinflusst.

Für die grafische Darstellung gibt es die Ortskurve mit der Darstellung von $\underline{H}(j\omega)$ nach Real- und Imaginärteil und die Darstellung mit dem Bodediagramm als Amplituden- und Phasengang.

Beispiel 6.4:

Die TP-Schaltung aus dem Beispiel 6.1 soll mit den folgenden gegebenen Parametern als Ortskurve, Amplituden- und Phasengang dargestellt werden.

$$f_g = 300\,\text{Hz};\; C = 1\,\mu\text{F};\; R = 530\,\Omega$$

6.1 Einführung

Es ergibt sich folgender Frequenzgang:

$$\underline{H}(j\omega) = \frac{1}{1 + j\omega \cdot T} \tag{6.11}$$

mit der Zeitkonstanten

$$T = \frac{1}{\omega_g} = \frac{1}{2\pi f_g} = 0{,}53\,\text{ms}$$

Aus dem Frequenzgang lässt sich der Verlauf der Ortskurve nicht so einfach abschätzen. Besser ist es, die Gleichung (6.11) in Real- und Imaginärteil aufzusplitten. Dies wird mit der konjugiert komplexen Erweiterung erreicht.

$$\underline{H}(j\omega) = \frac{1}{1 + j\omega \cdot T} \cdot \left| \frac{1 - j\omega \cdot T}{1 - j\omega \cdot T} \right.$$

$$\underline{H}(j\omega) = \frac{1}{1 + (\omega \cdot T)^2} - j\frac{\omega \cdot T}{1 + (\omega \cdot T)^2} \tag{6.12}$$

Mit der Gleichung (6.12) lassen sich ein paar Eckpunkte abstecken. Für $\omega = 0$ wird Gleichung (6.12) $\underline{H}(0) = 1$, für $\underline{H}(\infty) = 0$. Der Imaginärteil ist negativ. Mit diesen Informationen lässt sich die Ortskurve skizzieren. Die Ortskurve ergibt einen Halbkreis mit negativ imaginärem Anteil. Sie beginnt bei einem Realteil mit dem Wert eins und endet im Nullpunkt. Die Phasenverschiebung kann maximal $\varphi = -90°$ betragen, da sich der Halbkreis im unteren rechten Quadranten befindet.

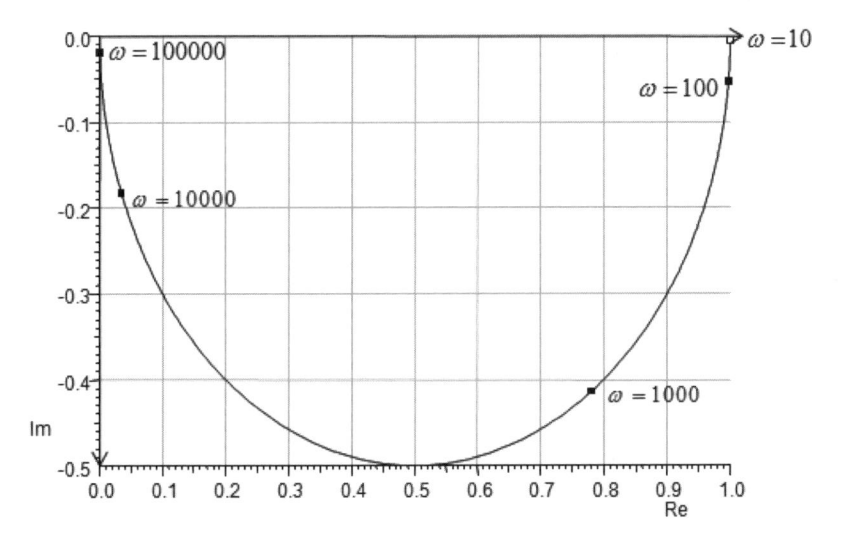

Bild 6.10 Ortskurve RC-Glied

Das Bodediagramm, bestehend aus dem Amplituden- und Phasengang, wird ebenfalls aus dem Frequenzgang (6.10) gebildet. Für den Amplitudengang ergibt sich:

$$H(j\omega) = \frac{1}{\sqrt{1+(\omega T)^2}} \tag{6.13}$$

Für den Phasengang wird die arctan-Funktion aus Imaginär- und Realteil (Gleichung (6.12)) berechnet. Für die Phase ergibt sich:

$$\varphi = \arctan\left(\frac{\text{Im}}{\text{Re}}\right) \tag{6.14}$$

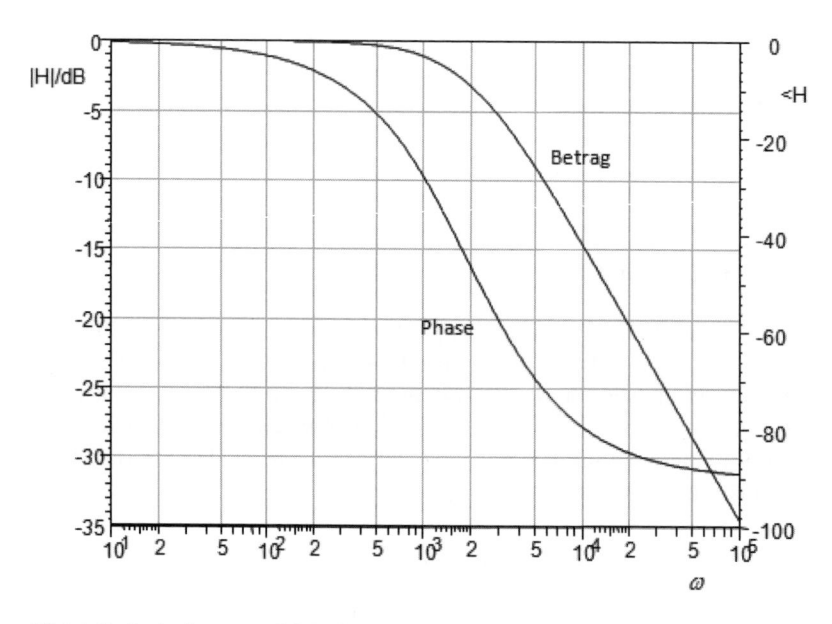

Bild 6.11 Bodediagramm RC-Tiefpass erster Ordnung

Das Bild 6.11 zeigt den Amplituden- und Phasengang. Die grundsätzlichen Informationen müssen mit der Ortskurve übereinstimmen. Die Phase kann maximal den Wert −90° annehmen und der Betrag wird mit zunehmender Frequenz immer kleiner.

Beispiel 6.5:

Berechnen Sie den Betrag und die Phase aus dem Beispiel 6.4 für die Frequenz f = 300 Hz.

Lösung Beispiel 6.5:

1. Schritt: Berechnung des Betrages

$$H(j\omega) = \frac{1}{\sqrt{1+(\omega T)^2}}$$

mit

T = 53 ms

folgt

$$H(j\omega) = \frac{1}{\sqrt{1+(2\cdot\pi\cdot 300\,Hz\cdot 53\,ms)^2}} = \frac{1}{\sqrt{2}}$$

$$H(j\omega)_{dB} = 20\cdot\log(\frac{1}{\sqrt{2}}) = -3\,dB$$

2. Schritt: Berechnung der Phase

$$\underline{H}(j\omega) = \frac{1}{1+(\omega\cdot T)^2} - j\frac{\omega\cdot T}{1+(\omega\cdot T)^2}$$

$$\varphi = \arctan(\frac{-\omega\cdot T}{1})$$

$$\varphi = \arctan(-2\cdot\pi\cdot 300\,Hz\cdot 53\,ms) = -45°$$

Digitale Signalverarbeitung

Die digitale Signalverarbeitung kann ebenfalls im Zeit- und Frequenzbereich betrachtet werden. Wie für die analoge Signalverarbeitung wird mit Hilfe der komplexen Rechnung das Frequenzverhalten untersucht.

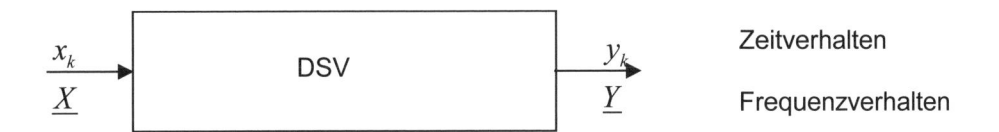

Bild 6.12 Digitale Signalverarbeitung

Die Berechnung des Frequenzganges für digitale Systeme gestaltet sich etwas aufwendiger, da sich für die komplexe Schreibweise durch die Diskretisierung des Signals im Zeitbereich ein zusätzlicher exponentieller Anteil ergibt. Wie dieser entsteht, soll auf den folgenden Seiten gezeigt werden.

$$\frac{\underline{Y}}{\underline{X}} = \underline{H}(z) \qquad \text{Frequenzgang} \qquad (6.15)$$

$$\left|\frac{\underline{Y}}{\underline{X}}\right| = H(e^{j\omega T_a}) \qquad \text{Amplitudengang}$$

$$\text{und } \frac{\angle Y}{\angle X} = \phi(e^{j\omega T_a}) \qquad \text{Phasengang}$$

mit $z = e^{j\omega T_a}$

Die Berechnung der Differenzengleichung im Zeitbereich erfolgt im Rechner mit den Grundelementen der digitalen Signalverarbeitung. Diese können mit einer speziellen Hardware (DSP) realisiert oder mit den genannten Einschränkungen auf jeden Rechner mit jeder beliebigen Programmiersprache programmiert werden. Die Formeln sehen im Prinzip alle wie Gleichung (6.16) aus. Die Anzahl der Koeffizienten und Abtastwerte kann je nach Filter variieren. Bei einigen Filtertypen fehlen die b_i-Koeffizienten vollständig.

$$y_k = a_0 \cdot x_k + a_1 \cdot x_{k-1} + \ldots + a_n \cdot x_{k-n} + b_1 \cdot y_{k-1} + b_2 \cdot y_{k-2} + \ldots + b_m \cdot y_{k-m} \qquad (6.16)$$

■ 6.2 Grundelemente der digitalen Signalverarbeitung

Für die digitale Signalverarbeitung werden nur drei Elemente benötigt:

- Addierer
- Multiplizierer
- Verzögerungselement

Der Addierer addiert zwei Zahlenwerte und wird wie in der Reglungstechnik und Signalverarbeitung als Kreissymbol dargestellt.

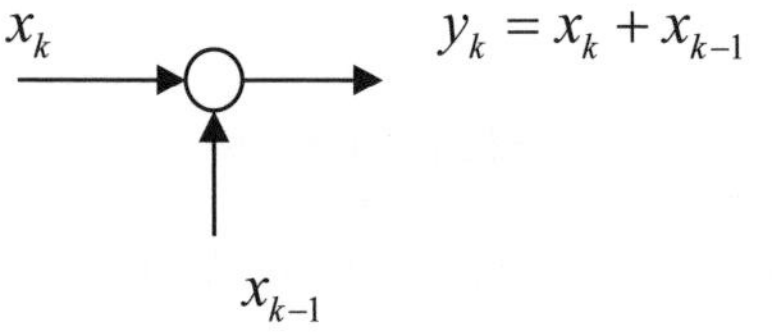

$$y_k = x_k + x_{k-1}$$

Bild 6.13 Addierer

Weiterhin wird ein Multiplizierer benötigt, um die Abtastwerte mit einem Verstärkungsfaktor zu bewerten. Dies wird im Allgemeinen als Verstärkersymbol dargestellt.

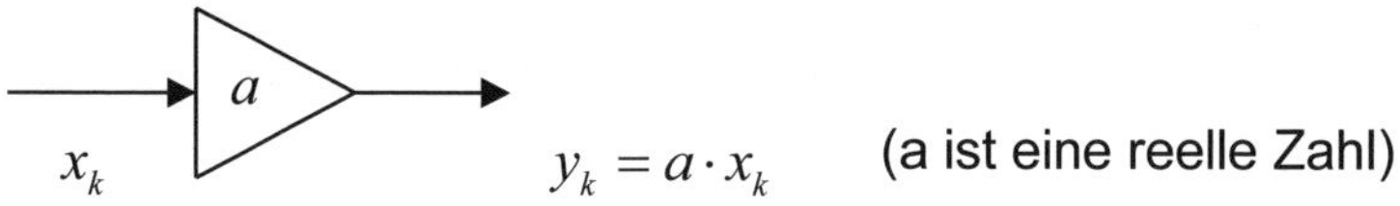

$$y_k = a \cdot x_k \quad \text{(a ist eine reelle Zahl)}$$

Bild 6.14 Multiplizierer

Das dritte Element stellt den wesentlichen Kern der digitalen Signalverarbeitung dar. Es wird als Verzögerungselement bezeichnet. Hervorgerufen durch die Abtastung und den zeitlichen Versatz der abgetasteten Eingangssignalwerte. Aus den Eingangssignalwerten werden die verzögerten Ausgangssignalwerte berechnet. Die Eingangssignalwerte werden also innerhalb einer Abtastzeit im Rechner verarbeitet. Die Verzögerungszeit entspricht der Abtastzeit.

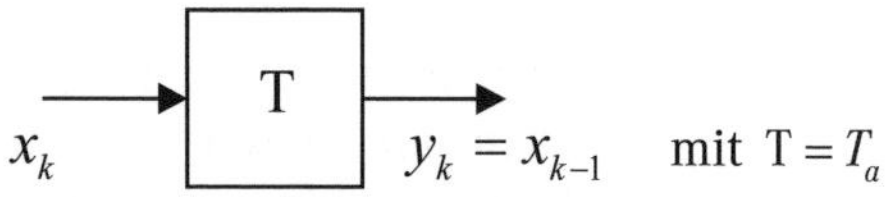

$$y_k = x_{k-1} \quad \text{mit } T = T_a$$

Bild 6.15 Verzögerungselement

6.2 Grundelemente der digitalen Signalverarbeitung

Beispiel 6.6: Verzögerungselement

Wird eine Eingangsfolge x_k nach Bild 6.15 auf das Verzögerungselement gegeben, ist die Ausgangsfolge y_k gleich der um ein Abtastintervall verzögerten Eingangsfolge x_k.

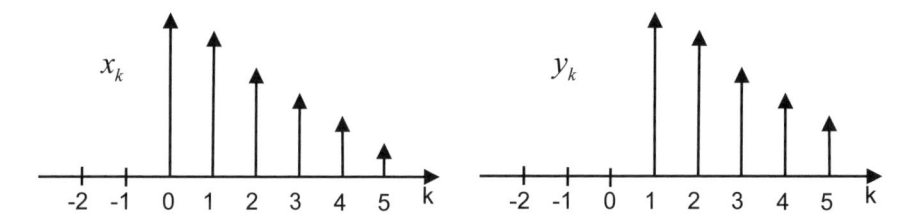

Bild 6.16 Signalfolge eines Verzögerungselements

Lineare digitale Signalverarbeitung

Eine digitale Signalverarbeitung hat ein lineares Verhalten, wenn für beliebige Eingangsfolgen folgende Bedingungen erfüllt sind:

a) Die Verarbeitung eines Vielfachen einer Eingangsfolge liefert das gleiche Ergebnis wie eine Vervielfachung der Ausgangsfolge.

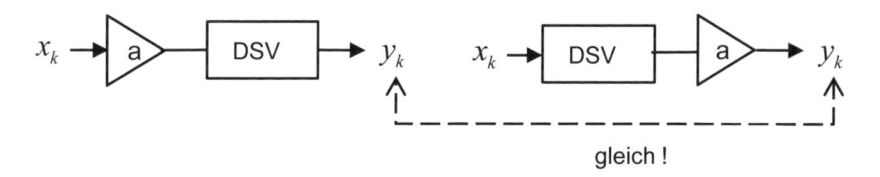

Bild 6.17 Multiplikation einer Folge

b) Die Verarbeitung der Summenfolge liefert das gleiche Ergebnis wie die Summation der einzelnen Ausgangsfolgen.

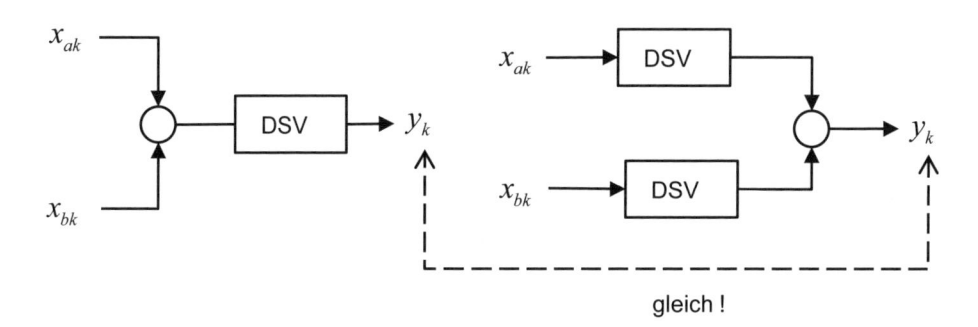

Bild 6.18 Summation einer Folge

> Jede nur aus Verzögerungselementen, Multiplizierern und Addierern aufgebaute digitale Signalverarbeitung zeigt ein lineares Verhalten.

Übertragungsverhalten des Verzögerungselements

Für das Verzögerungselement in Bild 6.15 soll das Übertragungsverhalten ermittelt werden. Für die Herleitung soll die komplexe Schreibweise genutzt werden.

Eine Sinusfolge als Eingangssignal kann wie folgt geschrieben werden:

$$\underline{X} = X \cdot e^{j(\omega \cdot k \cdot T_a + \varphi_x)} = X \cdot e^{j(\omega \cdot k \cdot T_a)} \cdot e^{j\varphi_x} \qquad (6.17)$$

Die Ausgangsfolge muss wegen der Linearität wieder eine Sinusfolge mit Betrag und Phase sein. Durch das Verzögerungselement wird nur die Phase beeinflusst. Der Betrag bleibt unverändert. Es ergibt sich folgende Schreibweise für die Ausgangsfolge in der komplexen Schreibweise:

$$\underline{Y} = X \cdot e^{j(\omega \cdot (k-1) \cdot T_a + \varphi_x)} = X \cdot e^{j(\omega \cdot k \cdot T_a)} \cdot e^{-j(\omega \cdot T_a)} \cdot e^{j\varphi_x} \qquad (6.18)$$

Wird das Verhältnis der Ausgangsgröße zur Eingangsgröße gebildet, ergibt sich folgender Ausdruck:

$$\frac{\underline{Y}}{\underline{X}} = \frac{X \cdot e^{j(\omega \cdot k \cdot T_a)} \cdot e^{j\varphi_x}}{X \cdot e^{j(\omega \cdot k \cdot T_a)} \cdot e^{j\varphi_x} \cdot e^{j\omega T_a}} = e^{-j\omega T_a} = z^{-1} \qquad (6.19)$$

Mit der Substitution $e^{-j\omega \cdot T_a} = z^{-1}$ wird eine einfache übersichtliche Schreibweise des Verzögerungselements mit z^{-1} eingeführt. Diese Substitution wird als z-Transformation bezeichnet. Der Zusammenhang zwischen Zeit und z-Bereich ist in Bild 6.19 noch einmal deutlich dargestellt.

x_k —[T]— $y_k = x_{k-1}$ $\underline{X}$ —[T]— $\underline{Y} = \underline{X} \cdot z^{-1}$

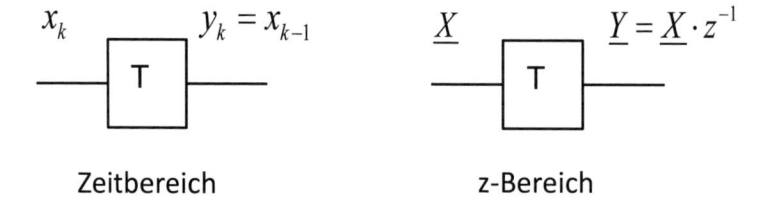

Zeitbereich   z-Bereich

Bild 6.19 Verzögerungselement im Zeit- und z-Bereich

Beispiel 6.7:

Eine Eingangsfolge wird wie in dem Bild 6.20 mehrfach verzögert.

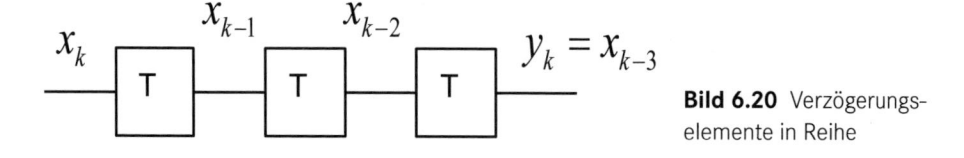

x_k —[T]— x_{k-1} —[T]— x_{k-2} —[T]— $y_k = x_{k-3}$

Bild 6.20 Verzögerungselemente in Reihe

Ermitteln Sie die Übertragungsfunktion.

Lösung Beispiel 6.7:

$$y_k = x_{k-3} \Rightarrow \underline{Y} = \underline{X} \cdot z^{-3}$$
$$x_k = \underline{X}$$
$$\frac{\underline{Y}}{\underline{X}} = \frac{\underline{X} \cdot z^{-3}}{\underline{X}} = z^{-3}$$

Ortskurve des Verzögerungselements

Aus der zeitlichen Verzögerung durch die Abtastung ergibt sich eine z-Übertragungsfunktion für das Verzögerungselement. Für eine Frequenzbetrachtung muss wieder die e-Funktion herangezogen werden.

$$H(z) = z^{-1} = e^{-j\omega T_a} = e^{-j \cdot 2\pi \cdot \frac{f}{f_a}} \tag{6.20}$$

Mit dem Frequenzgang lässt sich relativ leicht eine Ortskurve abschätzen. Der Betrag bleibt unabhängig von der Frequenz eins. Die maximale Frequenz darf die halbe Abtastfrequenz wegen des Abtasttheorems nicht überschreiten. Werden drei markante Frequenzwerte angenommen, z. B.

$$f = 0; \; f = \frac{1}{4} \cdot f_a; \; f = \frac{1}{2} \cdot f_a$$

so ergeben sich drei Punkte in der Ortskurve aus der dann ein Halbkreis abgeleitet werden kann.

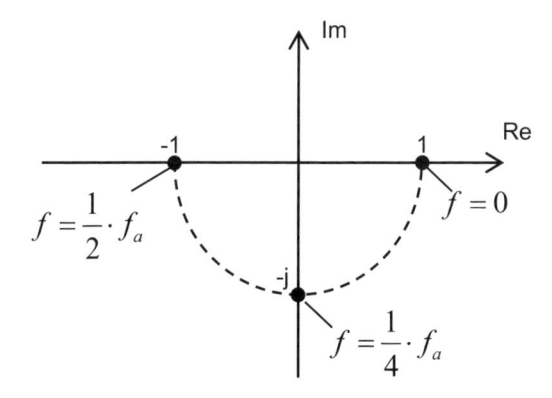

Bild 6.21 Ortskurve Verzögerungselemente

Frequenzverhalten des Verzögerungselements

Aus dem Frequenzgang und der Ortskurve wird deutlich, dass sich der Betrag für das Verzögerungselement nicht verändert.

6 Grundlagen zur digitalen Signalverarbeitung

$$H(z) = e^{-j \cdot 2\pi \cdot \frac{f}{f_a}} = H \cdot e^{\varphi_T} \quad \text{Winkel = Phasengang}$$
$$\text{Betrag}$$
(6.21)

mit

$$H(z) = 1; \; \varphi_T = -2 \cdot \pi \cdot \frac{f}{f_a}$$

Der Betrag des Verzögerungselements ergibt, wegen der Unabhängigkeit von der Frequenz im Amplitudengang, eine waagerechte Linie.

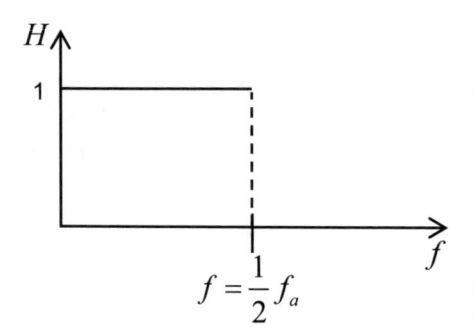

Bild 6.22 Amplitudengang des Verzögerungselements

Die Phase ist linear von der Frequenz abhängig und endet bei der halben Abtastfrequenz mit einer Phasenverschiebung von −180°.

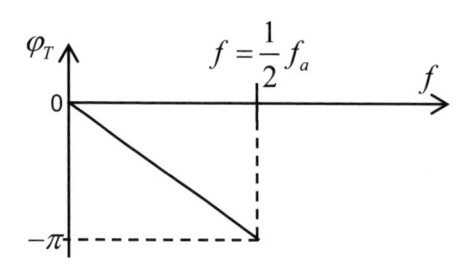

Bild 6.23 Phasengang des Verzögerungselements

Beispiel 6.8:

Berechnen Sie für die gegebene Übertragungsfunktion die Phasenverschiebung bei einer Abtastfrequenz f_a = 10 kHz und einer Sinusfunktion mit einer Eingangsfrequenz von f = 500 Hz:

$$\underline{H}(z) = z^{-3}$$

6.2 Grundelemente der digitalen Signalverarbeitung

Lösung Beispiel 6.8:

$$\varphi = -3 \cdot 2\pi \cdot \frac{f}{f_a} = -3 \cdot 2\pi \cdot \frac{500\,\text{Hz}}{10\,\text{kHz}} = -54°$$

> Das Verzögerungselement beeinflusst nur die Phase und nicht den Betrag.

Beschreibungsmöglichkeiten einer DSV

Zusammenfassend kann festgestellt werden, dass es vier verschiedene Möglichkeiten gibt, digitale Signalverarbeitungen zu beschreiben:

- DSV-Struktur (Blockdiagramm)
- Differenzengleichung (Zeitverhalten)
- Übertragungsfunktion (Polynomdarstellung)
- Frequenzgang (komplexe Darstellung)

Beispiel 6.9:

Erstellen Sie aus der DSV-Struktur in Bild 6.24

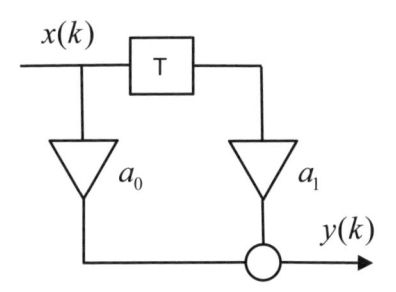

Bild 6.24 DSV-Struktur

a) eine Differenzengleichung

b) eine Übertragungsfunktion

c) einen Frequenzgang

Lösung Beispiel 6.9:

a) $\quad y_k = a_0 \cdot x_k + a_1 \cdot x_{k-1}$

b) $\quad y_k = a_0 \cdot x_k + a_1 \cdot x_{k-1}$

$\underline{Y} = a_0 \cdot \underline{X} + a_1 \cdot \underline{X} \cdot z^{-1}$

$\dfrac{\underline{Y}}{\underline{X}} = a_0 + a_1 \cdot z^{-1}$

c)
$$\underline{\underline{Y}} = a_0 + a_1 \cdot z^{-1}$$

$$\underline{\underline{Y}} = a_0 + a_1 \cdot e^{-j\omega T_a}$$

Beispiel 6.10:

Erstellen Sie aus der DSV-Struktur in Bild 6.25

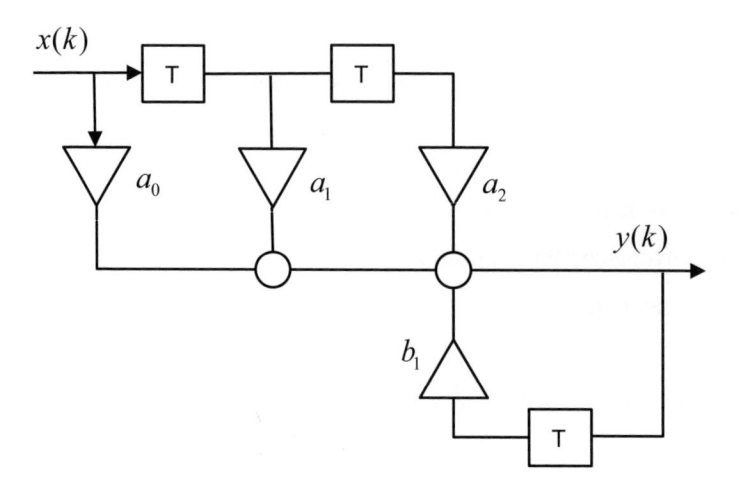

Bild 6.25 DSV-Struktur

a) eine Differenzengleichung

b) eine Übertragungsfunktion

Lösung Beispiel 6.10:

a) $\quad y_k = a_0 \cdot x_k + a_1 \cdot x_{k-1} + a_2 \cdot x_{k-2} + b_1 \cdot y_{k-1}$

b) $\quad y_k = a_0 \cdot x_k + a_1 \cdot x_{k-1} + a_2 \cdot x_{k-2} + b_1 \cdot y_{k-1}$

$\quad\underline{Y} = a_0 \cdot \underline{X} + a_1 \cdot \underline{X} \cdot z^{-1} + a_2 \cdot \underline{X} \cdot z^{-2} + b_1 \cdot \underline{Y} \cdot z^{-1}$

$\quad\dfrac{\underline{Y}}{\underline{X}} = \dfrac{a_0 + a_1 \cdot z^{-1} + a_2 \cdot z^{-2}}{1 - b_1 \cdot z^{-1}}$

6.3 Testsignale

Für die Untersuchung und Analyse von digitalen Schaltungen und Algorithmen werden im Prinzip drei Testsignale verwendet. Wie bei den analogen Systemen werden Standardsignalformen benutzt:

- Sinusfolge
- Sprungfolge
- Deltafolge

Im Unterschied zu der analogen Signalverarbeitung wird allerdings nicht von Funktionen, sondern von Folgen gesprochen. Dies soll deutlich machen, dass die Signale als digitalisierte Zahlenwerte vorliegen. Mit der Sinusfolge lässt sich das Frequenzverhalten von digitalen Algorithmen leicht untersuchen. Diese können als Folge leicht in die entsprechenden Algorithmen eingespeist werden. Aus der kontinuierlichen Sinusfunktion wird mit der Abtastperiode eine Sinusfolge.

$$x(t) = \hat{x} \cdot \sin(\omega \cdot t) \tag{6.22}$$
$$x(k) = \hat{x} \cdot \sin(\omega \cdot T_a \cdot k)$$

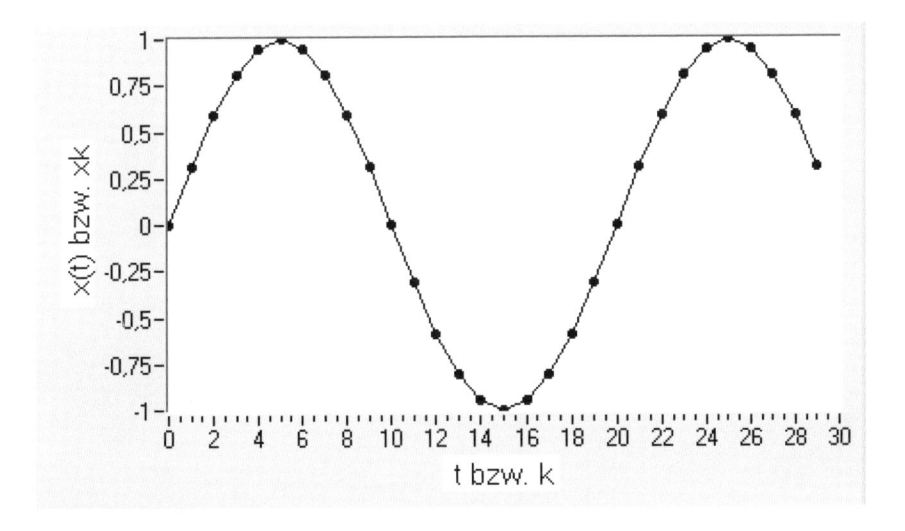

Bild 6.26 Sinusfunktion $x(t)$ bzw. Sinusfolge $x(k)$

Die Sprungfunktion wird in der Regelungstechnik ebenfalls zur Untersuchung von analogen Systemen benutzt. Sie wird z. B. durch ein Einschalten einer Eingangsgröße realisiert. Für die digitale Signalverarbeitung wird ein Signal erzeugt, das erst zum Zeitpunkt null einen abweichenden Wert von null bekommt. In der Regel wird der Wert auf eins gesetzt, sie wird dann als Einheitssprung bezeichnet. Mathematisch ist dies wie folgt definiert.

$$\sigma(k) = \begin{cases} 1 \text{ für } k \geq 0 \\ 0 \text{ sonst} \end{cases} \tag{6.23}$$

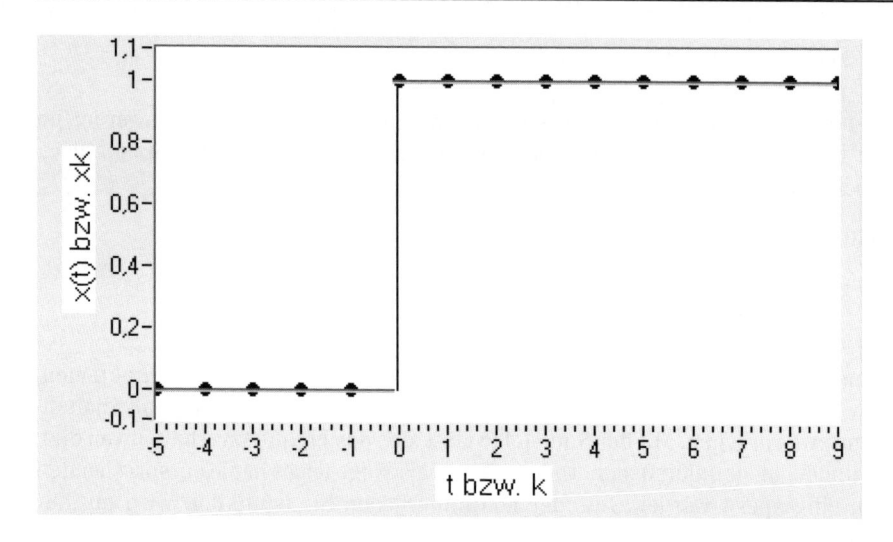

Bild 6.27 Sprungfunktion σ(t) bzw. Sprungfolge σ(k)

Eine sehr spezielle Funktion oder Folge stellt der Einheitsimpuls (6.24) dar. Technisch kaum zu realisieren, ist er mathematisch nur zum Zeitpunkt null mit dem Amplitudenwert eins definiert.

$$\delta(k) = \begin{cases} 1 \text{ für } k = 0 \\ 0 \text{ sonst} \end{cases} \tag{6.24}$$

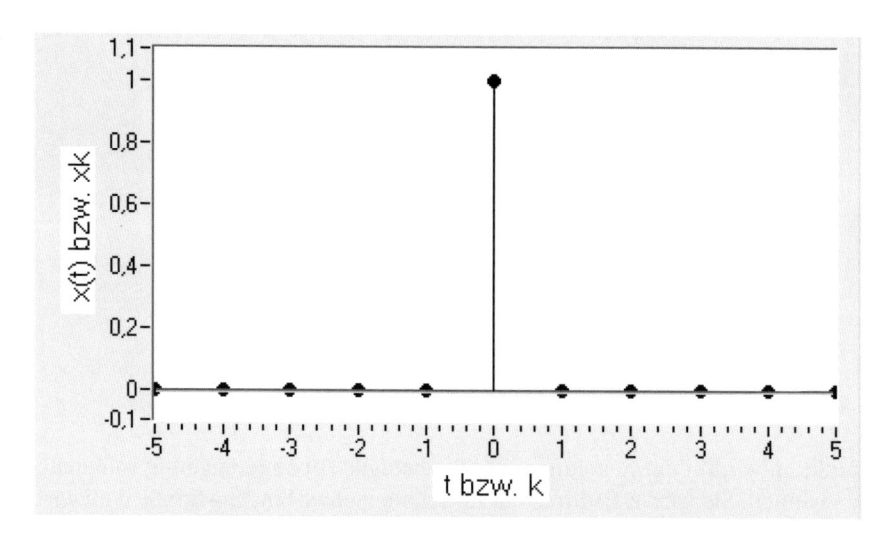

Bild 6.28 Stoßfunktion, Deltafunktion δ(t) bzw. Deltafolge δ(k)

Beispiel 6.11:

Bestimmen Sie die Ausgangsfolge y(k) der folgenden Differenzengleichung:

$$y(k) = x(k) + 0{,}5 \cdot x(k-1) + 0{,}5 \cdot y(k-1)$$

a) für die Eingangsfolge $x(k) = \sigma(k)$

b) für die Eingangsfolge $x(k) = \delta(k)$

Lösung Beispiel 6.11:

a) $x(k) = \sigma(k)$

$$\begin{aligned}
y(0) &= a_0 \cdot x(0) + a_1 \cdot x(-1) + b_1 \cdot y(-1) & &= 1 + 0{,}5 \cdot 0 + 0{,}5 \cdot 0 = 1 \\
y(1) &= a_0 \cdot x(1) + a_1 \cdot x(0) + b_1 \cdot y(0) & &= 1 + 0{,}5 \cdot 1 + 0{,}5 \cdot 1 = 2 \\
y(2) &= a_0 \cdot x(2) + a_1 \cdot x(1) + b_1 \cdot y(1) & &= 1 + 0{,}5 \cdot 1 + 0{,}5 \cdot 2 = 2{,}5 \\
y(3) &= a_0 \cdot x(3) + a_1 \cdot x(2) + b_1 \cdot y(2) & &= 1 + 0{,}5 \cdot 1 + 0{,}5 \cdot 2{,}5 = 2{,}75 \\
y(4) &= a_0 \cdot x(4) + a_1 \cdot x(3) + b_1 \cdot y(3) & &= 1 + 0{,}5 \cdot 1 + 0{,}5 \cdot 2{,}75 = 2{,}875 \\
y(5) &= a_0 \cdot x(5) + a_1 \cdot x(4) + b_1 \cdot y(4) & &= 1 + 0{,}5 \cdot 1 + 0{,}5 \cdot 2{,}875 = 2{,}9375
\end{aligned}$$

b) für $x(k) = \delta(k)$

$$\begin{aligned}
y(0) &= a_0 \cdot x(0) + a_1 \cdot x(-1) + b_1 \cdot y(-1) & &= 1 + 0{,}5 \cdot 0 + 0{,}5 \cdot 0 = 1 \\
y(1) &= a_0 \cdot x(1) + a_1 \cdot x(0) + b_1 \cdot y(0) & &= 0 + 0{,}5 \cdot 1 + 0{,}5 \cdot 1 = 1 \\
y(2) &= a_0 \cdot x(2) + a_1 \cdot x(1) + b_1 \cdot y(1) & &= 0 + 0{,}5 \cdot 0 + 0{,}5 \cdot 1 = 0{,}5 \\
y(3) &= a_0 \cdot x(3) + a_1 \cdot x(2) + b_1 \cdot y(2) & &= 0 + 0{,}5 \cdot 0 + 0{,}5 \cdot 0{,}5 = 0{,}25 \\
y(4) &= a_0 \cdot x(4) + a_1 \cdot x(3) + b_1 \cdot y(3) & &= 0 + 0{,}5 \cdot 0 + 0{,}5 \cdot 0{,}25 = 0{,}125 \\
y(5) &= a_0 \cdot x(5) + a_1 \cdot x(4) + b_1 \cdot y(4) & &= 0 + 0{,}5 \cdot 0 + 0{,}5 \cdot 0{,}125 = 0{,}0625
\end{aligned}$$

> Für die Beschreibung einer DSV gibt es folgende Möglichkeiten:
> - DSV-Struktur
> - Differenzengleichung
> - Übertragungsfunktion
> - Frequenzgang

6.4 Übungen

Aufgabe 6.1:

Stellen Sie die folgende Formel so um, dass Sie als Differenzengleichung programmiert werden kann. Geben Sie auch die Koeffizienten an.

$$x_k = T \cdot \frac{y_k - y_{k-1}}{T_a} + y_k$$

Aufgabe 6.2:

Programmieren Sie die Formel aus Aufgabe 6.1 mit einer FOR-Schleife und testen Sie den Algorithmus mit dem selbst programmierten Sinus-vi. Als Parameter sind die Werte aus dem Beispiel 6.4, $T = 0{,}53$ ms zu nehmen. Die Abtastfrequenz f_a soll 10 kHz betragen.

Aufgabe 6.3:

Erstellen Sie mit der Vorgabe aus dem Beispiel 6.2, Gleichung (6.8), ein LabVIEW-Programm, um den Amplitudengang und Phasengang grafisch darzustellen.

Aufgabe 6.4:

Berechnen Sie für das Beispiel 6.4 für die Frequenzen f = 100 Hz, 300 Hz und 1000 Hz

a) den Betrag,

b) die Phase.

Aufgabe 6.5:

a) Bestimmen Sie die Ausgangsfolge y(k) der folgenden DSV-Struktur bei einer σ-Eingangsfolge für k = 0, 1, 2 ,3 ,4.

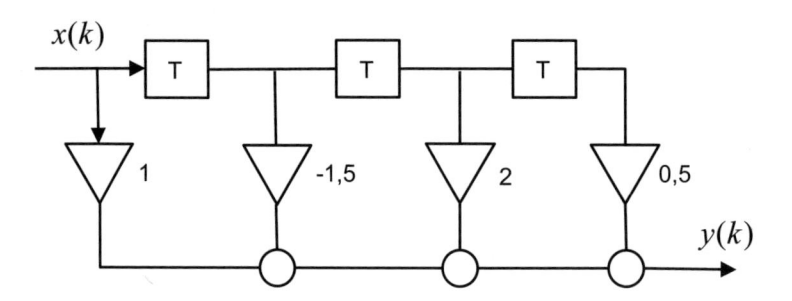

Bild 6.29 DSV-Struktur

Aufgabe 6.6:

Erstellen Sie aus der Übertragungsfunktion

$$\underline{H}(z) = \frac{a_0 + a_1 \cdot z^{-1} + a_2 \cdot z^{-2}}{1 - (b_1 \cdot z^{-1} + b_2 \cdot z^{-2})}$$

die Differenzengleichung.

6.5 Lösungen

Lösung 6.1:

1. Schritt: Auflösen in einzelne Terme und zusammenfassen

$$x_k = T \cdot \frac{y_k - y_{k-1}}{T_a} + y_k$$

$$x_k = \frac{T}{T_a} \cdot y_k - \frac{T}{T_a} \cdot y_{k-1} + y_k$$

$$x_k = -\frac{T}{T_a} \cdot y_{k-1} + \left(1 + \frac{T}{T_a}\right) \cdot y_k$$

2. Schritt: Umstellen nach y_k

$$y_k = \frac{1}{\left(1 + \frac{T}{T_a}\right)} \cdot x_k + \frac{\frac{T}{T_a}}{\left(1 + \frac{T}{T_a}\right)} \cdot y_{k-1}$$

3. Schritt: Koeffizienten bestimmen

$$y_k = \frac{1}{\frac{T}{T_a} + 1} \cdot x_k + \frac{\frac{T}{T_a}}{\frac{T}{T_a} + 1} \cdot y_{k-1}$$

$$y_k = a_0 \cdot x_k + b_1 \cdot y_{k-1}$$

Lösung 6.2:

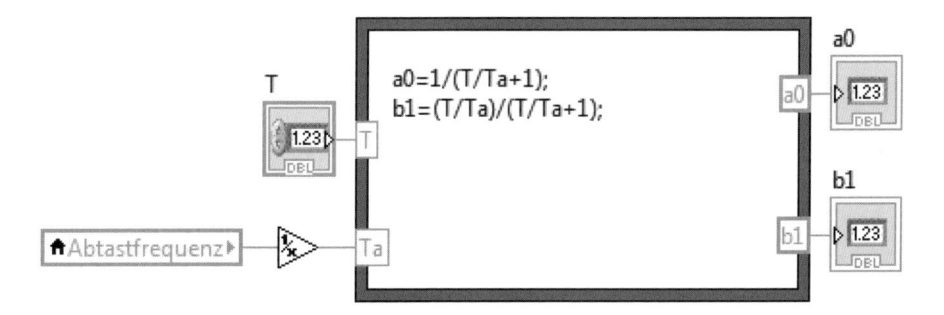

Bild 6.30 Berechnung der Koeffizienten

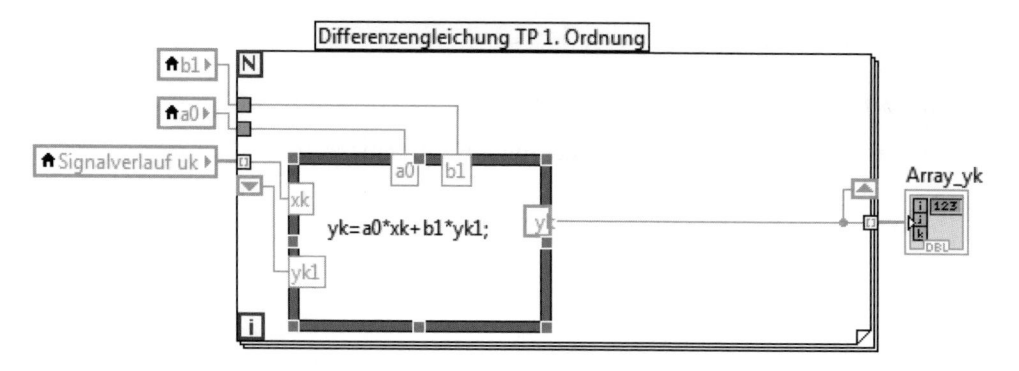

6 Grundlagen zur digitalen Signalverarbeitung

Bild 6.31 Algorithmus TP erster Ordnung aus Aufgabe 6.1

Amplitude: 1
Frequenz: 300
Abtastfrequenz: 10000
Zeitkonstante: 0,00053
Anzahl Abtastwerte: 200

a0: 0,15873
b1: 0,84127
Grenzfrequenz: 300,292

Bild 6.32 Testdaten

Signalverlauf 2

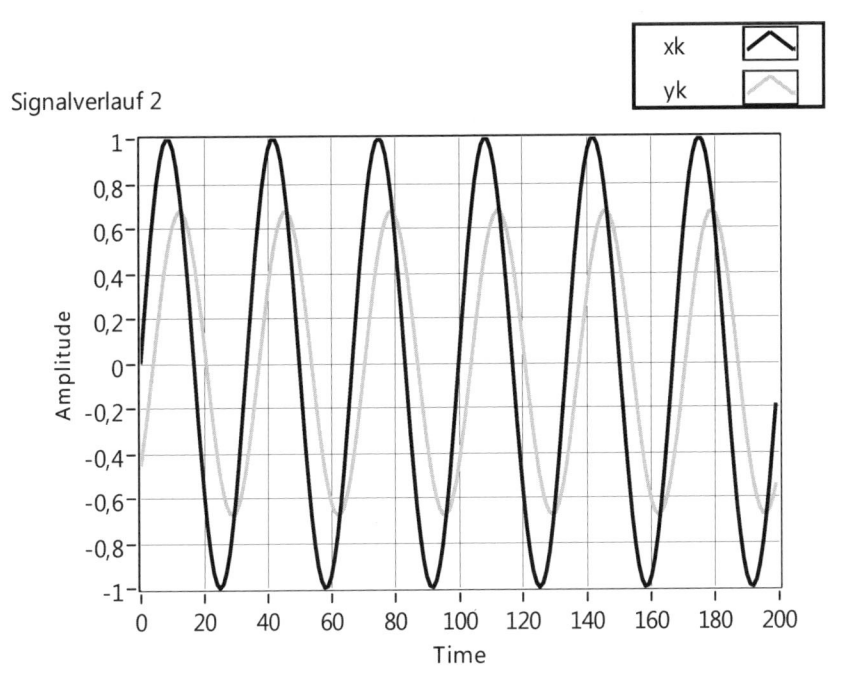

Bild 6.33 Filterergebnis

Die Frequenz f = 300 Hz entspricht der Grenzfrequenz des Filters, d.h. die Amplitude ist auf 0,707 $\hat{U}_{ke}$ gedämpft.

Lösung 6.3:

Die Frequenzen werden mit einer FOR-Schleife erzeugt und in einem Array abgelegt.

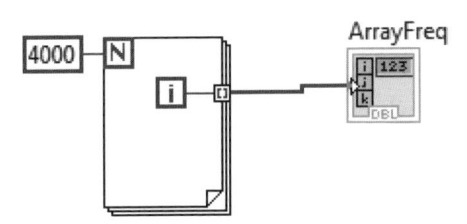

Bild 6.34 Frequenzen werden in einem Array abgelegt

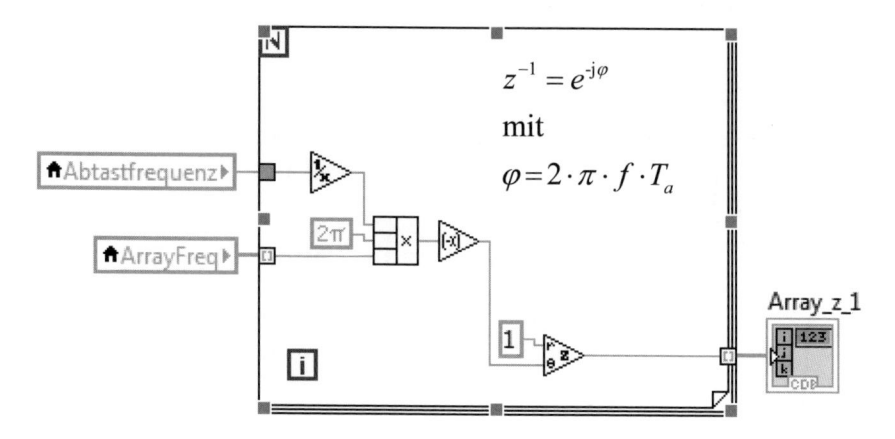

Bild 6.35 Berechnen der Verschiebung z^{-1} für alle Frequenzen

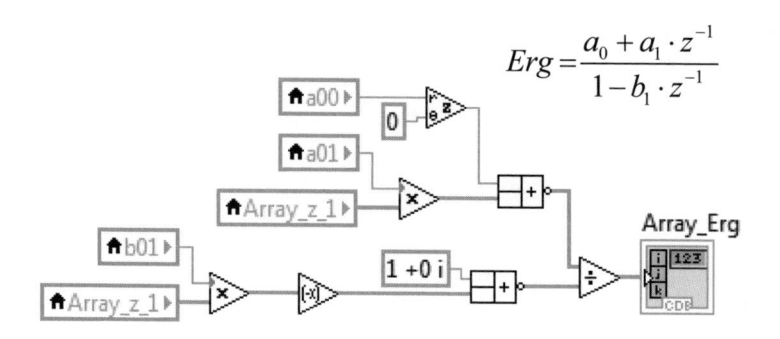

$$Erg = \frac{a_0 + a_1 \cdot z^{-1}}{1 - b_1 \cdot z^{-1}}$$

Bild 6.36 Erzeugen der komplexen Übertragungsfunktion

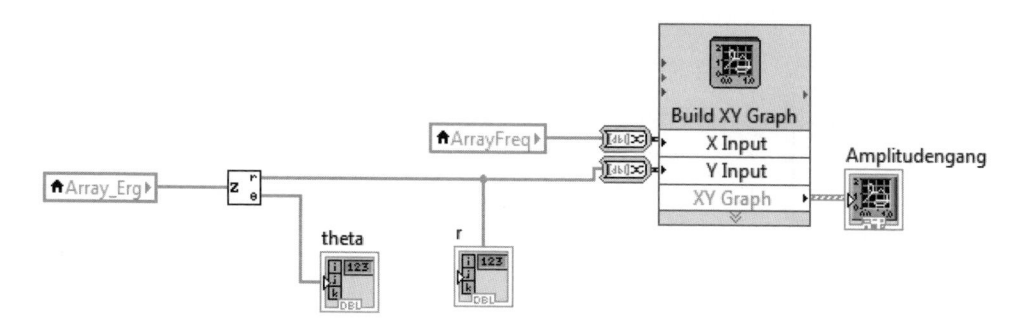

Bild 6.37 Erzeugen und grafische Ausgabe des Amplitudengangs

Amplitudengang

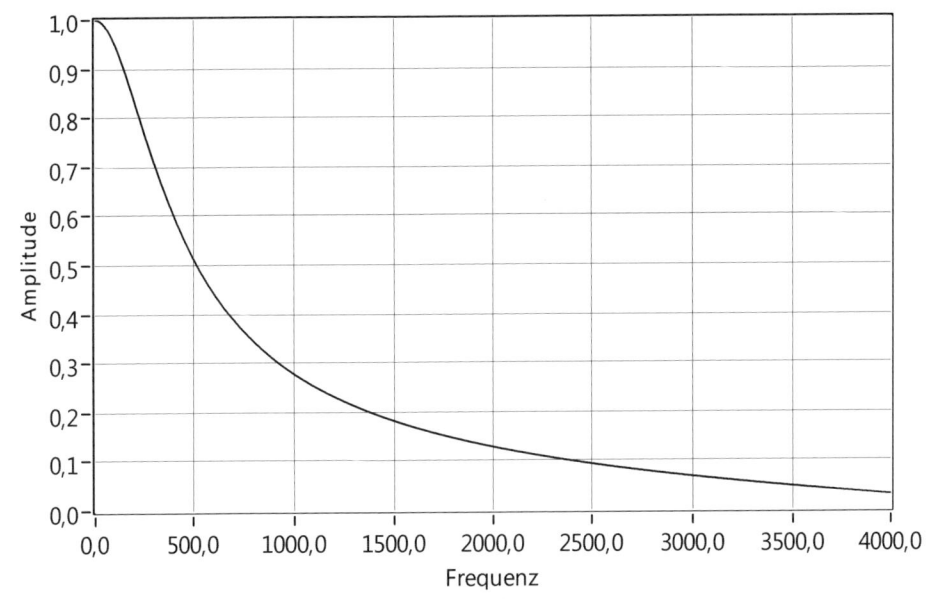

Bild 6.38 Amplitudengang

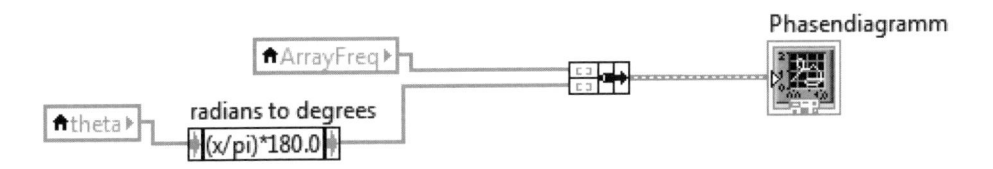

Bild 6.39 Phasendiagramm mit Umrechnung von *rad* auf *grad*

Phasendiagramm

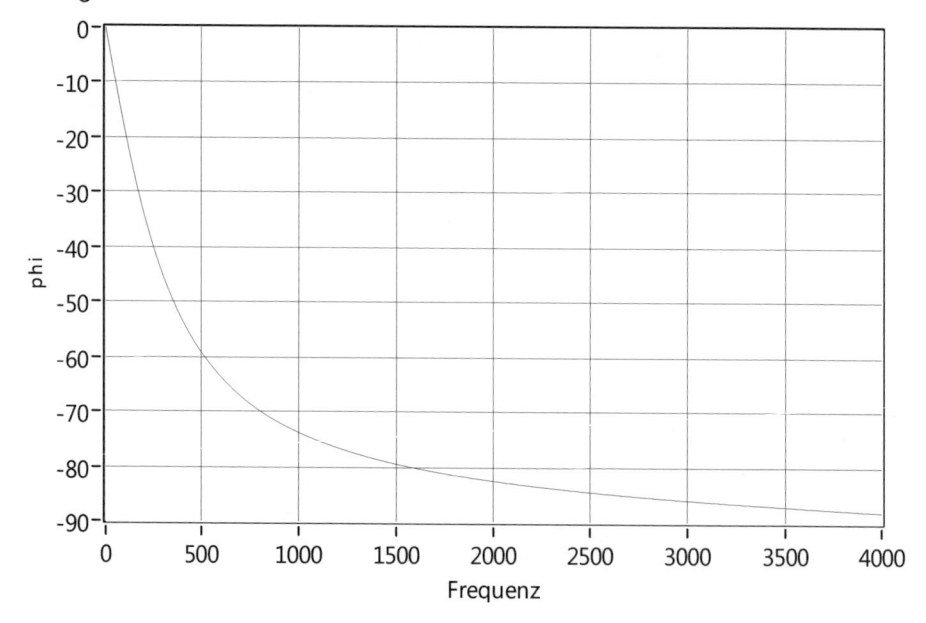

Bild 6.40 Phasengang

Lösung 6.4:

a) $$H(j\omega) = \frac{1}{\sqrt{1+(\omega \cdot T)^2}}$$

$$H(j\omega) = \frac{1}{\sqrt{1+(2\pi \cdot 100\,\text{Hz} \cdot 0{,}53\,\text{ms})^2}} = 0{,}949$$

$$H(j\omega) = \frac{1}{\sqrt{1+(2\pi \cdot 300\,\text{Hz} \cdot 0{,}53\,\text{ms})^2}} = 0{,}707$$

$$H(j\omega) = \frac{1}{\sqrt{1+(2\pi \cdot 1000\,\text{Hz} \cdot 0{,}53\,\text{ms})^2}} = 0{,}288$$

b) $\varphi = \arctan(-\omega \cdot T)$

$\varphi = \arctan(-2 \cdot \pi \cdot 100\,\text{Hz} \cdot 53\,\text{ms}) = -18{,}418°$

$\varphi = \arctan(-2 \cdot \pi \cdot 300\,\text{Hz} \cdot 53\,\text{ms}) = -45°$

$\varphi = \arctan(-2 \cdot \pi \cdot 1000\,\text{Hz} \cdot 53\,\text{ms}) = -73{,}285°$

Lösung 6.5:

1. Schritt: Differenzengleichung aufstellen

$$y_k = 1 \cdot x_k + (-1{,}5) \cdot x_{k-1} + 2 \cdot x_{k-2} + 0{,}5 \cdot x_{k-3}$$

2. Schritt: σ-Eingangsfolge einsetzen

$y_0 = 1 \cdot 1 + (-1,5) \cdot 0 + 2 \cdot 0 + 0,5 \cdot 0 = 1$

$y_1 = 1 \cdot 1 + (-1,5) \cdot 1 + 2 \cdot 0 + 0,5 \cdot 0 = -0,5$

$y_2 = 1 \cdot 1 + (-1,5) \cdot 1 + 2 \cdot 1 + 0,5 \cdot 0 = 1,5$

$y_3 = 1 \cdot 1 + (-1,5) \cdot 1 + 2 \cdot 1 + 0,5 \cdot 1 = 2,0$

$y_4 = 1 \cdot 1 + (-1,5) \cdot 1 + 2 \cdot 1 + 0,5 \cdot 1 = 2,0$

Lösung 6.6:

1. Schritt: Auflösen in einzelne Terme

$$\underline{H}(z) = \frac{a_0 + a_1 \cdot z^{-1} + a_2 \cdot z^{-2}}{1 - (b_1 \cdot z^{-1} + b_2 \cdot z^{-2})}$$

$$\underline{H}(z) = \frac{\underline{Y}}{\underline{X}} = \frac{a_0 + a_1 \cdot z^{-1} + a_2 \cdot z^{-2}}{1 - (b_1 \cdot z^{-1} + b_2 \cdot z^{-2})}$$

$$\underline{Y} \cdot (1 - (b_1 \cdot z^{-1} + b_2 \cdot z^{-2})) = (a_0 + a_1 \cdot z^{-1} + a_2 \cdot z^{-2}) \cdot \underline{X}$$

$$\underline{Y} - b_1 \cdot z^{-1} \cdot \underline{Y} - b_2 \cdot z^{-2} \cdot \underline{Y} = a_0 \cdot \underline{X} + a_1 \cdot z^{-1} \cdot \underline{X} + a_2 \cdot z^{-2} \cdot \underline{X}$$

2. Schritt: Transformation in den Zeitbereich

$$y_k - b_1 \cdot y_{k-1} - b_2 \cdot y_{k-2} = a_0 \cdot x_k + a_1 \cdot x_{k-1} + a_2 \cdot x_{k-2}$$

3. Schritt: Auflösen nach y_k

$$y_k = a_0 \cdot x_k + a_1 \cdot x_{k-1} + a_2 \cdot x_{k-2} + b_1 \cdot y_{k-1} + b_2 \cdot y_{k-2}$$

7 Digitale Filter

Digitale Filter sind das klassische Anwendungsgebiet der digitalen Signalverarbeitung. Für die Realisierung ist zunächst zu klären, ob das Filter online (in Echtzeit) oder offline betrieben werden soll. Im offline-Betrieb wird das Signal erfasst, abgespeichert, bearbeitet und das Ergebnis dargestellt. Dieser Betrieb, bei dem in der Regel ein PC als Hardware dient, kommt vor allem für Mess- und Simulationsaufgaben in Betracht. Im online Betrieb werden die Ein- und Ausgangssignale im gleichen Takt eingelesen und ausgegeben. In diesem Betrieb werden hohe Anforderungen an die Verarbeitungsgeschwindigkeit der Hardware gestellt. In Frage kommen deshalb Signalprozessoren, spezielle Digital-ICs oder schnelle Rechnerbausteine.

Für digitale Filter muss grundsätzlich eine Abtastfrequenz gewählt werden. Die Wahl der Abtastfrequenz ist ein Kompromiss. Wird die Abtastfrequenz f_a zu niedrig gewählt, dann steigen die Anforderungen an die Genauigkeit und Flankensteilheit des Anti-Aliasing-Filters. Wird die Abtastfrequenz f_a hingegen zu hoch gewählt, dann steigen die Anforderungen an die Verarbeitungsgeschwindigkeit und Genauigkeit des Digitalfilters. Üblich sind Abtastfrequenzen, die um einen Faktor 2,5 bis 20 über der Sperrfrequenz des Digitalfilters liegen. Bezüglich des Amplitudenganges können analoge und digitale Filter in vier verschiedene Filterarten unterschieden werden:

- Tiefpassfilter
- Hochpassfilter
- Bandpassfilter
- Bandsperrfilter

Durch eine reale Schaltung lässt sich der rechteckige Verlauf eines idealen Filters nur mehr oder weniger gut annähern. In der Praxis gibt man deshalb zur Filterdimensionierung ein Toleranzschema vor, innerhalb dessen dann der Amplitudengang $H(f)$ des Filters verlaufen darf. Die eigentliche Filterdimensionierung (Filterapproximation) besteht dann darin, das vorgegebene Toleranzschema durch eine realisierbare Filterfunktion $H(f)$ anzunähern. Für digitale Filter lässt sich die Annäherung prinzipiell mit zwei Grundstrukturen realisieren:

- nichtrekursive Filter (FIR)
- rekursive Filter (IIR)

7 Digitale Filter

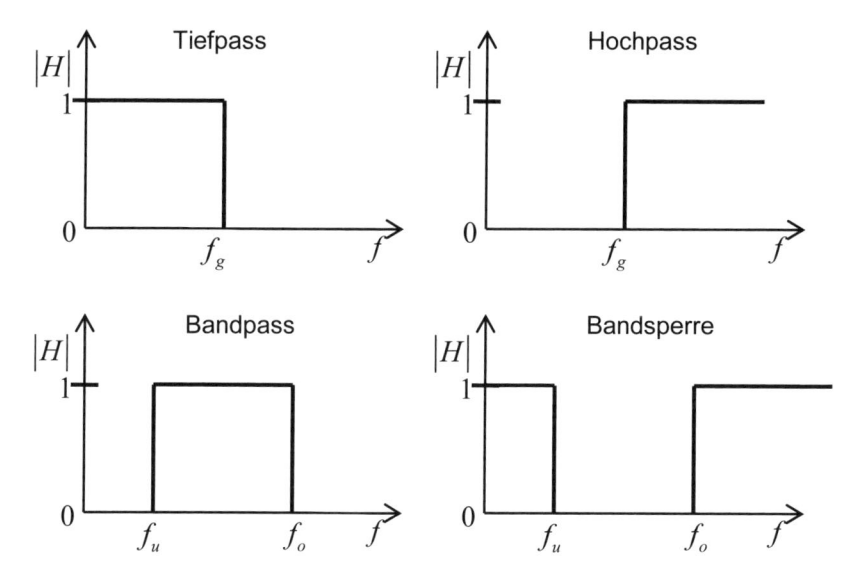

Bild 7.1 Filterarten

Nichtrekursive Filter (FIR)

Nichtrekursive Filter (Transversalfilter) haben keinen Rückkopplungsanteil. Die Impulsantwort (Finite Impulse Response) ist endlich und deshalb werden sie auch FIR-Filter genannt. Für diesen Filtertyp können folgende Eigenschaften festgehalten werden:

- FIR-Filter haben eine endliche Impulsantwort.
- FIR-Filter sind wegen der fehlenden Rückkopplung immer stabil.
- FIR-Filter reagieren auf Rundungen der Koeffizienten toleranter als IIR-Filter.
- FIR-Filter besitzen einen linearen Phasengang.
- FIR-Filter benötigen für eine bestimmte Flankensteilheit eine größere Ordnung.
- FIR-Filter antworten auf einen Impuls mit ihren Koeffizienten.

$$H(z) = a_0 + a_1 \cdot z^{-1} + a_2 \cdot z^{-2} + \ldots a_n \cdot z^{-n}$$

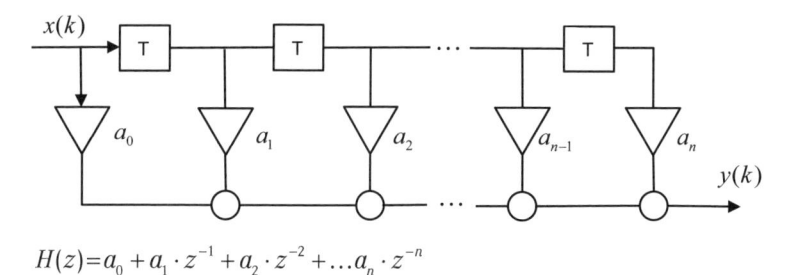

Bild 7.2 Nichtrekursives Filter

FIR-Filter werden vor allem dort eingesetzt, wo ein linearer Phasengang im Durchlassbereich erwünscht ist.

Rekursive Filter (IIR)

Rekursive Filter haben eine unendlich lange Impulsantwort (Infinite Impulse Response) und werden deshalb auch IIR-Filter genannt. Für diesen Filtertyp können ebenfalls einige Merkmale notiert werden:

- IIR-Filter haben eine unendliche Impulsantwort.
- IIR-Filter können wegen der Rückkopplung instabil werden.
- IIR-Filter können bezüglich ungenauer Koeffizienten sehr sensibel sein (Abweichung vom gewünschten Amplitudengang, unerwünschte Schwingungen).
- IIR-Filter besitzen einen nichtlinearen Phasengang.
- IIR-Filter können mit vertretbaren Aufwand eine große Flankensteilheit besitzen.

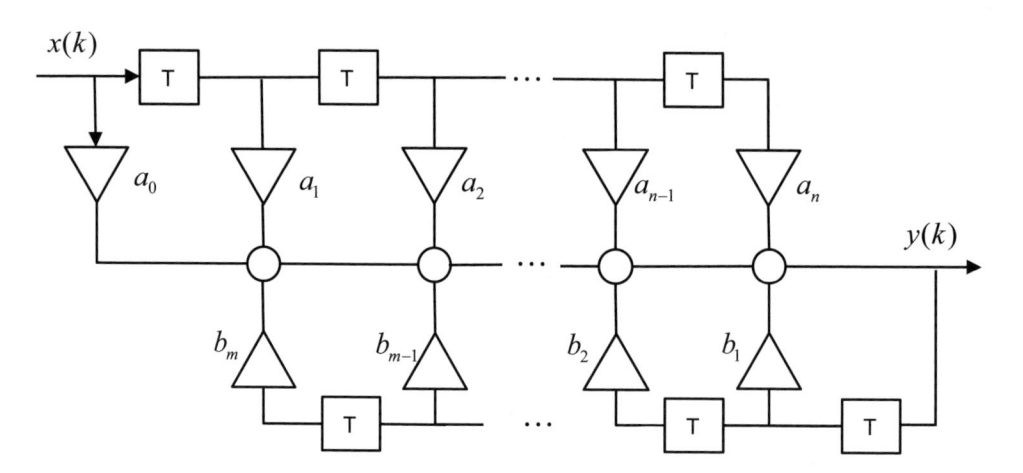

n = Anzahl der Verzögerungselemente in Vorwärtsrichtung
m = Anzahl der Verzögerungselemente in Rückwärtsrichtung

$$H(z) = \frac{a_0 + a_1 \cdot z^{-1} + a_2 \cdot z^{-2} + \ldots a_n \cdot z^{-n}}{1 - (b_1 \cdot z^{-1} + b_2 \cdot z^{-2} + \ldots + b_m \cdot z^{-m})}$$

Bild 7.3 Rekursives Filter

7.1 Filterentwurf

Beim Filterentwurf geht es darum, wie aus einer gewünschten Filtercharakteristik die zugehörige Übertragungsfunktion $\underline{H}(z)$ gefunden werden kann. In der Filtertechnik wird diese Aufgabe als Approximationsproblem bezeichnet. Zu bestimmen sind also die Ordnung n und die Werte der Koeffizienten der Übertragungsfunktion. FIR-Filter werden vor allem dort eingesetzt, wo ein linearer Phasengang im Durchlassbereich erwünscht ist. Drei Methoden stehen zur Synthese von FIR-Filtern im Vordergrund:

- Fenstermethode (Zeitbereich): Mit der Fenstermethode wird die Impulsantwort einem gewünschten Vorbild angenähert.
- Frequenz-Abtastverfahren (Frequenzbereich), Annäherung des Amplitudenganges
- Approximationsmethode (z-Bereich): Die Koeffizienten werden iterativ mit einem Optimierungsverfahren bestimmt.

Bei dem rekursiven Filterentwurf wird von einem bekannten analogen Filter ausgegangen. Das analoge Filter liegt in seiner Beschreibungsform als Übertragungsfunktion vor. Es muss also nur eine Transformation aus dem kontinuierlichen Bildbereich (p-Bereich) in den zeitdiskreten Bildbereich (z-Bereich) durchgeführt werden. Der Vorteil dieser Entwurfsmethode ist, dass schon sehr lange Erfahrungen für diese Entwurfsverfahren im Analogbereich vorliegen. Für diesen Weg stehen im Wesentlichen zwei Verfahren zur Verfügung:

- Entwurf nach der impulsinvarianten z-Transformation
- Entwurf mit der bilinearen Transformation

Tabelle 7.1 FIR-Filter und IIR-Filter im Vergleich

	FIR-Filter	IIR-Filter
Stabilität	immer stabil	Instabilität möglich
Phasengang	linear	nichtlinear
Gruppenlaufzeit	groß, aber konstant	klein, aber nichtlinear
Ordnung und Realisierungsaufwand	hoch	niedrig
Störungen bei ungenauer Zahlendarstellung	klein	groß

7.2 Filterentwurf mit einem Toleranzschema

Durch eine reale Schaltung lässt sich der rechteckige Verlauf eines idealen Filters nur mehr oder weniger gut annähern. In der Praxis wird deshalb zur Filterdimensionierung ein Toleranzschema vorgegeben, innerhalb dessen dann der Amplitudengang $H(f)$ des Filters verlaufen darf.

Die eigentliche Filterdimensionierung (Filterapproximation) besteht dann darin, das vorgegebene Toleranzschema durch eine realisierbare Filterfunktion $H(f)$ anzunähern.

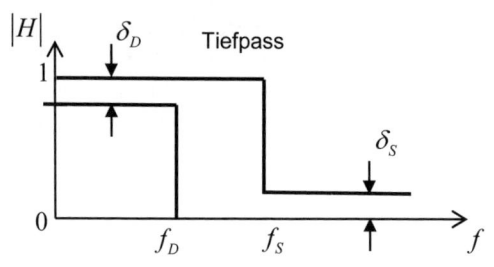

δ_D = Durchlassdämpfung
δ_S = Sperrdämpfung
f_D = Durchlassfrequenz
f_S = Sperrfrequenz

Bild 7.4 Toleranzschema

Zur Approximation des rechteckförmigen Verlaufes eines Tiefpassfilters, innerhalb des vorgegebenen Toleranzschemas, sind verschiedene Ansätze bekannt. Ein Ansatz beruht auf der Approximation durch die Betragsfunktion der komplexen Butterworth-Polynome $\underline{B}_n(p)$. Butterworth-Tiefpassfilter besitzen einen Amplitudengang, der sehr lang horizontal im Durchlassbereich verläuft und erst kurz vor der Grenzfrequenz scharf abknickt. Tschebyscheff-Tiefpassfilter besitzen oberhalb der Grenzfrequenz einen steileren Abfall der Verstärkung. Im Durchlassbereich verläuft die Verstärkung wellig mit einer konstanten Amplitude. Der Abfall oberhalb der Grenzfrequenz ist umso steiler, je größer die Welligkeit ist. Bei Bessel-Tiefpassfiltern knickt der Amplitudengang nicht so scharf ab, dafür besitzen sie ein optimales Rechteck-Übertragungsverhalten, wegen der konstanten Gruppenlaufzeit.

Analoges Butterworth-Tiefpassfilter

Für die Approximation des rechteckförmigen Verlaufs eines idealen Tiefpassfilters mit Butterworth-Tiefpassfilter-Charakteristik werden folgende Butterworth-Polynome verwendet:

Tabelle 7.2 Polynome bis zur sechsten Ordnung

Ordnung n	Butterworth-Polynome $B_n(p)$
1	$(\Omega+1)$
2	$(\Omega^2+\sqrt{2}\cdot\Omega+1)$
3	$(\Omega^2+\Omega+1)\cdot(\Omega+1)$
4	$(\Omega^2+0{,}7653\cdot\Omega+1)\cdot(\Omega^2+1{,}84776\cdot\Omega+1)$
5	$(\Omega^2+0{,}618\cdot\Omega+1)\cdot(\Omega^2+1{,}618\cdot\Omega+1)\cdot(\Omega+1)$
6	$(\Omega^2+0{,}5176\cdot\Omega+1)\cdot(\Omega^2+\sqrt{2}\cdot\Omega+1)\cdot(\Omega^2+1{,}9318\cdot\Omega+1)$

mit

$$\Omega = \frac{p}{\omega_c} = j\frac{2\pi f}{2\pi f_c} = j\frac{f}{f_c}$$

$f_c = f_g$ = Grenzfrequenz (Corner Frequency)

Mit diesen komplexen Polynomen ergibt sich die Übertragungsfunktion $H(p)$ eines Butterworth-Tiefpassfilters zu:

$$H(p) = \frac{1}{B_n(p)} \tag{7.1}$$

Aus einer Butterworth-Übertragungsfunktion folgt für den zugehörigen Amplitudengang:

$$H(f) = \frac{1}{\sqrt{1 + (\frac{f}{f_c})^{2n}}} \Rightarrow H(f = f_c) = \frac{1}{\sqrt{2}} \tag{7.2}$$

Mit zunehmender Ordnungszahl n nähert sich der Amplitudengang dem idealen rechteckförmigen Verlauf. Durch das Toleranzschema ist die Dimensionierung des Tiefpassfilters vorgegeben.

Aus Gleichung (7.2) und dem Toleranzschema folgt:

$$H(f_D) = 1 - \delta_D = \frac{1}{\sqrt{1 + (\frac{f_D}{f_c})^{2n}}} \tag{7.3}$$

und

$$H(f_S) = \delta_S = \frac{1}{\sqrt{1 + (\frac{f_S}{f_c})^{2n}}} \tag{7.4}$$

Aus den Gleichungen (7.3) und (7.4) folgt:

$$n = \frac{\log\left(\frac{1-\delta_D}{\delta_S} \cdot \sqrt{\frac{1-\delta_S^2}{2 \cdot \delta_D - \delta_D^2}}\right)}{\log \frac{f_S}{f_D}} \tag{7.5}$$

und

$$f_c = f_D \cdot \sqrt[2n]{\frac{(1-\delta_D)^2}{2 \cdot \delta_D - \delta_D^2}} \tag{7.6}$$

7 Digitale Filter

Beispiel 7.1: Entwurf eines analogen Filters

Für das Tiefpassfilter ist nach dem Toleranzschema folgende Vorgabe gegeben:

Im Durchlassbereich bis zur Frequenz f_D = 1 kHz darf der Amplitudengang maximal um −2 dB gedämpft werden und ab der Sperrfrequenz f_S = 3 kHz im Sperrbereich muss eine Dämpfung von −20 dB vorliegen. Entwerfen Sie ein analoges Tiefpassfilter.

Lösung Beispiel 7.1:

1. Schritt: Umrechnung der dB-Werte in Faktoren und Festlegen der Dämpfungs- und Sperrparameter

$$\delta_D = 1 - 10^{\frac{-2\text{dB}}{20\text{dB}}} = 1 - 0{,}794 = 0{,}206$$

$$\delta_S = 10^{\frac{-20\text{dB}}{20\text{dB}}} = 0{,}1$$

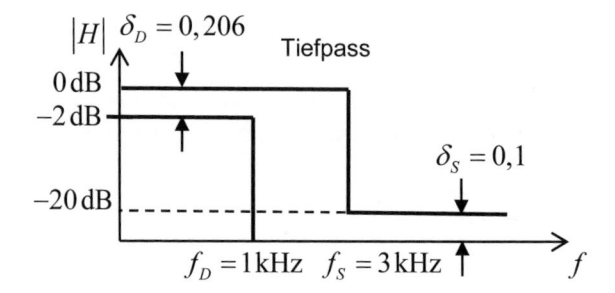

Bild 7.5 Toleranzschema

2. Schritt: Berechnung der Ordnung nach Gleichung (7.5)

$$n = \frac{\log\left(\frac{1-0{,}206}{0{,}1} \cdot \sqrt{\frac{1-0{,}1^2}{2 \cdot 0{,}206 - 0{,}206^2}}\right)}{\log\frac{3\text{kHz}}{1\text{kHz}}} = 2{,}33 \Rightarrow 3$$

Die Ordnung wird nur nächsten ganzen Zahl aufgerundet.

3. Schritt: Berechnung der Grenzfrequenz nach Gleichung (7.6)

$$f_c = 1\text{kHz} \cdot \sqrt[(2 \cdot 3)]{\frac{(1-0{,}206)^2}{2 \cdot 0{,}206 - 0{,}206^2}} = 1093{,}1\text{Hz}$$

7.2 Filterentwurf mit einem Toleranzschema

4. Schritt: Vorgabe einer technischen Realisierung mit Operationsverstärkern

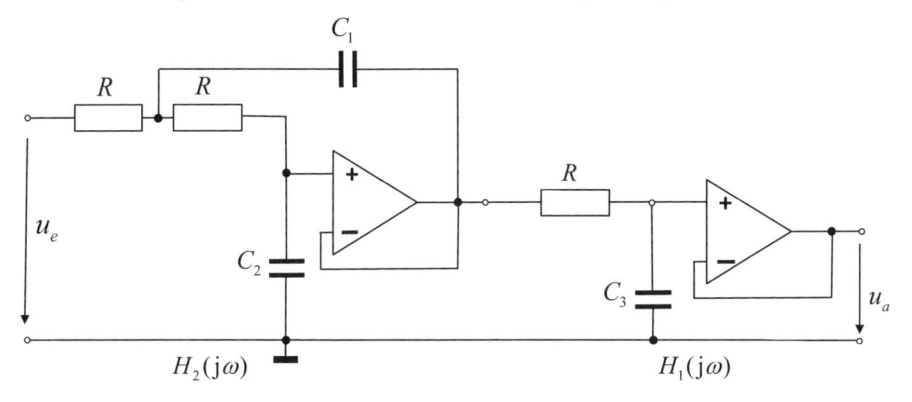

Bild 7.6 OP-Tiefpassschaltung dritter Ordnung

mit den Frequenzgängen

$$H_2(j\omega) = \frac{1}{1 + \omega_c \cdot 2RC_2 \cdot \frac{j\omega}{\omega_c} + \omega_c^2 \cdot R^2 C_1 C_2 \cdot \left(\frac{j\omega}{\omega_c}\right)^2}$$

$$H_2(j\omega) = \frac{1}{\alpha_0 + \alpha_1 \cdot \frac{j\omega}{\omega_c} + \alpha_2 \cdot \left(\frac{j\omega}{\omega_c}\right)^2}$$

(7.7)

und

$$H_1(j\omega) = \frac{1}{1 + \omega_c \cdot RC_3 \cdot \frac{j\omega}{\omega_c}}$$

$$H_1(j\omega) = \frac{1}{\alpha_0 + \alpha_1 \cdot \frac{j\omega}{\omega_c}}$$

(7.8)

5. Schritt: Koeffizientenvergleich OP-Tiefpassschaltung mit dem Butterworth-Polynom dritter Ordnung

$$H_{B3}(p) = \frac{1}{(1 + \Omega + \Omega^2) \cdot (1 + \Omega)} \quad \text{mit } \Omega = \frac{j\omega}{\omega_c}$$

(7.9)

Koeffizient α_1 aus $H_2(j\omega)$

$$1 = \alpha_1 = \omega_c \cdot 2RC_2$$
$$C_2 = \frac{1}{2 \cdot \omega_c R}$$

(7.10)

Koeffizient α_2 aus $H_2(j\omega)$

$$1 = \alpha_2 = \omega_c^2 \cdot R^2 C_1 C_2 \text{ mit } C_2 \text{ eingesetzt} \qquad (7.11)$$

ergibt sich

$$C_1 = \frac{2}{\omega_c \cdot R}$$

Koeffizient α_1 aus $H_1(j\omega)$

$$1 = \alpha_1 = \omega_c \cdot R C_3 \qquad (7.12)$$

ergibt sich

$$C_3 = \frac{1}{\omega_c \cdot R}$$

Der Widerstand $R = 10\,\text{k}\Omega$ wird vorgegeben und die Kreisfrequenz errechnet sich aus der Grenzfrequenz zu: $\omega_c = 2 \cdot \pi \cdot f_c = 6867{,}5\frac{1}{s}$.

Aus der obigen Formel ergeben sich die Werte für die Kondensatoren zu:

$$C_1 = 29{,}2\,\text{nF};\ C_2 = 7{,}3\,\text{nF} \text{ und } C_3 = 14{,}6\,\text{nF}$$

Damit kann ein analoges Tiefpassfilter dritter Ordnung aufgebaut werden.

■ 7.3 IIR-Filterentwurf mit der impulsinvarianten z-Transformation

Bei der impulsinvarianten Filterentwurfsmethode wird davon ausgegangen, dass die abgetastete Impulsantwort des digitalen Filters mit der Impulsantwort des kontinuierlichen Filters übereinstimmen muss. Unter dieser Voraussetzung wird dann die z-Transformation realisiert.

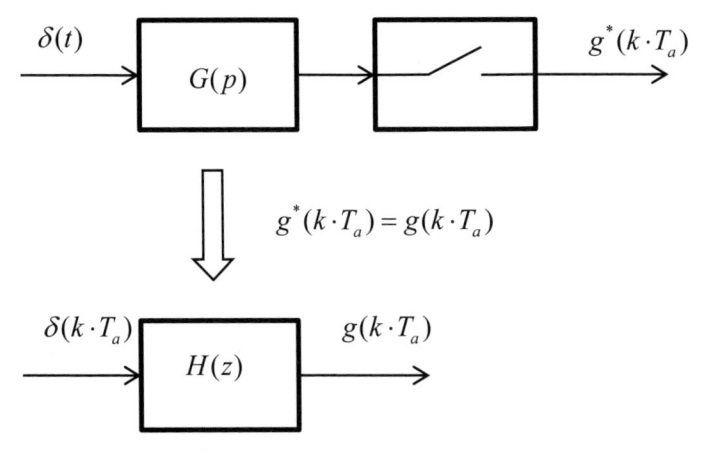

Bild 7.7 Impulsinvariante z-Transformation

7.3 IIR-Filterentwurf mit der impulsinvarianten z-Transformation

Für die Transformation in den z-Bereich werden im Wesentlichen vier Grundstrukturen benutzt.

Tabelle 7.3 IIR impulsinvariante z-Transformation für Butterworth

Grundglied	G(p)	H(z)
Glied 0. Ordnung	1	1
Integrator	$\dfrac{1}{p \cdot T_I}$	$\dfrac{a_0}{1 - b_1 \cdot z^{-1}}$ $a_0 = \dfrac{T_a}{T_I};\ b_1 = 1$
Glied 1. Ordnung	$\dfrac{1}{1+\Omega}$ mit $\Omega = \dfrac{p}{\omega_g}$	$\dfrac{a_0}{1 - b_1 \cdot z^{-1}}$ $a_0 = \omega_g \cdot T_a;\ b_1 = e^{-\omega_g T_a}$
Glied 2. Ordnung	$\dfrac{1}{1 + \alpha \cdot \Omega + \Omega^2}$ mit $\Omega = \dfrac{p}{\omega_g}$	$\dfrac{a_1 \cdot z^{-1}}{1 - b_1 \cdot z^{-1} + b_2 \cdot z^{-2}}$ $a_1 = \dfrac{\omega_g T_a}{\sqrt{1-\left(\dfrac{\alpha}{2}\right)^2}} \cdot e^{-\left(\frac{\alpha}{2}\right)\omega_g T_a} \cdot \sin\!\left(\omega_g T_a \cdot \sqrt{1-\left(\dfrac{\alpha}{2}\right)^2}\right)$ $b_1 = 2 \cdot e^{-\left(\frac{\alpha}{2}\right)\omega_g T_a} \cdot \cos\!\left(\omega_g T_a \cdot \sqrt{1-\left(\dfrac{\alpha}{2}\right)^2}\right)$ $b_2 = e^{-\alpha \cdot \omega_g T_a}$
Glied 2. Ordnung	$\dfrac{B \cdot \Omega}{1 + \alpha \cdot \Omega + \Omega^2}$ mit $\Omega = \dfrac{p}{\omega_g}$	$\dfrac{a_0 - a_1 \cdot z^{-1}}{1 - b_1 \cdot z^{-1} + b_2 \cdot z^{-2}}$ $a_0 = B \cdot \omega_g T$ $a_1 = B \cdot \omega_g T_a \cdot e^{-\left(\frac{\alpha}{2}\right)\omega_g T_a} \cdot$ $\cdot \left[\cos\!\left(\omega_g T_a \cdot \sqrt{1-\left(\dfrac{\alpha}{2}\right)^2}\right) + \dfrac{\left(\dfrac{\alpha}{2}\right)}{\sqrt{1-\left(\dfrac{\alpha}{2}\right)^2}} \sin\!\left(\omega_g T_a \cdot \sqrt{1-\left(\dfrac{\alpha}{2}\right)^2}\right) \right]$ $b_1 = 2 \cdot e^{-\left(\frac{\alpha}{2}\right)\omega_g T_a} \cdot \cos\!\left(\omega_g T_a \cdot \sqrt{1-\left(\dfrac{\alpha}{2}\right)^2}\right)$ $b_2 = e^{-\alpha \cdot \omega_g T_a}$

Tabelle 7.3 IIR impulsinvariante z-Transformation für Butterworth *(Fortsetzung)*

Grundglied	G(p)	H(z)
Glied 2. Ordnung	$\dfrac{A+B\cdot\Omega}{1+\alpha\cdot\Omega+\Omega^2}$ mit $\Omega=\dfrac{p}{\omega_g}$	$\dfrac{a_0-a_1\cdot z^{-1}}{1-b_1\cdot z^{-1}+b_2\cdot z^{-2}}$ $a_0 = B\cdot\omega_g T$ $a_1 = B\cdot\omega_g T_a \cdot e^{-\left(\frac{\alpha}{2}\right)\omega_g T_a}$ $\cdot\left(\cos\left(\omega_g T_a\cdot\sqrt{1-\left(\frac{\alpha}{2}\right)^2}\right)+\dfrac{\left(\frac{\alpha}{2}\right)-\frac{A}{B}}{\sqrt{1-\left(\frac{\alpha}{2}\right)^2}}\sin\left(\omega_g T_a\cdot\sqrt{1-\left(\frac{\alpha}{2}\right)^2}\right)\right)$ $b_1 = 2\cdot e^{-\left(\frac{\alpha}{2}\right)\omega_g T_a}\cdot\cos\left(\omega_g T_a\cdot\sqrt{1-\left(\frac{\alpha}{2}\right)^2}\right)$ $b_2 = e^{-\alpha\cdot\omega_g T_a}$

Beispiel 7.2:

Für ein analoges RC-Glied mit der Grenzkreisfrequenz $\omega_g = 1\cdot\dfrac{1}{s}$ soll die Übertragungsfunktion mit der impulsinvarianten z-Transformation ermittelt werden. Die Abtastfrequenz wird mit $f_a = 50\,Hz$ festgelegt.

1. Schritt: Vorgabe der Übertragungsfunktion im p-Bereich

$$G(p)=\frac{1}{1+p\cdot T}=\frac{1}{1+\dfrac{p}{\omega_g}}$$

2. Schritt: Transformation mit Zeile drei aus der Tabelle 7.3

$$H(z)=\frac{a_0}{1-b_1\cdot z^{-1}}=\omega_g\cdot T_a\cdot\frac{1}{1-e^{-\omega_g\cdot T_a}\cdot z^{-1}}$$

mit

$$a_0 = \omega_g\cdot T = 1\cdot\frac{1}{s}\cdot 0{,}02\cdot s;\ b_1 = e^{-\omega_g\cdot T_a}=e^{-1\cdot 0{,}02}$$

In Bild 7.8 sind die Amplitudengänge für ein analoges und ein digitales Tiefpassfilter abgebildet. Der Amplitudengang des digitalen Tiefpasses wird an der Abtastfrequenz $f_a = 50\,Hz$ gespiegelt. Der Frequenzgang kann entsprechend dem Abtasttheorem nur bis zur halben Abtastfrequenz genutzt werden. Die Problematik dieser Entwurfsmethode ist darin begründet, dass bei einer sehr hohen Grenzfrequenz die Abtastfrequenz nochmals sehr viel höher liegen muss. In dem Beispiel war die Grenzfrequenz f_g mit 1 Hz und die Abtast-

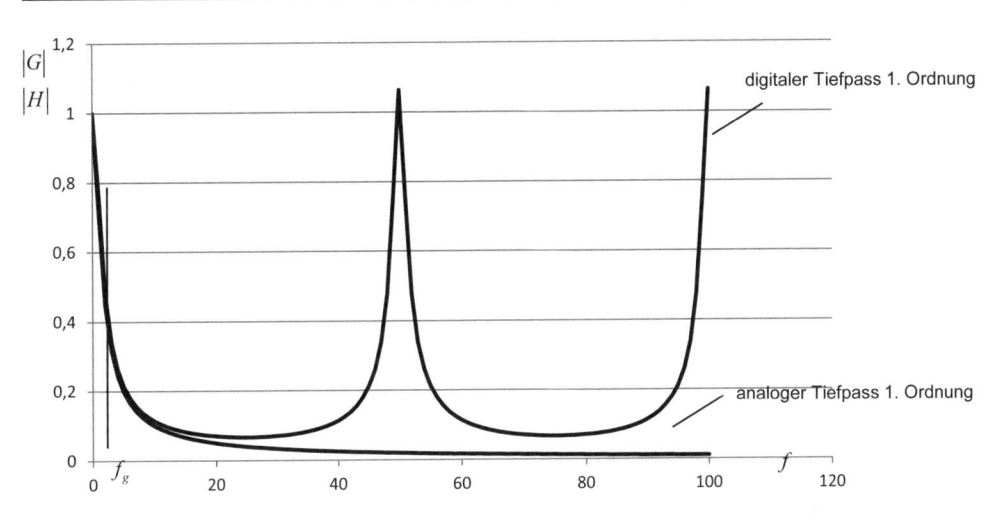

Bild 7.8 Amplitudengang für einen analogen und digitalen Tiefpass

frequenz f_a = 50 Hz gewählt worden. Die impulsinvariante Methode ist für Tief- und Bandpassfilter geeignet.

Filter höherer Ordnung lassen sich aus den Grundstrukturen entwickeln. Hier muss aber mit der Partialbruchzerlegung der analogen Übertragungsfunktion gearbeitet werden. Eine Multiplikation der Glieder in der zweiten Spalte führt nicht zu einer Multiplikation der Glieder in der dritten Spalte. Hier sei auf die Literatur im Anhang verwiesen.

7.4 Filterentwurf mit der bilinearen z-Transformation

Die Dimensionierung eines digitalen Filters lässt sich auf die Dimensionierung eines entsprechenden analogen Bezugsfilters zurückführen. Dabei besteht jedoch die Schwierigkeit, dass der Frequenzbereich des digitalen Filters nur die Werte $f = 0 \ldots \frac{1}{2} f_a$, der des analogen Filters dagegen die Werte $f' = 0 \ldots \infty$ umfasst.

Ausgehend von der Dimensionierung eines analogen Filters, welches als Übertragungsfunktion $\underline{H}(p)$ vorliegen muss, wird zur Realisierung des digitalen Filters die Übertragungsfunktion $\underline{H}(z)$ aus der analogen Übertragungsfunktion erzeugt. Die bilineare Transformation transformiert dazu die digitalen Frequenzen in einen analogen Frequenzbereich und ermöglicht dadurch die einfache Nutzung der bekannten Vorgehensweise für analoge Filter. Die Frequenzbereiche lassen sich mit folgenden Transformationsgleichungen ineinanderumrechnen.

7 Digitale Filter

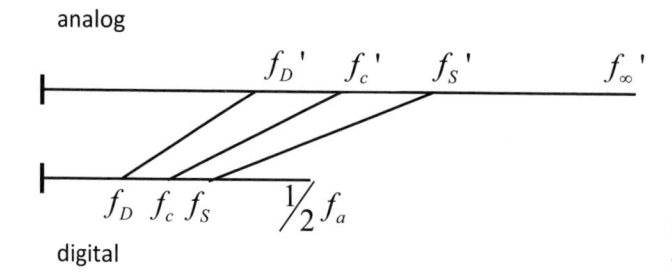

analog

f_D' f_c' f_S' f_∞'

digital

f_D f_c f_S $\tfrac{1}{2}f_a$

Bild 7.9 Bilineare Transformationsbeziehung

Digital in analog ($f \to f'$): $\quad f' = \dfrac{1}{\pi \cdot T_a} \cdot \tan(\pi T_a f)$ (7.13)

und umgekehrt

Analog in digital ($f' \to f$): $\quad f = \dfrac{1}{\pi \cdot T_a} \cdot \arctan(\pi T_a f')$ (7.14)

Aufgrund der obigen Transformationsgleichung bestehen zwischen der Variablen z der Übertragungsfunktion $\underline{H}(z)$ eines digitalen Filters und der Variablen p der Übertragungsfunktion $\underline{H}(p)$ eines analogen Filters folgende Beziehungen:

$$z = \frac{1 + \tfrac{1}{2} T_a \cdot p}{1 - \tfrac{1}{2} T_a \cdot p} \quad \text{bzw.} \quad p = \frac{2}{T_a} \cdot \frac{z-1}{z+1} \quad (7.15)$$

mit

$$z = e^{j2\pi \tfrac{f}{f_a}} \quad \text{und} \quad p = j2\pi f'$$

Mit dieser Beziehung lässt sich eine Übertragungsfunktion $\underline{H}(p)$ in eine zugehörige Übertragungsfunktion $\underline{H}(z)$ überführen. Damit ergibt sich für den Entwurf eines digitalen Filters nach der Methode der bilinearen Transformation folgendes Dimensionierungsschema:

1. Schritt

Vorgeben der gewünschten Parameter für das Toleranzschema im digitalen Bereich

2. Schritt

Bestimmen der zugehörigen analogen Frequenzen (Transformation)
(analoges Toleranzschema)

3. Schritt

Festlegen der Filtercharakteristik, z. B. Butterworth

4. Schritt

Bestimmen der Ordnung des analogen Filters und der Grenzfrequenz
(Bestimmen der analogen Übertragungsfunktion)

5. Schritt

Ermitteln der digitalen Übertragungsfunktion

6. Schritt

Realisierung der DSV-Struktur als Differenzengleichung (Programm)

Beispiel 7.3: Dimensionierung eines digitalen Butterworth-Tiefpassfilters

Für folgendes Toleranzschema ist ein digitaler Tiefpass zu dimensionieren:

1. Schritt: Vorgabe Toleranzschema

$$\delta_D = 0{,}2;\ f_D = 100\,\text{Hz};\ \delta_S = 0{,}2;\ f_S = 800\,\text{Hz} \text{ und mit } f_a = 10\,\text{kHz}$$

2. Schritt: Transformation der digitalen Frequenzen

$$f_S' = \frac{1}{\pi \cdot T_a} \cdot \tan(\pi T_a f) = \frac{10\,\text{kHz}}{\pi} \cdot \tan(\pi \frac{800\,\text{Hz}}{10\,\text{kHz}}) = 817\,\text{Hz}$$

$$f_D' = \frac{1}{\pi \cdot T_a} \cdot \tan(\pi T_a f) = \frac{10\,\text{kHz}}{\pi} \cdot \tan(\pi \frac{100\,\text{Hz}}{10\,\text{kHz}}) = 100\,\text{Hz}$$

3. Schritt: Analoges Toleranzschema

Aus den Gleichungen (7.5) und (7.6) ergeben sich für das Toleranzschema die Werte für das analoge Bezugsfilter:

$$f_D' = 100\,\text{Hz};\ f_S' = 817\,\text{Hz} \Rightarrow n = 1 \text{ und } f_c' = 133{,}4\,\text{Hz}$$

4. Schritt: Übertragungsfunktion $\underline{H}(p)$ für das analoge Bezugsfilter ermitteln

$$H(p) = \frac{1}{B_1(p)} = \frac{1}{1 + \dfrac{p}{\omega_c'}}$$

5. Schritt: Übertragungsfunktion $\underline{H}(z)$ für das digitale Filter ermitteln

$$\text{mit } p = 2 \cdot f_a \cdot \frac{z-1}{z+1}$$

$$H(z) = \frac{1}{B_1(p)} = \frac{1}{1 + \dfrac{2 \cdot f_a \cdot (z-1)}{\omega_c' \cdot (z+1)}} = \frac{z+1}{z + 1 + \dfrac{2 f_a z}{\omega_c'} - \dfrac{2 f_a}{\omega_c'}}$$

Zusammenfassen, sortieren und mit z^{-1} erweitern

$$H(z) = \frac{z+1}{\left(1+\frac{2f_a}{\omega_c{'}}\right)\cdot z + \left(1-\frac{2f_a}{\omega_c{'}}\right)} \cdot \left|\frac{z^{-1}}{z^{-1}}\right.$$

$$H(z) = \frac{1+z^{-1}}{\left(1+\frac{2f_a}{\omega_c{'}}\right) + \left(1-\frac{2f_a}{\omega_c{'}}\right)\cdot z^{-1}}$$

mit der Substitution $w = \frac{2f_a}{\omega_c{'}}$ und Gleichung (7.13)

$$w = \frac{2f_a}{\omega_c{'}} = \frac{2f_a}{2\pi f_c{'}} = \frac{2f_a}{2\pi \cdot \frac{f_a}{\pi}\tan(\pi\frac{f_c}{f_a})} = \frac{1}{\tan(\pi\frac{f_c}{f_a})}$$

folgt

$$\underline{H}(z) = \frac{1+z^{-1}}{(1+w)+(1-w)\cdot z^{-1}} = \frac{\frac{1}{(1+w)} + \frac{1}{(1+w)}\cdot z^{-1}}{1-\left(-\frac{(1-w)}{(1+w)}\right)\cdot z^{-1}} = \frac{a_0 + a_1 \cdot z^{-1}}{1-(b_1 \cdot z^{-1})}$$

mit

$$a_0 = \frac{1}{(1+w)}; \qquad a_1 = a_0; \qquad b_1 = -\frac{(1-w)}{(1+w)}$$

Mit den gegebenen Zahlenwerten ergibt sich die digitale Übertragungsfunktion:

$$\underline{H}(z) = \frac{0{,}0402 + 0{,}0402 \cdot z^{-1}}{1-(0{,}9196 \cdot z^{-1})}$$

Diese Vorgehensweise lässt sich für jede analoge Übertragungsfunktion $\underline{H}(p)$ durchführen. Für die digitalen Koeffizienten bis zur dritten Ordnung sind diese Berechnungen in der Tabelle 7.4 aufgeführt. Wie in der Tabelle 7.2 für die Butterwort-Polynome sind die einzelnen Glieder kaskadiert. Ein Polynom dritter Ordnung ist in ein Polynom zweiter Ordnung und erster Ordnung aufgeteilt.

Tabelle 7.4 Koeffizienten für digitale Tiefpass-/Hochpassfilter mit Butterworth-Charakteristik

Ord.	Tiefpass	Hochpass
1	$a_0 = \dfrac{1}{(1+w)}; \quad a_1 = a_0;$	$a_0 = \dfrac{1}{(1+w)}; \quad a_1 = -a_0;$
	$b_1 = -\dfrac{(1-w)}{(1+w)}$	
2	$a_0 = \dfrac{1}{\left(1+\sqrt{w}+w^2\right)}; \; a_1 = 2a_0;$ $a_2 = a_0$	$a_0 = \dfrac{w^2}{\left(1+\sqrt{w}+w^2\right)}; \; a_1 = -2a_0;$ $a_2 = a_0$
3	$a_{10} = \dfrac{1}{1+w}; \quad a_{11} = a_{10};$	$a_{10} = \dfrac{w}{1+w}; \quad a_{11} = -a_{10};$
	$a_{20} = \dfrac{1}{1+w+w^2}; \; a_{21} = 2a_{20};$ $a_{22} = a_{20}$	$a_{20} = \dfrac{w^2}{1+w+w^2}; \; a_{21} = -2a_{20};$ $a_{22} = a_{20}$

$$b_{11} = -\frac{(1-w)}{(1+w)}; \quad b_{21} = -2\frac{1-w^2}{1+w+w^2}; \quad b_{22} = -\frac{1-w+w^2}{1+w+w^2}$$

mit $w = \dfrac{1}{\tan(\pi \cdot \dfrac{f_c}{f_a})}$

Beispiel 7.4: Filterentwurf mit der Tabelle 7.4

Es soll ein digitales Tiefpassfilter mit LabVIEW und den folgenden Toleranzschemavorgaben entworfen werden:

$\delta_D = 0{,}1; \; \delta_S = 0{,}1; \; f_D = 1\,\text{kHz}; \; f_S = 5\,\text{kHz}$

Die Abtastfrequenz soll 12 kHz betragen.

Lösung zu Beispiel 7.4:

1. Schritt: Umrechnung der digitalen Frequenzen f_D und f_S in analoge Frequenzen

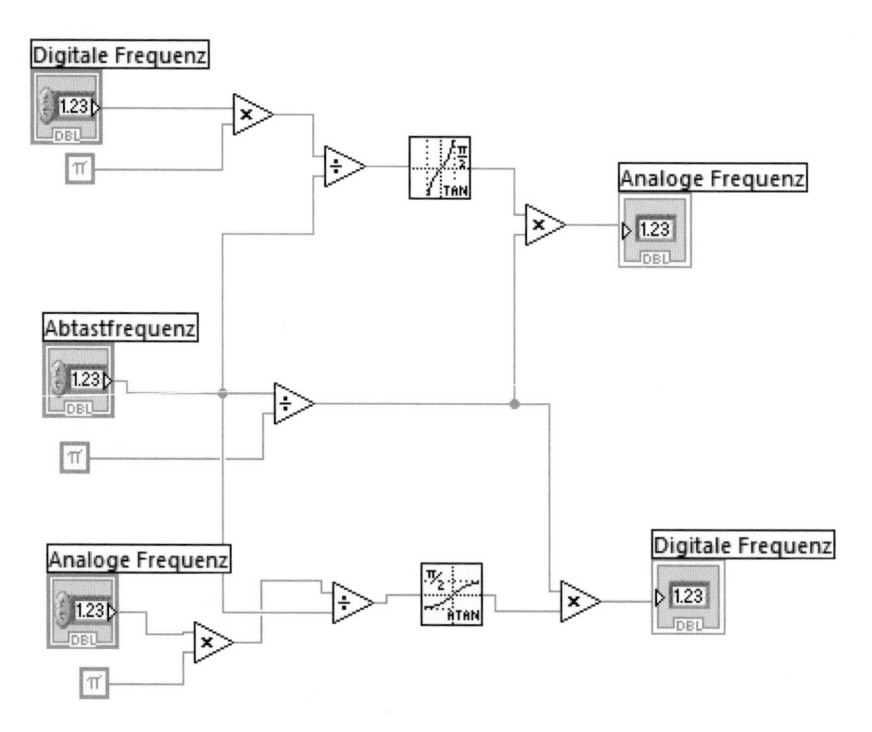

Bild 7.10 Bilineare Transformation

Es ergeben sich folgende Werte

$$f_D' = 1023{,}49\,\text{Hz}$$

und

$$f_S' = 14255{,}4\,\text{Hz}$$

Mit einer starken Verzerrung der Sperrfrequenz. Diese Verzerrung entsteht durch die relativ geringe Abtastfrequenz.

2. Schritt: Berechnung der Ordnung nach Gleichung (7.5)

Die Berechnung wird mit einer Sequenz gelöst, um die richtige Reihenfolge der Bearbeitung zu erzwingen.

7.4 Filterentwurf mit der bilinearen z-Transformation

Durchlassdämpfung
0,1

Sperrdämpfung
0,1

Durchlassfrequenz
1023,49

Sperrfrequenz
14255,4

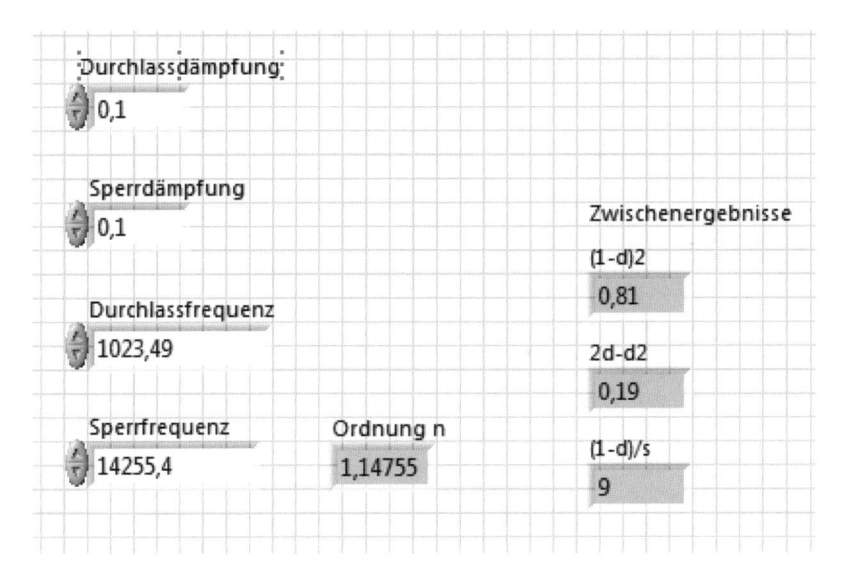

Ordnung n
1,14755

Zwischenergebnisse

$(1-d)2$
0,81

$2d-d2$
0,19

$(1-d)/s$
9

Bild 7.11 Toleranzschema, Ordnung und die Zwischenwerte

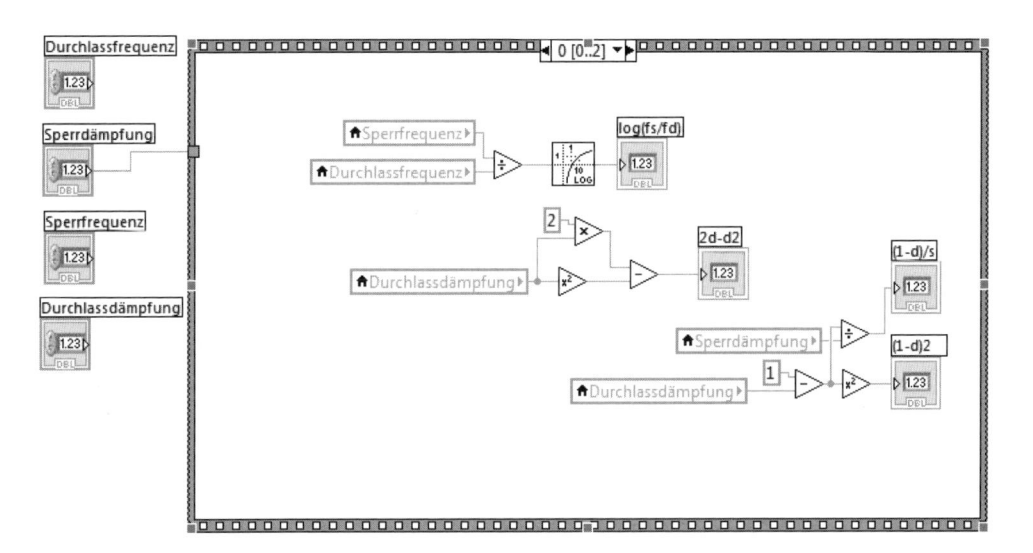

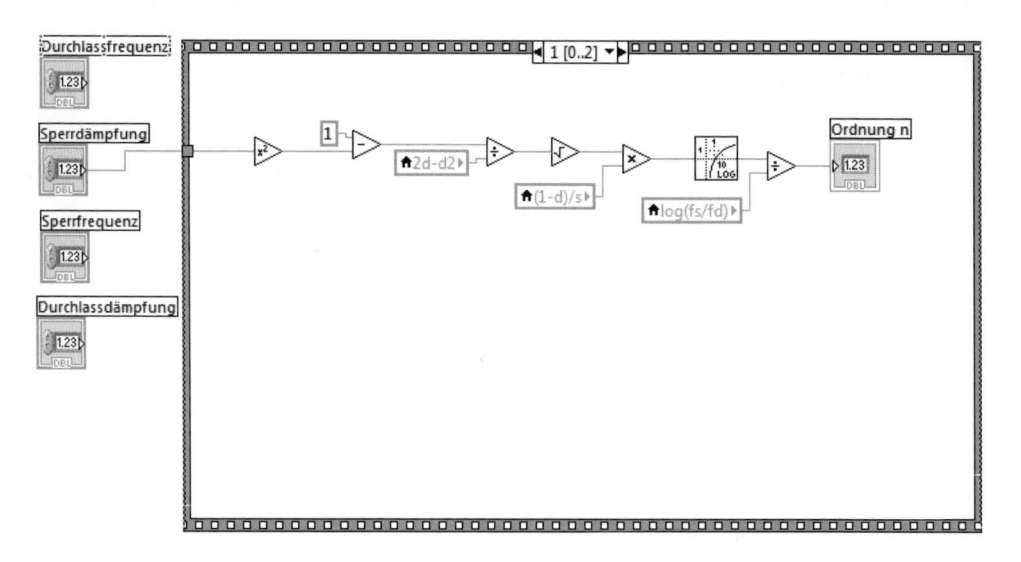

Bild 7.12 Berechnung der Ordnung

Mit dem LabVIEW-Programm wurde die Gleichung (7.6) ohne Formelknoten umgesetzt. Das Ergebnis muss auf die nächste größere ganze Zahl gerundet werden. Damit ergibt sich eine Ordnung zwei für das Filter.

3. Schritt: Berechnung der analogen Grenzfrequenz und Umrechnung auf die digitale Grenzfrequenz mit Hilfe der bilinearen Transformation

Ordnung gerundet	Grenzfrequenz fc	log(fs/fd)
2	1470,67	1,1439

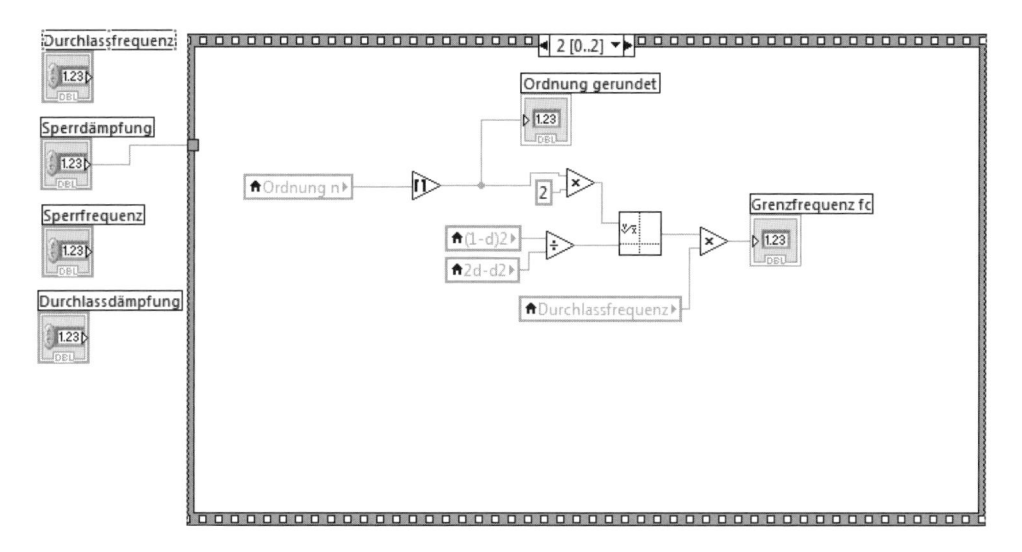

Bild 7.13 Berechnung der Grenzfrequenz

Die Umrechnung der analogen Grenzfrequenz auf die digitale Grenzfrequenz ergibt:

$$f_c = 1403{,}67\,\text{Hz}$$

4. Schritt: Berechnung der Koeffizienten

Die Berechnung der Koeffizienten wird mit einer Sequenz in drei Schritten durchgeführt. Die Variable w wird zuerst berechnet, da sie für Folgeberechnungen mehrmals gebraucht wird.

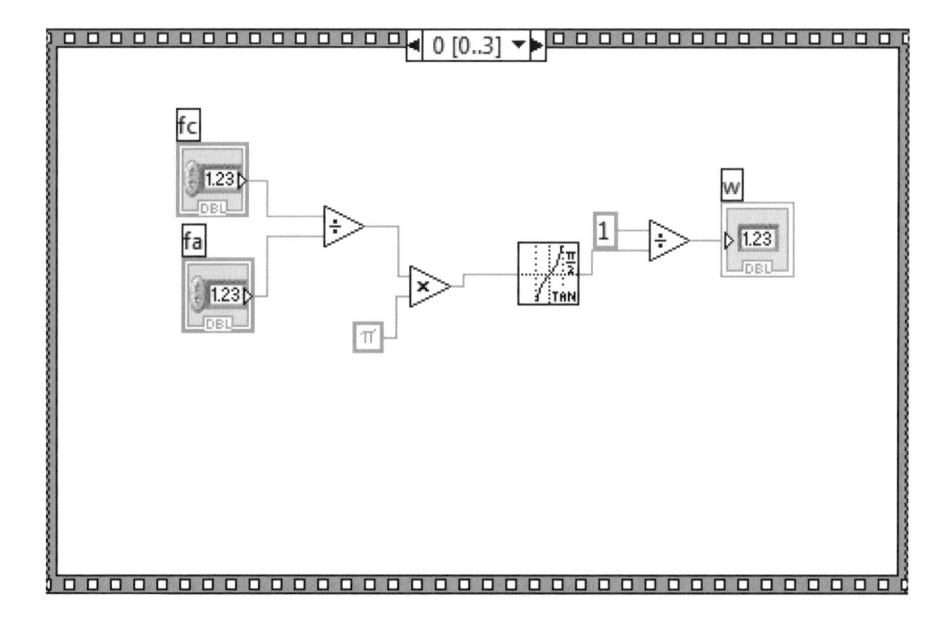

146　7 Digitale Filter

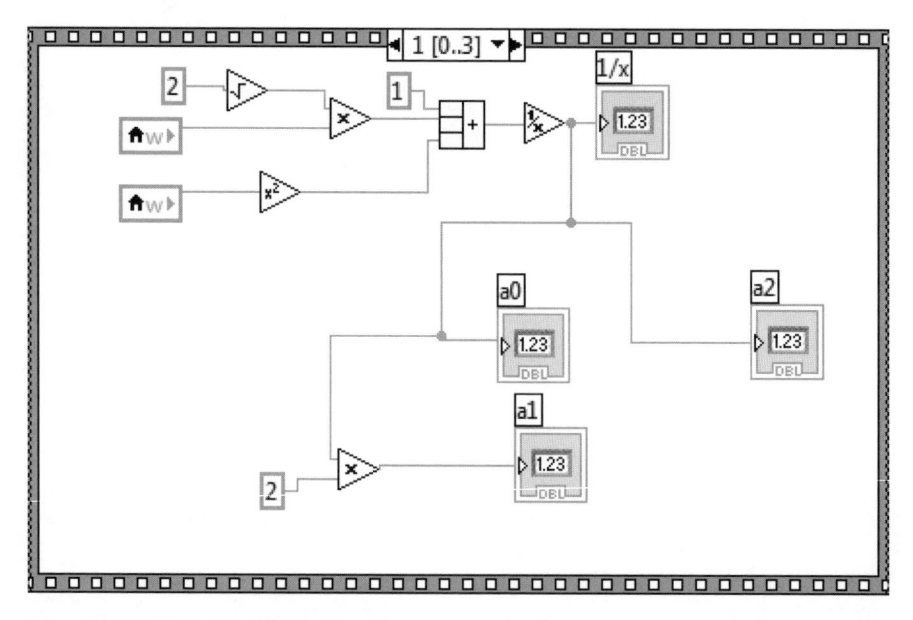

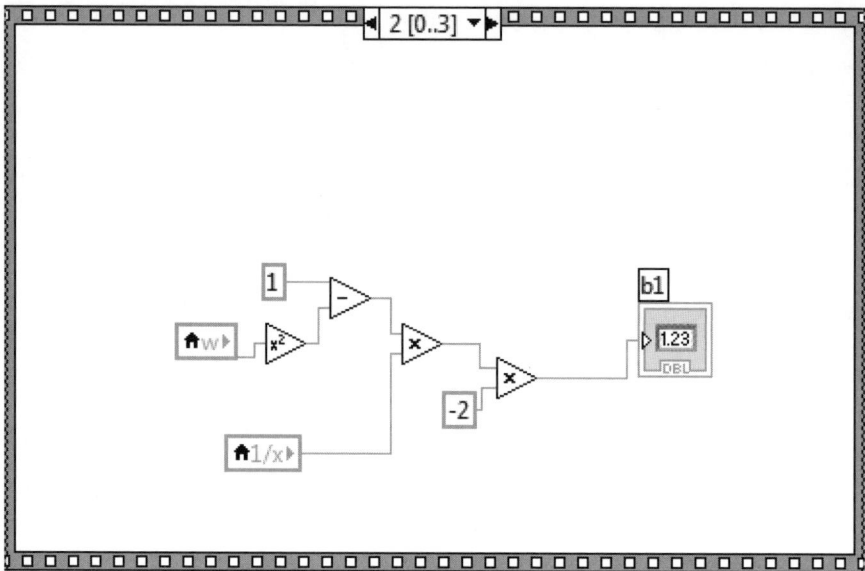

Bild 7.14 Berechnung der Koeffizienten für ein Tiefpassfilter zweiter Ordnung

Abtastfrequenz	Zwischenergebnisse
fa	1/x
12000	0,087556
Digitale Grenzfrequenz	w
fc	2,59763
1403,67	

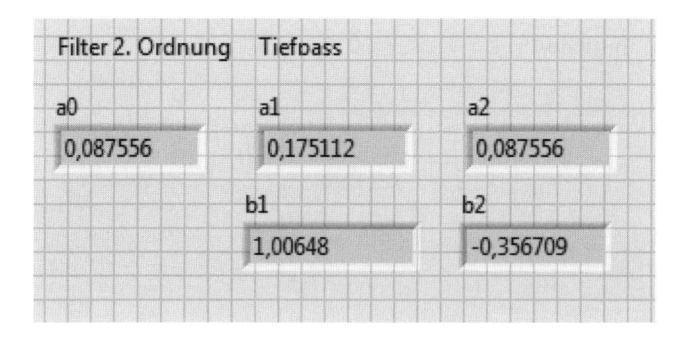

Filter 2. Ordnung   Tiefpass

a0	a1	a2
0,087556	0,175112	0,087556
	b1	b2
	1,00648	-0,356709

Bild 7.15 Ergebnis der Berechnungen für das Tiefpassfilter zweiter Ordnung

7.5 Transformation zwischen Tiefpass- und Hochpassfilter

Zwischen dem Tiefpassfilter und dem Hochpassfilter besteht eine enge Verwandtschaft. Dies lässt sich mit Hilfe des Amplitudengangs sehr gut verdeutlichen. Genau genommen verläuft der Amplitudengang des Hochpasses gespiegelt zur Grenzfrequenz des Tiefpassfilters.

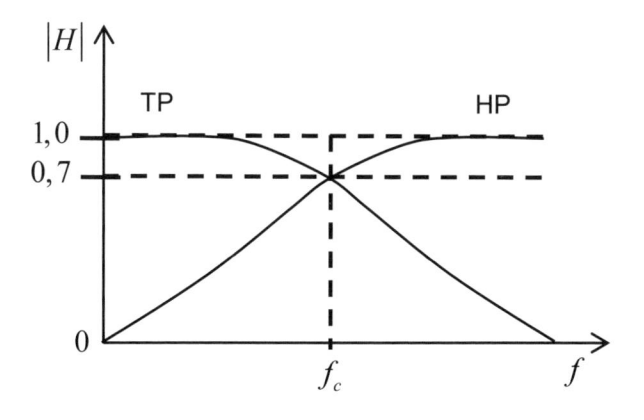

Bild 7.16 Tiefpass-Hochpass-Transformation

Aus dem Bild 7.16 können die folgenden Zusammenhänge abgeleitet werden:

$$\begin{array}{lll} TP & \Rightarrow & HP \\ H(f=0) & \Rightarrow & H(f=\infty) \\ H(f=f_c) & \Rightarrow & H(f=f_c) \\ H(f=\infty) & \Rightarrow & H(f=0) \end{array}$$

Somit ergibt sich eine Frequenz-Transformation als Spiegelung an der Grenzfrequenz f_c:

$$f_{HP} = \frac{f_c^2}{f_{TP}} \quad \text{bzw.} \quad f_{TP} = \frac{f_c^2}{f_{HP}} \tag{7.16}$$

Aus dem Amplitudengang des Tiefpasses lässt sich mit der Transformation (7.16) der Amplitudengang des Hochpasses herleiten:

$$H(f_{HP}) = \frac{1}{\sqrt{1+\left(\frac{f_{TP}}{f_c}\right)^{2n}}} = \frac{1}{\sqrt{1+\left(\frac{f_c^2}{f_c \cdot f_{HP}}\right)^{2n}}} = \frac{1}{\sqrt{1+\left(\frac{f_c}{f_{HP}}\right)^{2n}}}$$

$$H(f_{HP}) = \frac{1}{\sqrt{1+\left(\frac{f_c}{f}\right)^{2n}}} \tag{7.17}$$

Für ein Hochpassfilter ist das Toleranzschema gespiegelt zu dem Toleranzschema des Tiefpasses anzugeben.

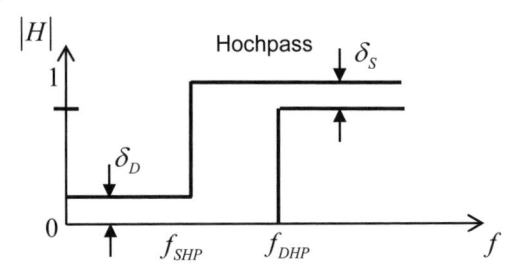

δ_D = Durchlassdämpfung
δ_S = Sperrdämpfung
f_{DHP} = Durchlassfrequenz
f_{SHP} = Sperrfrequenz

Bild 7.17 Toleranzschema des Hochpasses

Für die Berechnung der Ordnung n des Hochpassfilters ergibt sich mit der Beziehung

$$\frac{f_{STP}}{f_{DTP}} = \frac{f_c^2 \cdot f_{DHP}}{f_{SHP} \cdot f_c^2} = \frac{f_{DTP}}{f_{STP}}$$

eine Vertauschung der Sperr- und Durchlassfrequenzen für die Gleichung (7.5) zu:

$$n = \frac{\log\left(\frac{1-\delta_D}{\delta_S}\right) \cdot \sqrt{\frac{1-\delta_S^2}{2\cdot\delta_D - \delta_D^2}}}{\log \frac{f_{DHP}}{f_{SHP}}} \qquad (7.18)$$

Für die Berechnung der Grenzfrequenz des Hochpasses ergibt sich mit der Gleichung (7.16)

mit $\quad f_{DTP} = \dfrac{f_c^2}{f_{DHP}}$

und der Gleichung (7.6) die Gleichung (7.19)

$$f_c = f_D \cdot \sqrt[2n]{\frac{(1-\delta_D)^2}{2\cdot\delta_D - \delta_D^2}}$$

$$f_c = \frac{f_c^2}{f_{DHP}} \cdot \sqrt[2n]{\frac{(1-\delta_D)^2}{2\cdot\delta_D - \delta_D^2}} \qquad (7.19)$$

$$f_c = \frac{f_{DHP}}{\sqrt[2n]{\frac{(1-\delta_D)^2}{2\cdot\delta_D - \delta_D^2}}}$$

Die Transformation der Übertragungsfunktion (Frequenzgang) ergibt sich wegen

$$\left|j\omega_{TP}\right| = \left|\frac{\omega_c^2}{j\omega_{HP}}\right| \quad \Rightarrow \quad \left|\frac{j\omega_{TP}}{\omega_c}\right| = \left|\frac{\omega_c}{j\omega_{HP}}\right| \quad \Rightarrow \quad \left|\frac{j\omega_{TP}}{\omega_c}\right| = \left|\frac{1}{\frac{j\omega_{HP}}{\omega_c}}\right|$$

$$\Omega_{TP} \Rightarrow \frac{1}{\Omega_{HP}}$$

durch den Kehrwert von Omega, d. h. Ω wird durch $\dfrac{1}{\Omega}$ ersetzt.

Beispiel 7.5: für eine Transformation TP-HP Ordnung n = 2

Eine Übertragungsfunktion zweiter Ordnung für einen Tiefpass soll in eine Übertragungsfunktion zweiter Ordnung für einen Hochpass transformiert werden.

Lösung zu Beispiel 7.5:

$$H_{TP}(\Omega) = \frac{1}{1+\sqrt{2}\cdot\Omega + \Omega^2}$$

$$\Rightarrow \quad H_{HP}(\Omega) = \frac{1}{1+\sqrt{2}\cdot\dfrac{1}{\Omega} + \dfrac{1}{\Omega^2}} = \frac{\Omega^2}{1+\sqrt{2}\cdot\Omega + \Omega^2}$$

Die praktische Realisierung ist unter Anwendung der Tabelle 7.4 für ein Hochpassfilter dann recht einfach.

■ 7.6 Realisierung von Bandsperren und Bandpässen

Für die Realisierung von Bandsperren und Bandpässen werden ebenfalls Toleranzschemata vorgegeben und dann die entsprechenden Koeffizienten berechnet.

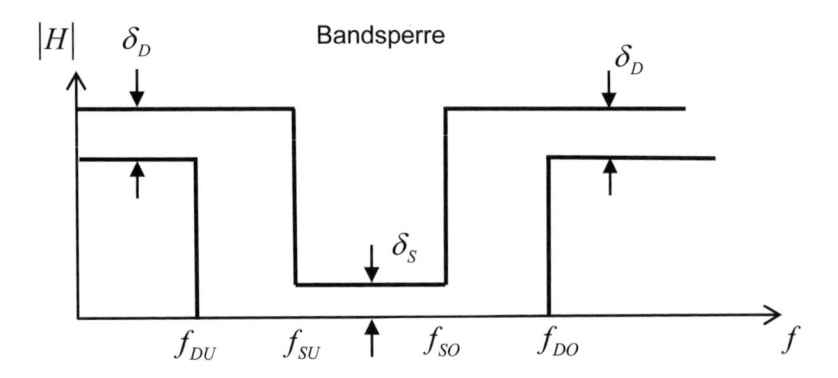

Bild 7.18 Toleranzschema einer Bandsperre

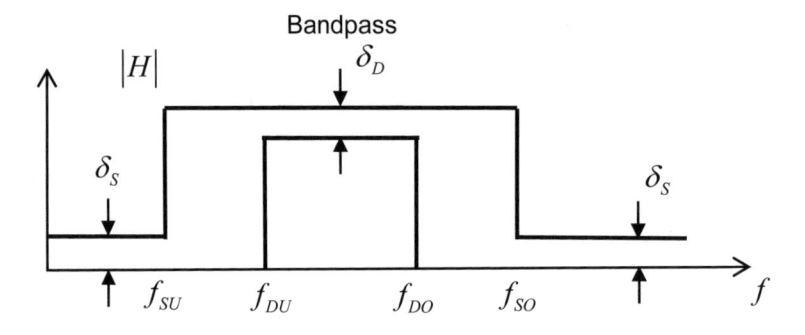

Bild 7.19 Toleranzschema eines Bandpasses

Die Realisierung von Bandsperren und Bandpässen lässt sich aus den Grundsystemen Tief- und Hochpassfilter realisieren. Vereinfacht können Bandsperren und Bandpässe aus einer Reihenschaltung von Hoch- und Tiefpassfilter angesehen werden.

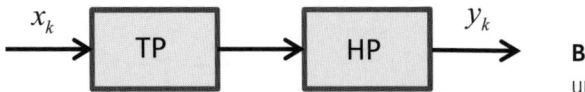

Bild 7.20 Realisierung von Bandpässen und Bandsperren

Die Koeffizienten lassen sich dann mit Hilfe der bilinearen Transformation ermitteln. Die Tabelle 7.5 zeigt die Berechnung der Filterkoeffizienten. Die Grundstruktur der Differenzengleichung bleibt erhalten.

Tabelle 7.5 Koeffizienten für digitale Bandpässe und Bandsperren mit Butterworth-Charakteristik

Ord. n	Bandpass	Bandsperre
1	$a_0 = \dfrac{1}{1+Q}$ $\quad a_1 = 0$ $\quad a_2 = -a_0$ $b_1 = \dfrac{2P \cdot Q}{1+Q} \quad b_2 = \dfrac{1-Q}{1+Q}$	$a_0 = \dfrac{Q}{1+Q}$ $\quad a_1 = \dfrac{2P \cdot Q}{1+Q}$ $\quad a_2 = a_0$
2	$a_0 = \dfrac{1}{1+\sqrt{2} \cdot Q + Q^2}$ $a_1 = 0; \quad a_2 = -2a_0$ $a_3 = 0; \quad a_4 = a_0$ $b_1 = 2P \cdot Q \dfrac{\sqrt{2} + 2Q}{1+\sqrt{2} \cdot Q + Q^2};$ $b_3 = -2P \cdot Q \dfrac{\sqrt{2} - 2Q}{1+\sqrt{2} \cdot Q + Q^2}; \quad b_4 = -\dfrac{1-\sqrt{2}Q + Q^2}{1+\sqrt{2} \cdot Q + Q^2};$	$a_0 = \dfrac{Q^2}{1+\sqrt{2} \cdot Q + Q^2}; \quad a_1 = \dfrac{4P \cdot Q^2}{1+\sqrt{2} \cdot Q + Q^2};$ $a_2 = \dfrac{(1+2P^2) \cdot Q^2}{1+\sqrt{2} \cdot Q + Q^2}; \quad a_3 = a_1;$ $a_4 = a_0$ $b_2 = 2\dfrac{1-(1+2P^2)+Q^2}{1+\sqrt{2} \cdot Q + Q^2}$

mit

$$P = \dfrac{\cos\left(\pi \dfrac{f_o + f_u}{f_a}\right)}{\cos\left(\pi \dfrac{f_o - f_u}{f_a}\right)}; \quad Q = \dfrac{1}{\tan\left(\pi \dfrac{f_o - f_u}{f_a}\right)}$$

f_u = untere Grenzfrequenz
f_o = obere Grenzfrequenz

■ 7.7 Filter höherer Ordnung

Filter höherer Ordnung lassen sich durch Hintereinanderschalten (Kaskadierung) von Filtern erster Ordnung und zweiter Ordnung realisieren. Filter erster Ordnung können als Sonderfälle von Filtern zweiter Ordnung betrachtet werden.

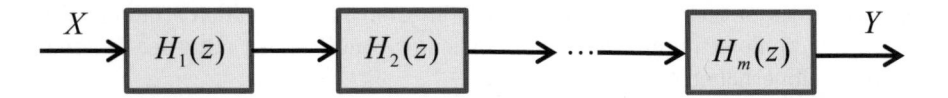

Bild 7.21 Kaskadierung von Filtern

Die Anordnung der Filterelemente unterscheidet sich nur durch die gerade oder ungerade Filterordnung. Für ein ungerades analoges Bezugsfilter ist das erste Teilfilter erster Ordnung, die folgenden Teilfilter sind zweiter Ordnung:

$$H(p) = \frac{1}{1+\alpha_1 \cdot \Omega} \cdot \frac{1}{1+\alpha_2 \cdot \Omega + \Omega^2} \cdot \frac{1}{1+\alpha_3 \cdot \Omega + \Omega^2} \cdots \quad (7.20)$$

Für eine gerade Filterordnung besteht das Gesamtfilter nur aus Teilfiltern zweiter Ordnung:

$$H(p) = \frac{1}{1+\alpha_1 \cdot \Omega + \Omega^2} \cdot \frac{1}{1+\alpha_2 \cdot \Omega + \Omega^2} \cdot \frac{1}{1+\alpha_3 \cdot \Omega + \Omega^2} \cdots \quad (7.21)$$

Für den Entwurf von Filtern mit höherer Ordnung sind die Koeffizienten α_i zu berechnen. Bis zur sechsten Ordnung sind diese bereits in der Tabelle 7.2 berechnet worden.

Gesamtfilter mit ungerader Ordnung n
1. Teilfilter (erster Ordnung)

$$\alpha_1 = 1 \quad (7.22)$$

Weitere Teilfilter (zweiter Ordnung)

$$\alpha_i = 2 \cdot \cos\left((i-1) \cdot \frac{\pi}{n}\right) \qquad \text{mit } i = 2, 3, \ldots, \frac{n+1}{2} \quad (7.23)$$

Gesamtfilter mit gerader Ordnung n
Teilfilter (zweiter Ordnung)

$$\alpha_i = 2 \cdot \cos\left((2 \cdot i - 1) \cdot \frac{\pi}{2 \cdot n}\right) \qquad \text{mit } i = 1, 2, 3, \ldots, \frac{n}{2} \quad (7.24)$$

Mit den α_i-Koeffizienten der Teilübertragungsfunktion $H_i(p)$ werden anschließend die Koeffizienten a_{ik} und b_{ik} der Teilübertragungsfunktion $H_i(z)$ des digitalen Filters in Tabelle 7.5 bestimmt.

Digitales Filter höherer Ordnung

Tabelle 7.6 1. Teilfilter (erster Ordnung)

Tiefpass	Hochpass
$a_{10} = \dfrac{1}{1+\alpha_1 \cdot w} = \dfrac{1}{1+w}$	$a_{10} = \dfrac{\alpha_1 \cdot w}{1+\alpha_1 \cdot w} = \dfrac{w}{1+w}$
$a_{11} = a_{10}$	$a_{11} = -a_{10}$
$b_{11} = -\dfrac{1-\alpha_1 \cdot w}{1+\alpha_1 \cdot w} = -\dfrac{1-w}{1+w}$	

mit $\quad w = \dfrac{1}{\tan(\pi \cdot \dfrac{f_c}{f_a})}$

Tabelle 7.7 i-tes Teilfilter (zweiter Ordnung)

Tiefpass	Hochpass
$a_{i0} = \dfrac{1}{1+\alpha_i \cdot w + w^2}$	$a_{i0} = \dfrac{w^2}{1+\alpha_i \cdot w + w^2}$
$a_{i1} = 2 \cdot a_{i0}$	$a_{i1} = -2 \cdot a_{i0}$
$a_{i2} = a_{i0}$	$a_{i2} = a_{i0}$
$b_{i1} = -2 \cdot \dfrac{1-w^2}{1+\alpha_i \cdot w + w^2}$	
$b_{i2} = -\dfrac{1-\alpha_i \cdot w + w^2}{1+\alpha_i \cdot w + w^2}$	

mit $\quad w = \dfrac{1}{\tan(\pi \cdot \dfrac{f_c}{f_a})}$

Beispiel 7.6:

Ein digitales TP-Filter mit Butterworth-Charakteristik ist für folgende Filterdaten zu entwerfen:

$$n = 7; \quad f_c = 400\,\text{Hz}; \quad f_a = 10\,\text{kHz}$$

Es sollen die Filterkoeffizienten für das erste und letzte Teilfilter ermittelt werden.

Lösung zu Beispiel 7.6:

1. Schritt: Koeffizienten des 1. Teilfilters (analog) berechnen

Die Ordnungsanzahl ist ungerade, sodass das erste Filter die Ordnung eins hat.

$\alpha_1 = 1$

2. Schritt: Koeffizienten des 1. Teilfilters (digital) berechnen

$$w = \frac{1}{\tan\left(\pi \cdot \frac{f_c}{f_a}\right)} = \frac{1}{\tan\left(\pi \cdot \frac{400\,Hz}{10\,kHz}\right)} = 7{,}9158$$

$$a_{10} = \frac{1}{1+w} = \frac{1}{1+7{,}9158} = 0{,}1122$$

$a_{11} = a_{10} = 0{,}1122$

$$b_{11} = -\frac{1-w}{1+w} = -\frac{1-7{,}9158}{1+7{,}9158} = 0{,}776$$

3. Schritt: Koeffizienten des 4. Teilfilters (analog) berechnen

$$i = \frac{n+1}{2} = \frac{7+1}{2} = 4$$

$$\alpha_4 = 2 \cdot \cos\left((i-1) \cdot \frac{\pi}{n}\right) = 2 \cdot \cos\left((4-1) \cdot \frac{\pi}{7}\right) = 0{,}445$$

4. Schritt: Koeffizienten des 4. Teilfilters (digital) berechnen

$$a_{40} = \frac{1}{1+\alpha_4 \cdot w + w^2} = 0{,}01488$$

$a_{41} = 2 \cdot a_{40} = 0{,}02976$

$a_{42} = a_{40} = 0{,}01488$

$$b_{41} = -2 \cdot \frac{1-w^2}{1+\alpha_4 \cdot w + w^2} = 1{,}836$$

$$b_{42} = -\frac{1-\alpha_4 \cdot w + w^2}{1+\alpha_4 \cdot w + w^2} = -0{,}895$$

Zu dem Beispiel 7.6 soll der Filterentwurf mit LabVIEW gezeigt werden. Die Vorgehensweise ist sehr einfach, allerdings muss bei der Angabe der Parameter auf eine Besonderheit geachtet werden. Für das Beispiel 7.6 sieht die Differenzengleichung folgendermaßen aus:

$$y_{z1(k)}(z) = a_{10} \cdot x_k + a_{11} \cdot x_{k-1} + b_{11} \cdot y_{z1(k-1)}$$
$$y_{z2(k)}(z) = a_{20} \cdot y_{z1(k)} + a_{21} \cdot y_{z1(k-1)} + a_{22} \cdot y_{z1(k-2)}$$
$$+ b_{21} \cdot y_{z2(k-1)} + b_{22} \cdot y_{z2(k-2)}$$
$$y_{z3(k)}(z) = a_{30} \cdot y_{z2(k)} + a_{31} \cdot y_{z2(k-1)} + a_{32} \cdot y_{z2(k-2)}$$
$$+ b_{31} \cdot y_{z3(k-1)} + b_{32} \cdot y_{z3(k-2)}$$
$$y_{z4(k)}(z) = a_{40} \cdot y_{z3(k)} + a_{41} \cdot y_{z3(k-1)} + a_{42} \cdot y_{z3(k-2)}$$
$$+ b_{41} \cdot y_{z4(k-1)} + b_{42} \cdot y_{z4(k-2)}$$

und die dazugehörige Übertragungsfunktion lautet:

$$H(z) = \frac{a_{10} + a_{11} \cdot z^{-1}}{1 - b_{11} \cdot z^{-1}} \cdot \frac{a_{20} + a_{21} \cdot z^{-1} + a_{22} \cdot z^{-2}}{1 - b_{21} \cdot z^{-1} - b_{22} \cdot z^{-2}} \cdot \frac{a_{30} + a_{31} \cdot z^{-1} + a_{32} \cdot z^{-2}}{1 - b_{31} \cdot z^{-1} - b_{32} \cdot z^{-2}} \cdot \frac{a_{40} + a_{41} \cdot z^{-1} + a_{42} \cdot z^{-2}}{1 - b_{41} \cdot z^{-1} - b_{42} \cdot z^{-2}} \quad (7.25)$$

Die Differenzengleichungen sind kaskadiert, d. h. die Ausgangsfolge der ersten Differenzengleichung ist die Eingangsfolge der nächsten Differenzengleichung usw.

Das Nennerpolynom der Übertragungsfunktion $H(z)$ kann als Differenz $(1 - b_1 \cdot z^{-1} - b_2 \cdot z^{-2})$ oder als Summe $(1 + b_1 \cdot z^{-1} + b_2 \cdot z^{-2})$ geschrieben werden. Die Koeffizienten unterscheiden sich durch das Vorzeichen (7.26).

$$H(z) = \frac{a_{10} + a_{11} \cdot z^{-1}}{1 + b_{11} \cdot z^{-1}} \cdot \frac{a_{20} + a_{21} \cdot z^{-1} + a_{22} \cdot z^{-2}}{1 + b_{21} \cdot z^{-1} + b_{22} \cdot z^{-2}} \cdot \frac{a_{30} + a_{31} \cdot z^{-1} + a_{32} \cdot z^{-2}}{1 + b_{31} \cdot z^{-1} + b_{32} \cdot z^{-2}} \cdot \frac{a_{40} + a_{41} \cdot z^{-1} + a_{42} \cdot z^{-2}}{1 + b_{41} \cdot z^{-1} + b_{42} \cdot z^{-2}} \quad (7.26)$$

Die b_{jk}-Koeffizienten werden von LabVIEW für die Übertragungsfunktion (Summenschreibweise) berechnet. Die Konsequenz ist, dass alle b_{jk}-Koeffizienten negativ in der Differenzengleichung angegeben werden müssen.

Beispiel 7.7: Parameterbestimmung mit LabVIEW

Mit den Werten aus Beispiel 7.6 sollen die Koeffizienten für das digitale Filter entworfen werden.

7 Digitale Filter

Lösung Beispiel 7.7:

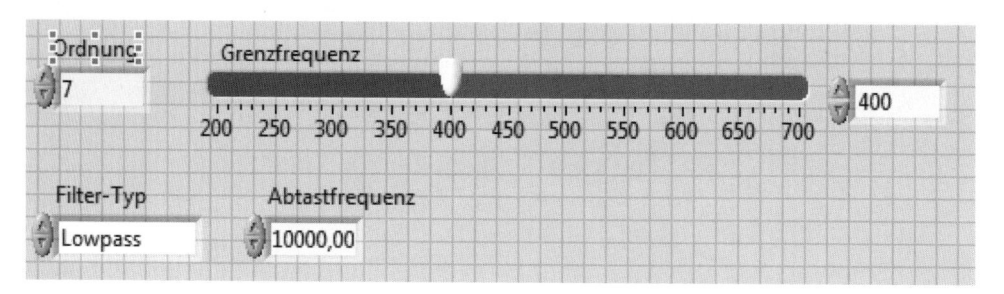

Bild 7.22 Vorgabe: Grenzfrequenz, Ordnung und Abtastfrequenz

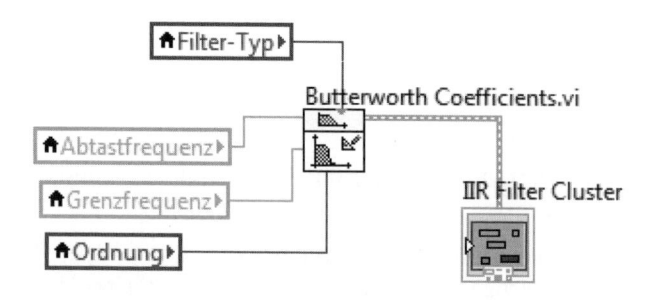

Bild 7.23 Blockdiagramm Filterentwurf mit LabVIEW

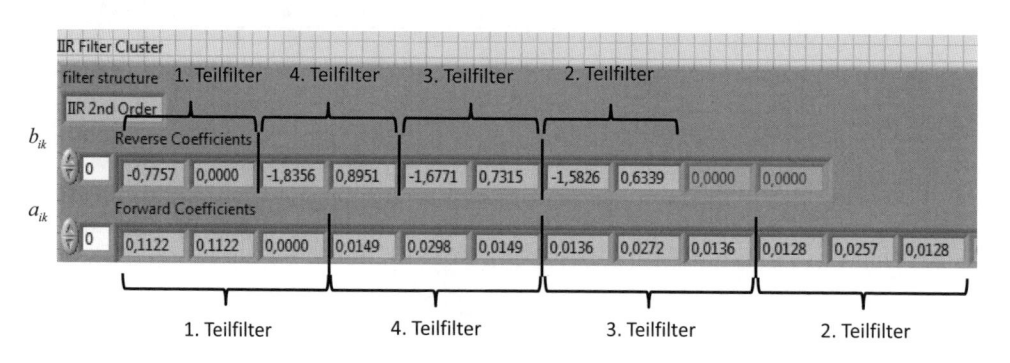

Bild 7.24 Koeffizienten des digitalen Filters siebter Ordnung (Butterworth)

Amplitudengang

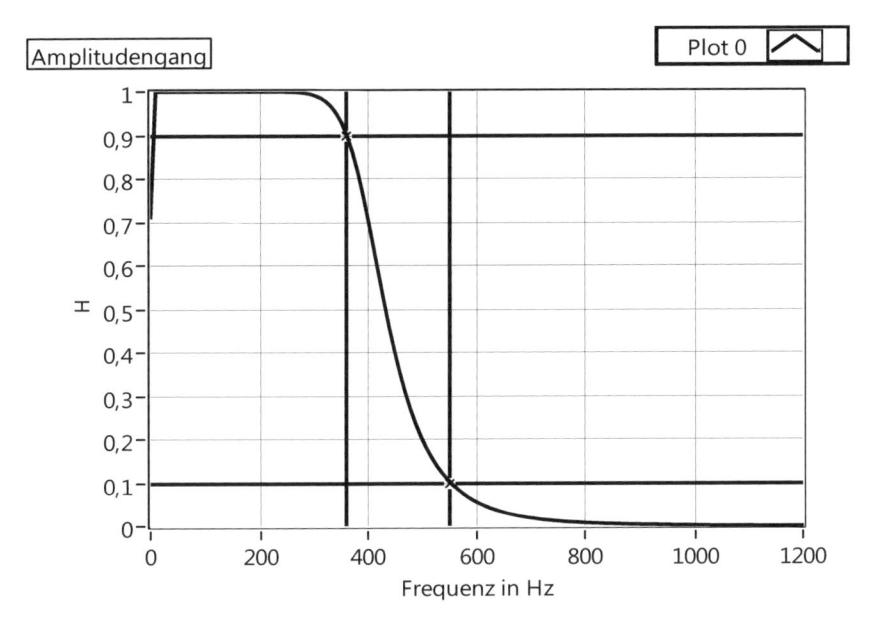

Plot 0

Bild 7.25 Amplitudengang digitales Filter siebter Ordnung

■ 7.8 Entwurfsverfahren für FIR-Filter

FIR-Filter bestehen wie die IIR-Filter aus Multiplizieren und Addieren mit dem entscheidenden Unterschied, dass alle Rückführungskoeffizienten b_{ki} = 0 sind. Daher werden diese Filter als nichtrekursive Filter, Transversalfilter oder bezogen auf die Impulsantwort auch als Finite-Impulse-Response-Filter bezeichnet; das bedeutet, dass die Impulsantwort endlich ist. Nichtrekursive Filter sind im Unterschied zu rekursiven Filtern immer stabil und haben einen linearen Phasengang, wenn bestimmte Symmetrieeigenschaften eingehalten werden.

Die Ordnung N eines nichtrekursiven Filters kann gerade oder ungerade sein. Es ist aber zu beachten, dass ein Filter mit einer geraden Ordnung N eine ungerade Anzahl und Filter mit einer ungeraden Ordnung eine gerade Anzahl von Filterkoeffizienten braucht.

$$y_k = a_0 \cdot x_k + a_1 \cdot x_{k-1} + a_2 \cdot x_{k-2} + \cdots + a_N \cdot x_{k-N} \tag{7.27}$$

Zusätzlich zu der geraden oder ungeraden Ordnung können noch die Fälle symmetrisch und antisymmetrisch unterschieden werden.

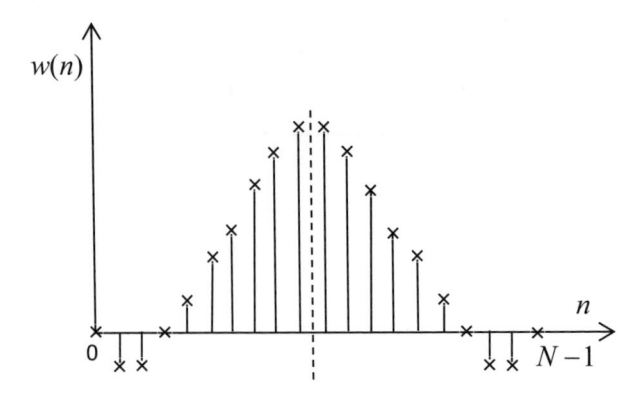

Bild 7.26 Gerade Anzahl Koeffizienten, N ungerade, symmetrisch

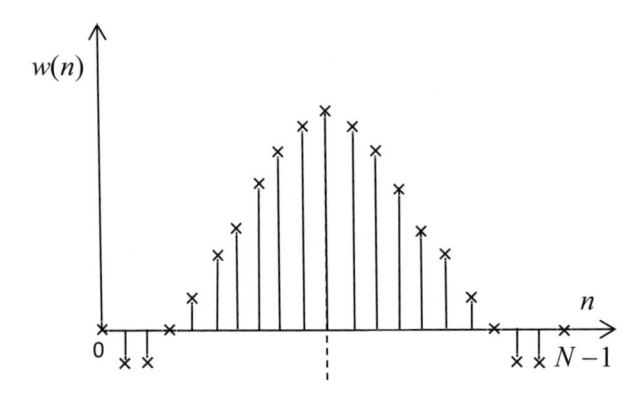

Bild 7.27 Ungerade Anzahl Koeffizienten, N gerade, symmetrisch

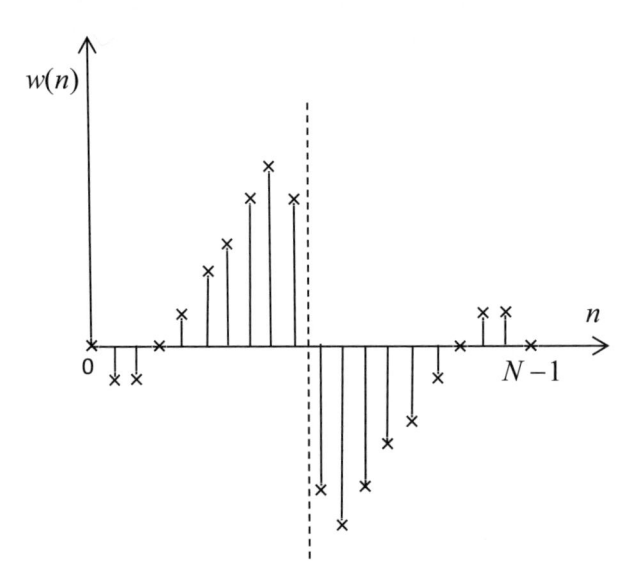

Bild 7.28 Gerade Anzahl Koeffizienten, N ungerade, antisymmetrisch

7.8 Entwurfsverfahren für FIR-Filter

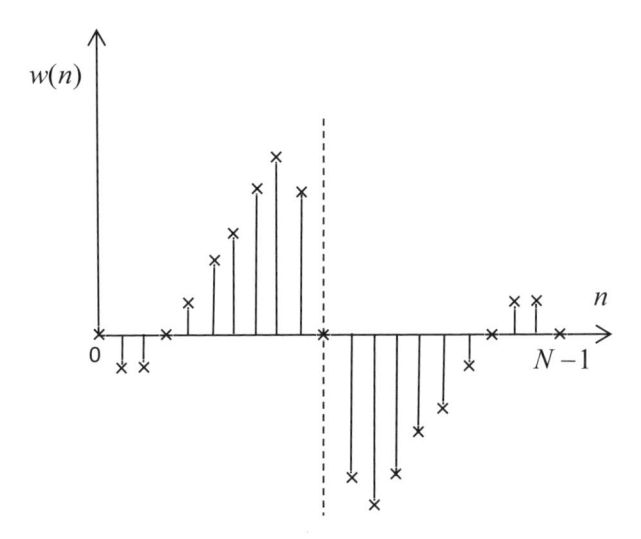

Bild 7.29 Ungerade Anzahl Koeffizienten, N gerade, antisymmetrisch

Werden diese Konstellationen eingehalten, ist der Phasengang linear. Der Phasenverlauf ist entweder:

$$\varphi(f) = -2\pi \frac{N-1}{2} f \quad \text{bzw.} \quad \varphi(f) = -2\pi \frac{N-1}{2} f + \frac{\pi}{2}$$

Der Phasengang läuft stetig bis π und wechselt dann das Vorzeichen.

Aus dem Verlauf der Koeffizienten lassen sich bestimmte Filtertypen entwickeln. Diese können sehr gut aus zwei Frequenzwerten abgeschätzt werden.

Beispiel 7.7:

Ein FIR-Filtertyp mit der Ordnung N = 4 soll hinsichtlich seines Filtertyps abgeschätzt werden.

Lösung Beispiel 7.7:

Die Übertragungsfunktion für ein FIR-Filter mit der Ordnung N = 4 lautet:

$$H(z) = a_0 + a_1 \cdot z^{-1} + a_2 \cdot z^{-2} + a_3 \cdot z^{-3} + a_4 \cdot z^{-4} \tag{7.28}$$

Bei einer Frequenz $\omega = 0$ werden die z-Potenzen wegen $e^{-j\omega T_a}$ alle eins. Dies bedeutet, dass der Verstärkungsfaktor der Übertragungsfunktion bei einer Gleichspannung durch die Summe der Koeffizienten bestimmt wird. Wird weiterhin angenommen, dass die Filterkoeffizienten symmetrisch sind (Bild 7.27), dann ergeben sich folgende Konstellationen für die Koeffizienten:

$a_0 = a_4$
$a_1 = a_3$
$a_2 \neq 0$

Die Summe der Koeffizienten ist damit ungleich null. Wird eine Verstärkung von eins gewünscht, müssen die Koeffizienten entsprechend gewählt werden.

Bei einem antisymmetrischen Verlauf der Koeffizienten (Bild 7.29) ergibt sich eine andere Konstellation:

$$a_0 = -a_4 = 0$$
$$a_1 = -a_3 = 0$$
$$a_2 = 0$$

Die Summe der Koeffizienten ist damit gleich null. Ein Tiefpassfilter kann somit für ein antisymmetrisches FIR-Filter mit einer geraden Ordnung ausgeschlossen werden.

Ähnliche Überlegungen können auch für die zweite Frequenz angestellt werden. Hier werden die Überlegungen sinnvollerweise mit der halben Abtastfrequenz durchgeführt. Die Gleichung (7.28) ergibt mit der halben Abtastfrequenz wegen der Beziehung (7.29)

$$e^{-jk\omega T_a} = e^{-jk\frac{\omega}{f_a}} = e^{-jk\frac{2\pi f_a/2}{f_a}} = e^{-jk\pi} = (-1)^k \qquad (7.29)$$

die Konstellation, dass alle ungeraden Koeffizienten mit minus eins multipliziert werden. Werden die Koeffizienten wieder addiert, ergibt sich der Verstärkungsfaktor bei der halben Abtastfrequenz.

Für den Fall, dass die ungeraden Koeffizienten symmetrisch verlaufen und die Ordnung N = 4 ist, ergibt sich jetzt:

$$H(\frac{f_a}{2}) = a_0 + a_1 \cdot (-1) + a_2 + a_3 \cdot (-1) + a_4 \qquad (7.30)$$

Mit einer bestimmten Wahl der Koeffizienten wäre es möglich, die Gleichung (7.30) null werden zu lassen, was gleichbedeutend wäre mit der Tatsache, dass es dann kein Hochpassfilter sein kann.

Bei einem antisymmetrischen Verlauf der Koeffizienten ist wegen:

$$a_0 = -a_4$$
$$a_1 \cdot (-1) = -a_3 \cdot (-1)$$
$$a_2 = 0$$

eine entsprechende Aussage wie bei $f = 0$ zu machen, mit diesem Filtertyp ist auch ein Hochpassfilter nicht möglich. Damit ist dieser Typ für Bandpässe geeignet.

- gerade Anzahl der Koeffizienten, N = ungerade, symmetrisch, eignen sich für Tiefpassfilter, aber nicht für Hochpassfilter, $H(f = 0) \neq 0, H(f = \frac{f_a}{2}) = 0$, (Bild 7.26)
- ungerade Anzahl der Koeffizienten, N = gerade, symmetrisch, eignen sich für alle Filter, $H(f = 0) = \text{beliebig}, H(f = \frac{f_a}{2}) = \text{beliebig}$, (Bild 7.27)

- gerade Anzahl der Koeffizienten, N = ungerade, antisymmetrisch, eignen sich für Hochpassfilter, $H(f=0)=0, H(f=\frac{f_a}{2}) \neq 0$, (Bild 7.28)
- ungerade Anzahl der Koeffizienten, N = gerade, antisymmetrisch, eignen sich für Bandpassfilter, aber nicht für Tiefpass- oder Hochpassfilter, $H(f=0)=0, H(f=\frac{f_a}{2})=0$, (Bild 7.29)

> - FIR-Filter sind immer stabil.
> - Bei symmetrischem oder antisymmetrischem Verlauf der Koeffizienten des FIR-Filters ist der Phasengang linear.
> - Die Gleichspannungsverstärkung eines FIR-Filters ist gleich der Summe aller Koeffizienten.
> - Die Verstärkung eines FIR-Filters ist bei der halben Abtastfrequenz gleich der Summe der im Wechsel mit +1 und −1 gewichteten Koeffizienten.

7.9 FIR-Filterentwurf mit einem Approximationsverfahren

Für diese Entwurfsmethode wird ein ideales Filter mit linearem Frequenzgang angenommen. Dieses Filter ist ein Wunschfilter, das in der Praxis nicht zu realisieren ist. Unter Einsatz einer Fensterfunktion wird versucht, eine Approximation durchzuführen, um diesem idealen Filter möglichst nahezukommen.

Mathematisch lässt sich das ideale Tiefpassfilter wie folgt beschreiben:

$$H(f) = \begin{cases} e^{j2\pi\tau f} & \text{für} \quad -f_g \leq f \leq f_g \\ 0 & \text{sonst} \end{cases} \quad (7.31)$$

mit τ = Gruppenlaufzeit

Wie bereits gezeigt wurde, besteht zwischen dem Zeit- und Frequenzbereich eine Korrespondenz, die durch die Fourier-Transformation beschrieben wird. Um einen Frequenzgang, wie in Gleichung (7.31) beschrieben und in Bild 7.30 Idealer Tiefpass (Wunschfilter), Amplituden- und Phasengang gezeigt, in den Zeitbereich zu transformieren, wird die inverse Fourier-Transformation benötigt.

Das begrenzte Spektrum (Bild 7.30) des idealen Tiefpasses ergibt mit der inversen Fourier-Transformation eine unendlich lange Impulsantwort. Die Impulsantwort des idealen Rechteckfilters entspricht einer sogenannten si-Funktion.

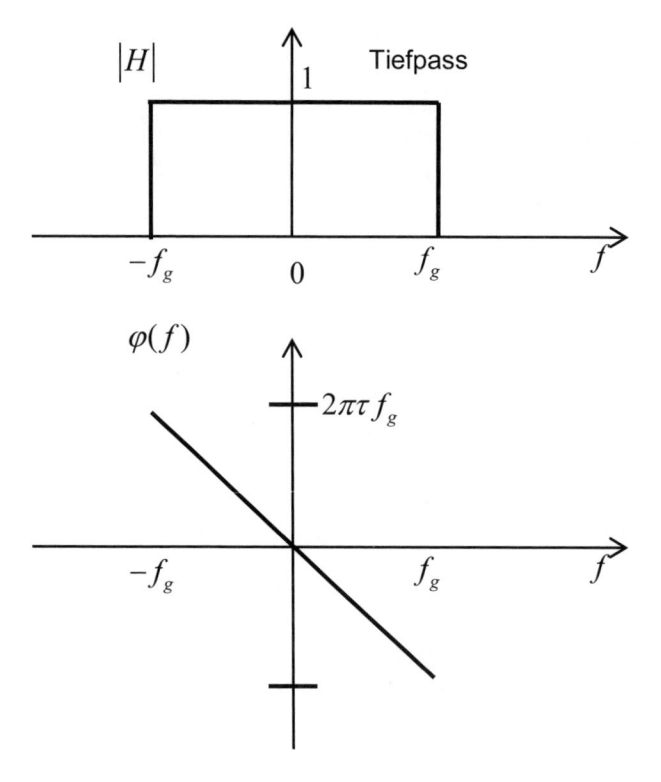

Bild 7.30 Idealer Tiefpass (Wunschfilter), Amplituden- und Phasengang

Die abgetastete Impulsantwort ist mathematisch gleichzusetzen mit der Impulsfolge des idealen Tiefpassfilters und entspricht den Koeffizienten des Filters (7.32).

$$H(n) = \frac{\sin(2\pi f_g (n-\tau))}{\pi(n-\tau)}; \quad -\infty < n < \infty$$

mit

$$\tau = \frac{N-1}{2} \tag{7.32}$$

Beispiel 7.8:

Die Gleichung (7.32) soll als Folge für ein ideales Tiefpassfilter mit LabVIEW programmiert werden. Die Folge soll begrenzt für $N = 16$ berechnet werden, d.h. die unendliche Folge wird abgebrochen. Als τ berechnet sich mit (7.32) der Wert 7,5. Die Folge ist damit symmetrisch. Die Grenzfrequenz soll $f_g = 0{,}2$ Hz betragen.

7.9 FIR-Filterentwurf mit einem Approximationsverfahren

Lösung zu Beispiel 7.8:

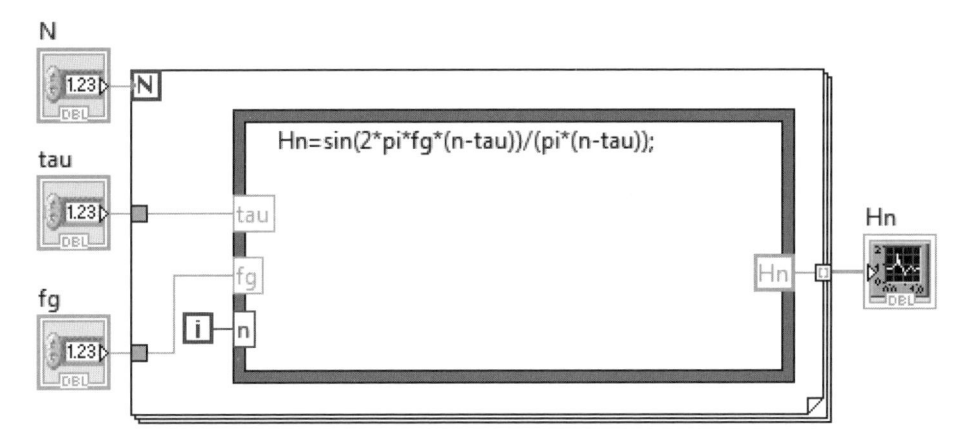

Bild 7.31 Programm zur Berechnung der si-Funktion

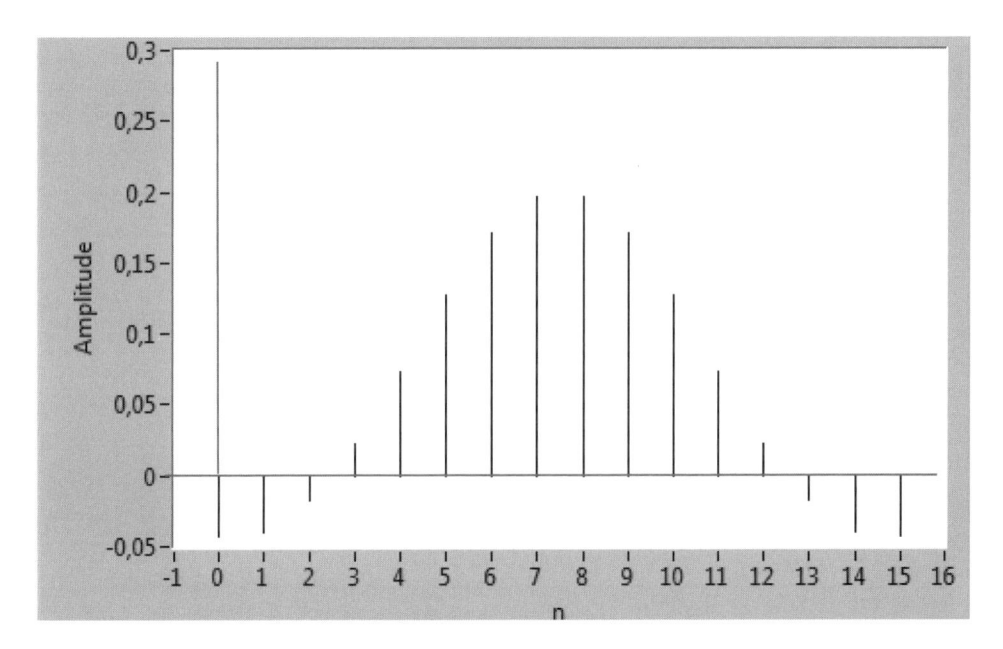

Bild 7.32 Abgeschnittene Folge eines idealen Tiefpassfilters

Trotz der Begrenzung der Folge, ist der si-Funktionsverlauf gut zu erkennen. An diesem Beispiel wird die Problematik sehr deutlich. Ein ideales Tiefpassfilter fordert eine unendliche Anzahl von Koeffizienten des Filters. Diese Koeffizienten ergeben mit einem Eingangsimpuls eine unendliche Impulsantwort dieses Filters. Ein FIR-Filter zeichnet sich aber durch eine endliche Impulsantwort aus. Die Impulsfolge muss endlich sein, d.h. die Anzahl der Koeffizienten muss endlich sein. Dies ist durch die Begrenzung auf eine endliche Anzahl geschehen. In dem Beispiel 7.8 auf genau 16 Koeffizienten.

7 Digitale Filter

> Wird ein FIR-Filter mit einem Impuls angeregt, antwortet das Filter mit einer endlichen Impulsantwort als Folge, die den Werten der Koeffizienten entspricht.

Die Begrenzung der Folge des idealen Tiefpassfilters kann mathematisch als Multiplikation mit einer Fensterfunktion im Zeitbereich $w_F(n)$ verstanden werden.

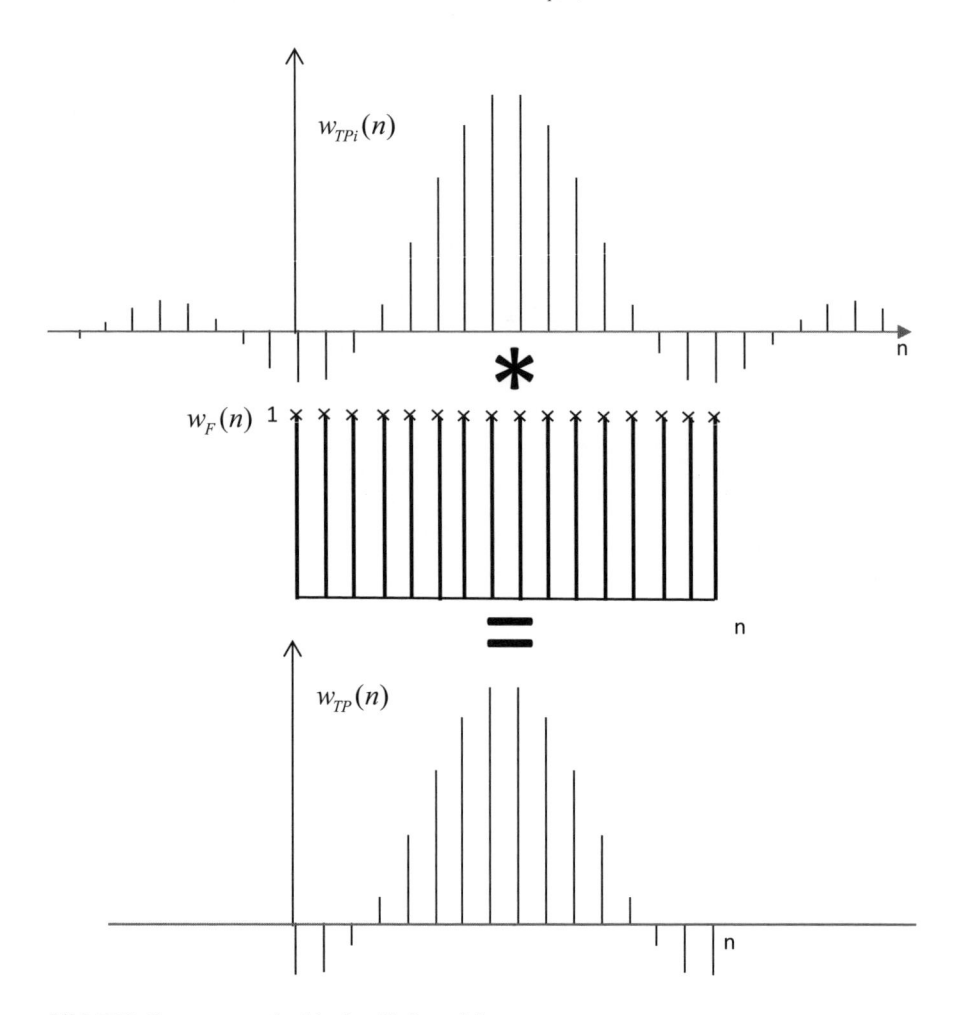

Bild 7.33 Begrenzung der idealen Tiefpassfolge

Eine Multiplikation im Zeitbereich hat wiederum eine Auswirkung im Frequenzbereich. Um dies zu untersuchen, muss zuerst der Frequenzgang der Fensterfunktion ermittelt werden. Eine Rechteck-Fensterfunktion im Zeitbereich ergibt eine si-Funktion als Spektrum. Die Dualität zwischen Rechteckfunktion und si-Funktion gilt in beide Transformationsrichtungen zwischen Zeit- und Frequenzbereich. Umgekehrt entsteht durch eine Transformation eines idealen Tiefpasses eine si-Funktion im Zeitbereich.

Amplitudengang

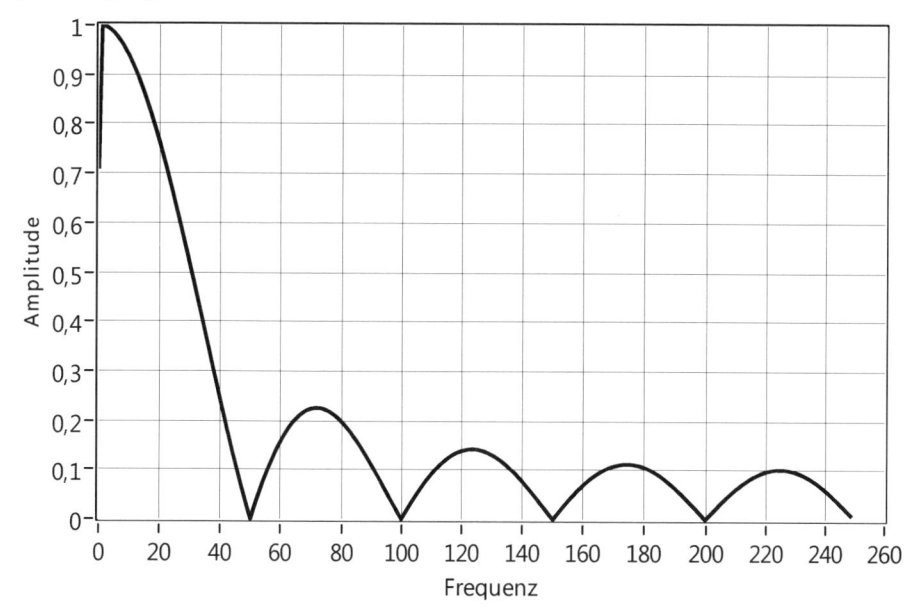

Bild 7.34 Amplitudengang der Rechteck-Fensterfunktion

Eine Multiplikation im Zeitbereich entspricht einer sogenannten Faltung im Frequenzbereich, d. h. die Spektren werden ineinander verschoben, miteinander multipliziert und aufsummiert.

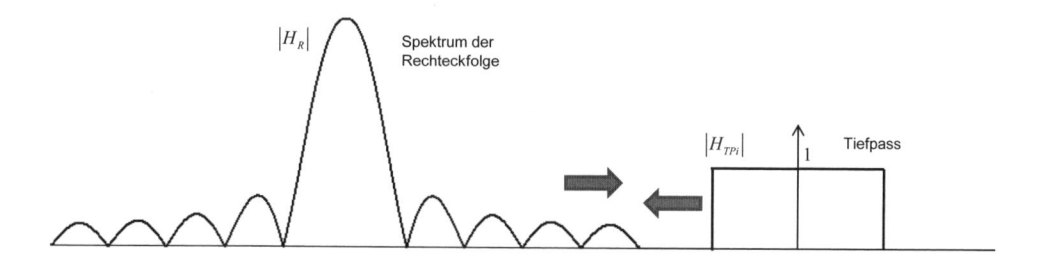

Bild 7.35 Faltung der Spektren

Das dabei das ursprüngliche Spektrum des idealen Tiefpasses nicht erhalten bleibt, ist vorstellbar. Das Spektrum wird gewellt werden durch das si-Spektrum der Rechteck-Fensterfunktion.

> Eine Multiplikation im Zeitbereich entspricht einer Faltung im Frequenzbereich und umgekehrt.

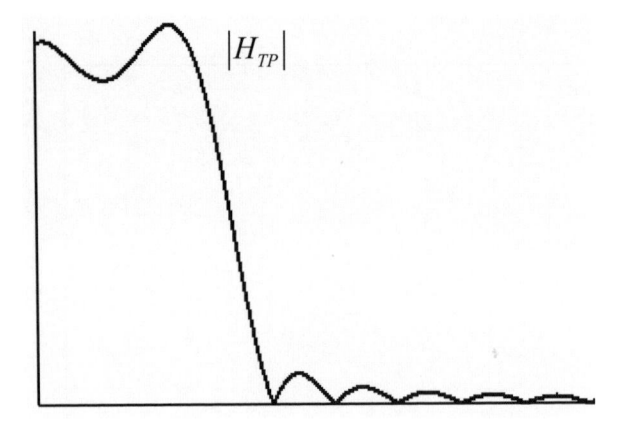

Bild 7.36 Amplitudengang des Tiefpasses mit endlicher Impulsantwort

Der entstehende Amplitudengang wird in den sogenannten Hauptschwinger (main lobe) und den sogenannten Nebenschwingern (side lobes) unterschieden. Der Hauptschwinger bildet den Durchlassbereich und die Nebenschwinger den Sperrbereich. Die Welligkeit im Durchlassbereich nimmt zum Übergang in den Sperrbereich zu. Dieses Verhalten wird als Gibbsches Phänomen bezeichnet. Die Ursache ist durch die Begrenzung der Tiefpassfilter-Impulsantwort gegeben. Die Ränder $n = 0$ und $n = N_k - 1$ weisen einen von null verschiedenen Wert auf.

Es sind verschiedene Ansätze bekannt, um den Amplitudengang in Bild 7.36 hinsichtlich des Durchlass- und Sperrbereichs zu verbessern. Die Methoden werden in der Regel nach dem jeweiligen Erfinder benannt, unter anderem gibt es folgende Fensterfunktionen:

- Hanning-Fensterfunktion
- Hamming-Fensterfunktion
- Blackman-Fensterfunktion
- Kaiser-Fensterfunktion
- Flat-Top-Fensterfunktion

Alle diese Fensterfunktionen zeichnen sich durch unterschiedliche Verhaltensweisen im Durchlass- und Sperrbereich aus. In der Tabelle 7.8 sind einige Fensterfunktionen aufgeführt.

Tabelle 7.8 Fensterfunktionen

Fensterfunktion	Funktion
Hanning	$w(n) = 0{,}5 - 0{,}5 \cdot \cos\left(\dfrac{2\pi n}{N_k - 1}\right)$
Hamming	$w(n) = 0{,}54 - 0{,}46 \cdot \cos\left(\dfrac{2\pi n}{N_k - 1}\right)$
Blackman	$w(n) = 0{,}42 - 0{,}5 \cdot \cos\left(\dfrac{2\pi n}{N_k - 1}\right) + 0{,}08 \cdot \cos\left(\dfrac{4\pi n}{N_k - 1}\right)$
Kaiser-Bessel	$w(n) = 0{,}4021 - 0{,}4986 \cdot \cos\left(\dfrac{2\pi n}{N_k - 1}\right) + 0{,}0981 \cdot \cos\left(\dfrac{4\pi n}{N_k - 1}\right) -$ $-0{,}0012 \cdot \cos\left(\dfrac{6\pi n}{N_k - 1}\right)$
Flat-Top	$w(n) = 0{,}2155 - 0{,}4159 \cdot \cos\left(\dfrac{2\pi n}{N_k - 1}\right) + 0{,}278 \cdot \cos\left(\dfrac{4\pi n}{N_k - 1}\right) -$ $-0{,}0836 \cdot \cos\left(\dfrac{6\pi n}{N_k - 1}\right) + 0{,}007 \cdot \cos\left(\dfrac{8\pi n}{N_k - 1}\right)$

Beispiel 7.9:

Stellen Sie den Amplitudengang eines Tiefpassfilters mit einer Hanning-Fensterfunktion-Approximation dar. Die Grenzfrequenz soll f_g = 0,2 Hz betragen. Die Anzahl der Koeffizienten des Filters soll N_k = 16 sein.

Lösung zu Beispiel 7.9:

1. Schritt: Wahl der Hanning-Folge aus Tabelle 7.8

$$w_{Hn}(n) = \begin{cases} 0{,}5 - 0{,}5 \cdot \cos\left(\dfrac{2\pi n}{N_k - 1}\right) & \text{für } 0 \leq n \leq N_k - 1 \\ 0 & \text{sonst} \end{cases} \qquad (7.33)$$

2. Schritt: Multiplikation der TP-Folge mit der Hanning-Fensterfunktion

$$w_{TPHn}(n) = \frac{\sin(2\pi f_g (n - \tau) \cdot T_a)}{\pi (n - \tau)} \cdot \left(0{,}5 - 0{,}5 \cdot \cos\left(\frac{2\pi n}{N_k - 1}\right)\right) \qquad (7.34)$$

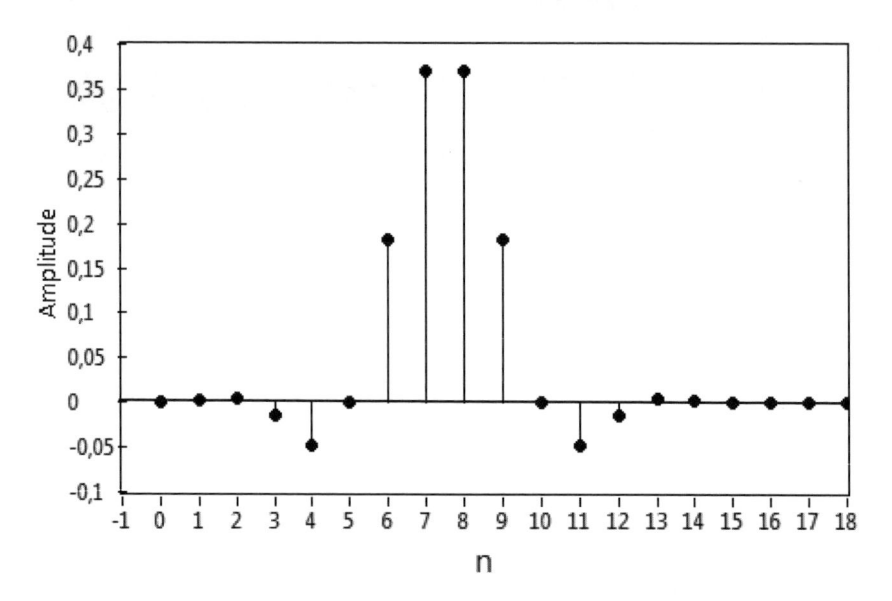

Bild 7.37 Koeffizienten nach der Gleichung (7.34) mit $N = 16$ und $\tau = 7{,}5$

3. Schritt: Berechnung des Amplitudengangs

Die Berechnung des Amplitudengangs über die Übertragungsfunktion

$$H(z)_{TPHn} = a_0 + a_1 \cdot z^{-1} + a_2 \cdot z^{-2} + \cdots + a_{N-1} \cdot z^{-(N-1)}$$

wäre möglich, aber sehr mühsam, stattdessen wird die Fourier-Transformation von LabVIEW genutzt. Das Fenster wird wegen einer guten Frequenzauflösung auf $N_g = 500$ vergrößert.

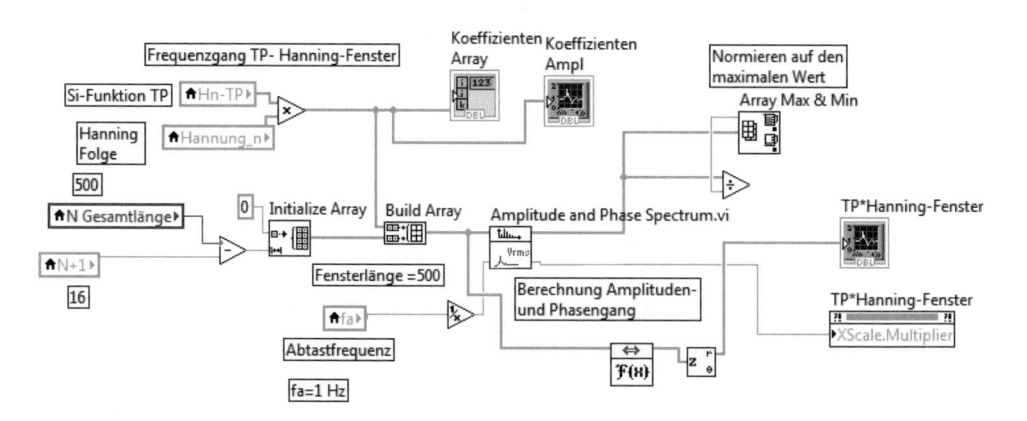

Bild 7.38 Realisierung eines Hanning-Fenster-Amplitudengangs

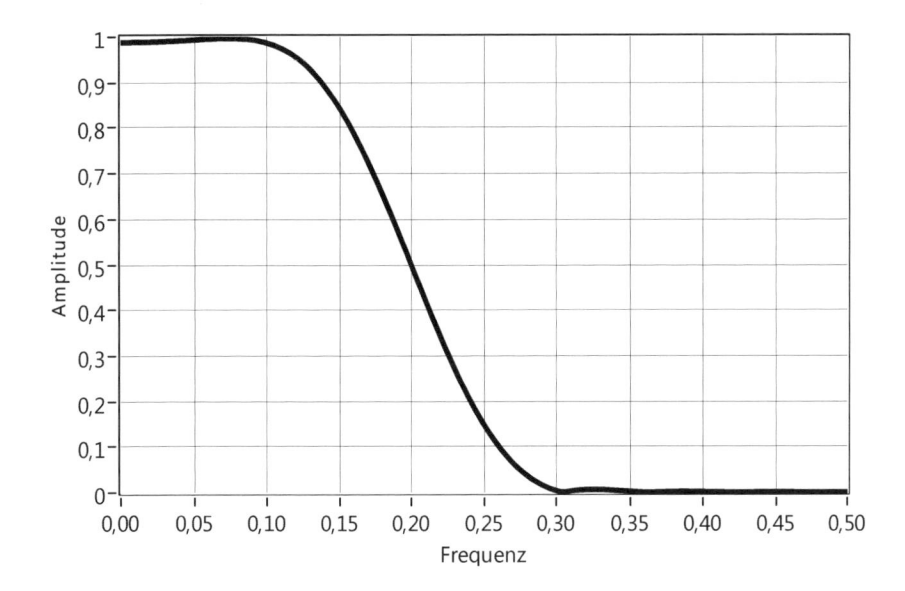

Bild 7.39 Amplitudengang Hanning-TP-Filter

Im Vergleich zu Bild 7.36 ist die Welligkeit im Durchlassbereich verbessert worden. Die vorgegebene Grenzfrequenz von $f_g = 0{,}2\,\text{Hz}$ wird nicht eingehalten, verbessert sich aber mit der Hinzunahme weiterer Koeffizienten. Um das Hanning-gefensterte TP-Filter mit dem Rechteck-gefensterten TP-Filter besser vergleichen zu können, werden beide in einer logarithmischen Skalierung dargestellt.

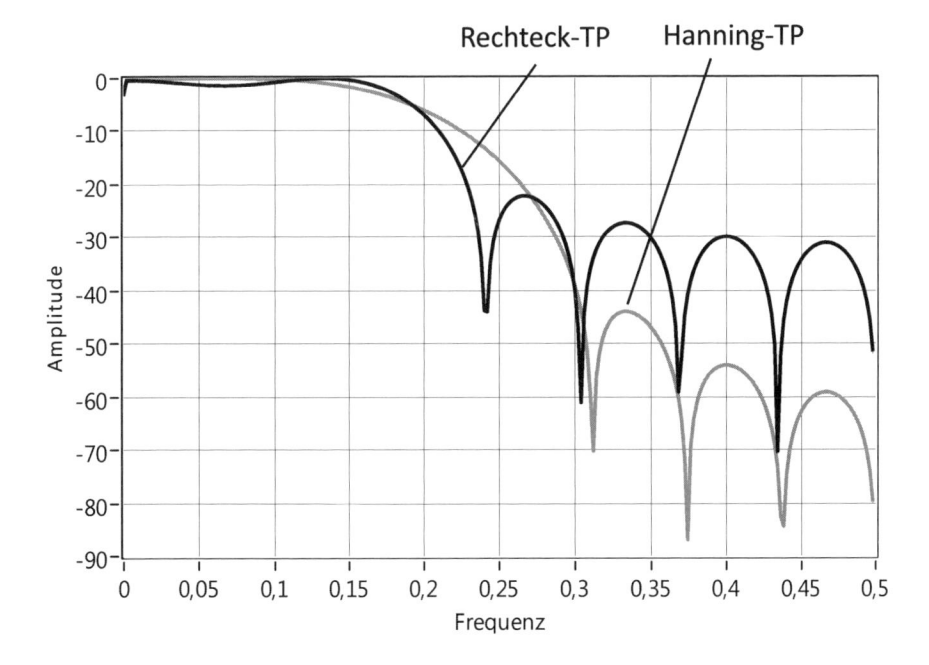

Bild 7.40 Amplitudengang Rechteck-, Hanning-TP

In Bild 7.40 fallen zwei markante Unterschiede in den Frequenzgängen auf. Zum einen ist der Hauptschwinger des Hanning-Filters größer und zum anderen ist auch die Dämpfung im Sperrbereich um einige Dezibel größer. Die vorgegebene Grenzfrequenz wird nur näherungsweise eingehalten. Bei der vorgegebenen Grenzfrequenz f_g stellt sich eine tatsächliche Dämpfung von ca. $-6\,\text{dB}$ ein. Der Übergang von dem Durchlassbereich zu dem Sperrbereich ist stark gedehnt. Genau diese Kriterien unterscheiden die einzelnen Fenster-Filter. Eine größere Dämpfung der Nebenschwinger wird mit einem größeren Übergangsbereich erkauft. Mit einer Vergrößerung der Ordnung des Filters kann dieser Übergangsbereich wieder verkleinert werden. In der Tabelle 7.9 werden einige Eigenschaften der unterschiedlichen Filtertypen aufgezeigt.

Tabelle 7.9 Eigenschaften von Fensterfunktionen

Fenster-TP	Sperrfrequenz	Dämpfung Nebenschwinger
Rechteck	$f_g + \dfrac{f_a}{N}$	$-21\,\text{dB}$
Hanning	$f_g + 2 \cdot \dfrac{f_a}{N}$	$-44\,\text{dB}$
Hamming	$f_g + 2 \cdot \dfrac{f_a}{N}$	$-54\,\text{dB}$
Blackman	$f_g + 3 \cdot \dfrac{f_a}{N}$	$-74\,\text{dB}$
Kaiser-Bessel	$f_g + 3 \cdot \dfrac{f_a}{N}$	$-84\,\text{dB}$
Flat-Top	$f_g + 5 \cdot \dfrac{f_a}{N}$	$-91\,\text{dB}$

Mit diesen Kennwerten kann in einer praktischen Vorgehensweise ein Filter entwickelt werden.

Beispiel 7.10:

Mit dem folgenden Toleranzschema soll ein Tiefpassfilter entworfen werden:

Im Durchlassbereich bei einer Frequenz von $f_D = 1000\,\text{Hz}$ soll die Verstärkung eins betragen. Ab dem Sperrbereich $f_S = 1200\,\text{Hz}$ muss das Signal mit 40 dB gedämpft werden. Die Abtastfrequenz beträgt $f_a = 10\,\text{kHz}$.

Lösung Beispiel 7.10:

1. Schritt: Fenster-TP auswählen

Hier reicht das Hanning-Filter, da die Dämpfung mit 44 dB ausreicht.

2. Schritt: Festlegen der Grenzfrequenz

Bei dieser Frequenz beträgt die tatsächliche Dämpfung $-6\,\text{dB}$. Die Grenzfrequenz $f_g = 1100\,\text{Hz}$ wird pragmatisch in die Mitte zwischen die beiden Frequenzen f_S und f_D gelegt.

3. Schritt: Berechnen der Ordnung N

$$N = \text{Faktor} \cdot \frac{f_a}{\Delta f / 2} \quad \text{mit Faktor} = 2 \text{ für das Hanning-Filter}$$

und $\quad \Delta f = f_S - f_D$ \hfill (7.35)

$$N = 2 \cdot \frac{2 \cdot 10\,\text{kHz}}{1{,}2\,\text{kHz} - 1\,\text{kHz}} = 200$$

Bei dem Flat-Top-Filter wäre der Faktor z. B. fünf. Damit symmetrische Koeffizienten berechnet werden, wird $\tau = \frac{200}{2} = 100$ gewählt.

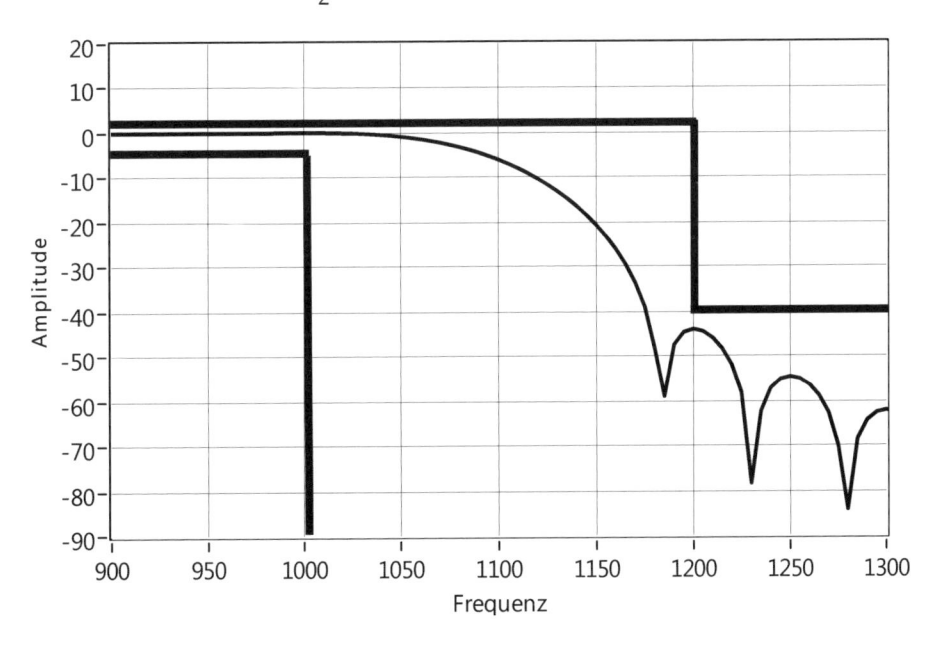

Bild 7.41 Hanning-Filter-Amplitudengang

Transformation aus dem Basis-Tiefpassfilter

Aus dem Basis-Tiefpassfilter lassen sich mit Hilfe von Transformationsbeziehungen Hochpass-, Bandpass- und Bandsperrfilter erzeugen.

Die Transformation für das Hochpassfilter lautet:

$$H(n)_{HP} = (-1)^n \cdot H_{TP}(n) \tag{7.36}$$

Die Transformation für das Bandpassfilter lautet:

$$H_{BP}(n) = 2 \cdot \cos((n-\tau) \cdot f_m) \cdot H_{TP}(n) \qquad (7.37)$$

mit f_m = Mittenfrequenz

Die Transformation für das Bandsperrfilter lautet:

$$H_{BS}(n) = \begin{cases} H_{BS}(n) = -H_{BP}(n) & \text{für } n \neq \tau \\ H_{BS}(n) = 1 - H_{BP}(n) & \text{für } n = \tau \end{cases} \qquad (7.38)$$

Beispiel 7.11:

Aus den gegebenen Parametern sind die Transformationen auf Basis eines Tiefpassfilters durchzuführen:

$N_k = 33$ Koeffizientenanzahl
$\tau = 16$ Verschiebungsfaktor für symmetrischen Phasenverlauf
$f_g = 20\,\text{Hz}$ Grenzfrequenz Bandpass, Bandsperre
$f_m = 50\,\text{Hz}$ Mittenfrequenz
$f_a = 200\,\text{Hz}$ Abtastfrequenz

Lösung Beispiel 7.11:

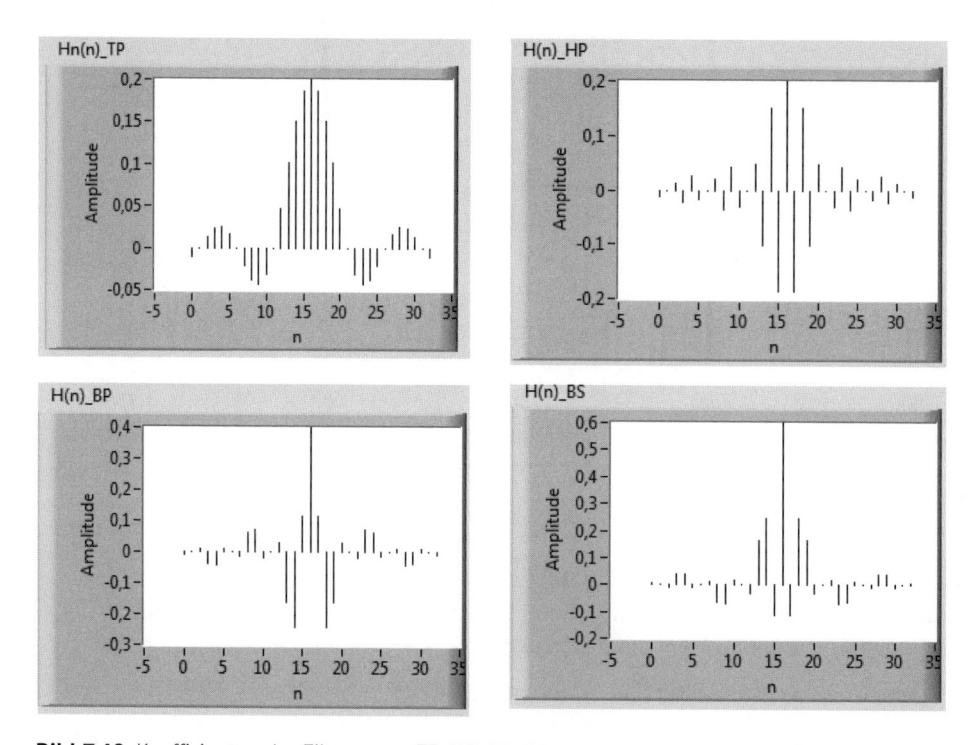

Bild 7.42 Koeffizienten der Filtertypen: TP, HP, BP, BS

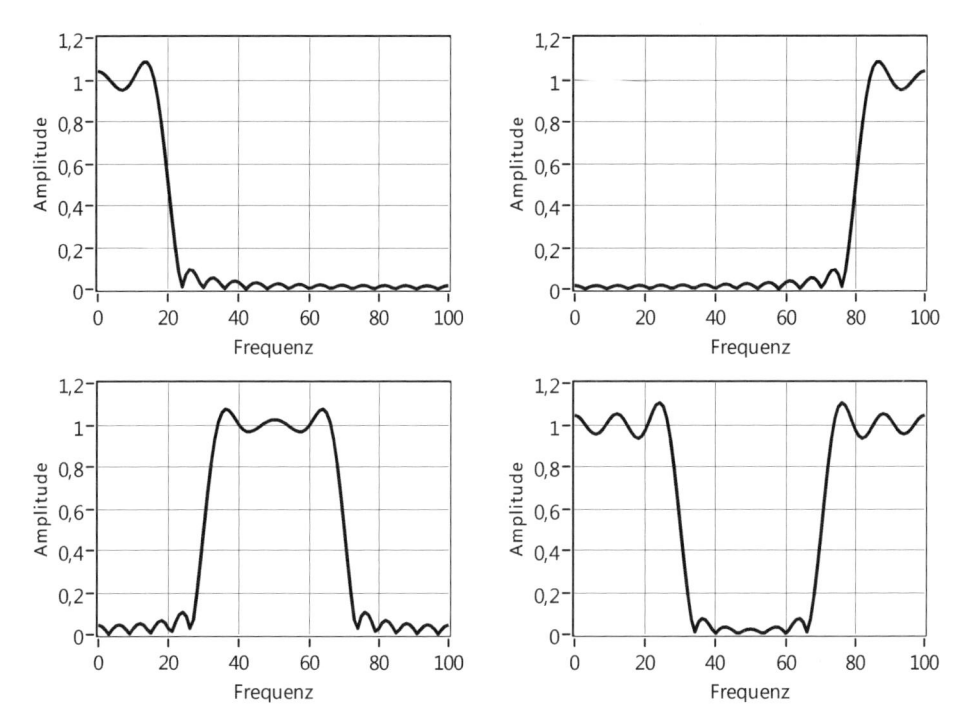

Bild 7.43 Amplitudengänge: TP, HP, BP und BS

7.10 Übungen

Aufgabe 7.1:

Für folgendes Toleranzschema:

$$\delta_D = 0{,}1;\ \delta_S = 0{,}1;\ f_D = 200\,\text{Hz};\ f_S = 500\,\text{Hz}$$

ist ein digitales Filter zu entwerfen.

Die Abtastfrequenz soll f_a = 8000 Hz betragen.

Aufgabe 7.2:

Mit den Filterkoeffizienten aus dem Beispiel 7.4 soll ein Tiefpassfilter zweiter Ordnung mit LabVIEW programmiert werden. Für die Realisierung sollen zwei Varianten zum Einsatz kommen:

a) mit Shift-Register

b) ohne Shift-Register

Testen Sie das Programm mit ausgewählten Frequenzen $f < f_c;\ f = f_c;\ f > f_c$.

Aufgabe 7.3:

Entwerfen Sie ein Butterworth-Tiefpassfilter nach der impulsinvarianten Methode mit folgendem Toleranzschema:

$\delta_D = 0{,}1; \delta_S = 0{,}1; f_D = 200\,\text{Hz}; f_S = 500\,\text{Hz}$

Die Abtastfrequenz soll f_a = 8000 Hz betragen.

7.11 Lösungen

Lösung 7.1:

1. Schritt: Bilineare Transformation der Frequenzen

$f_D = 200\,\text{Hz} \quad \Rightarrow \quad f_D' = 200{,}412\,\text{Hz}$

$f_S = 500\,\text{Hz} \quad \Rightarrow \quad f_S' = 506{,}526\,\text{Hz}$

2. Schritt: Berechnen der Ordnung und der Grenzfrequenz des analogen Bezugsfilters

Durchlassdämpfung: 0,1

Sperrdämpfung: 0,1

Durchlassfrequenz: 200,412

Sperrfrequenz: 506,526

Ordnung n: 3,25988

Runden

Ordnung gerundet: 4

Grenzfrequenz fc: 240,237 — Analoge Grenzfrequenz

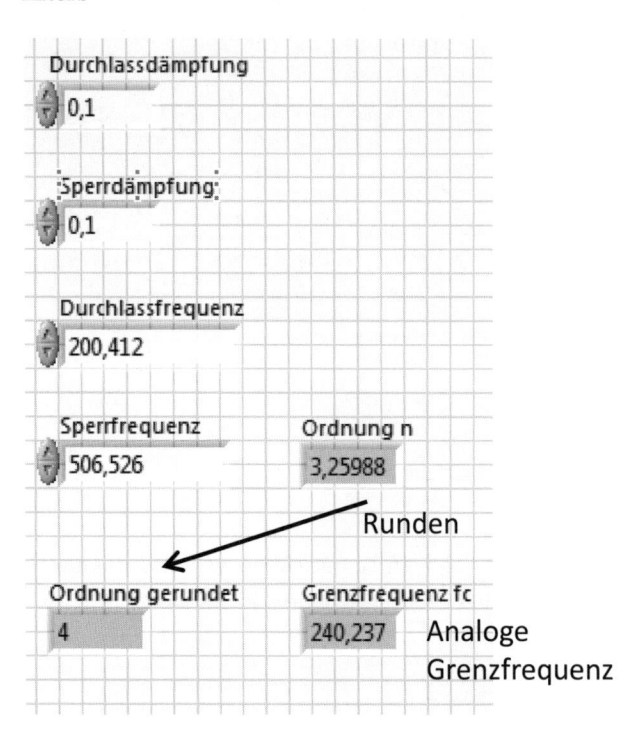

Bild 7.44 Programm zur Berechnung der Ordnung und Grenzfrequenz

3. Schritt: Berechnen der digitalen Grenzfrequenz

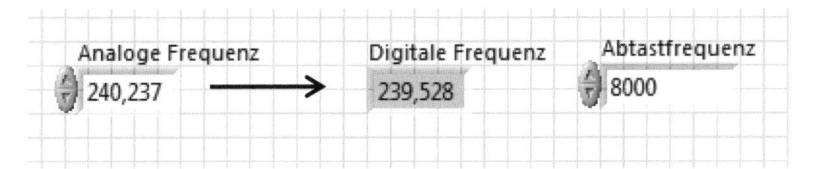

Analoge Frequenz: 240,237 → Digitale Frequenz: 239,528   Abtastfrequenz: 8000

Bild 7.45 Transformation der analogen in die digitale Grenzfrequenz

4. Schritt: Berechnung der digitalen Koeffizienten

Ordnung: 4
Grenzfrequenz: 239,528
Filter-Typ: Lowpass
Abtastfrequenz: 8000,00

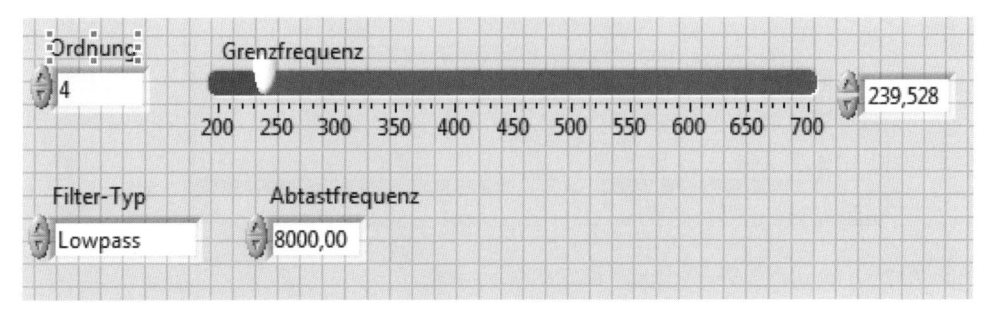

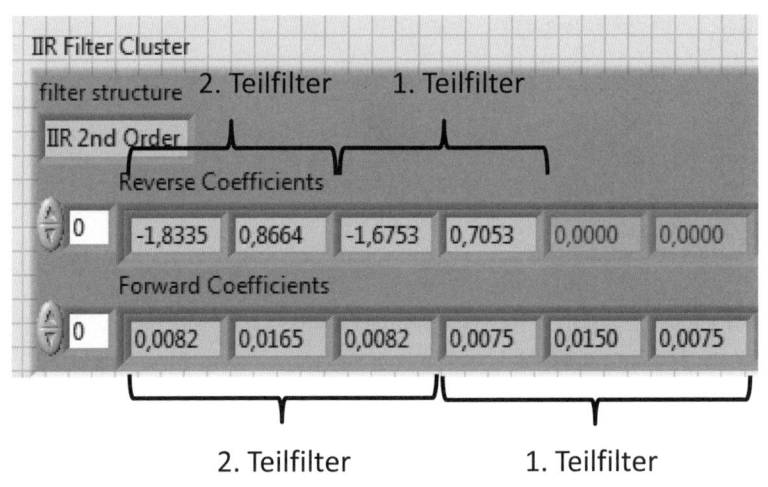

IIR Filter Cluster
filter structure: IIR 2nd Order

Reverse Coefficients: 0 | -1,8335 | 0,8664 | -1,6753 | 0,7053 | 0,0000 | 0,0000

Forward Coefficients: 0 | 0,0082 | 0,0165 | 0,0082 | 0,0075 | 0,0150 | 0,0075

2. Teilfilter (−1,8335; 0,8664 und 0,0082; 0,0165; 0,0082)
1. Teilfilter (−1,6753; 0,7053 und 0,0075; 0,0150; 0,0075)

Bild 7.46 Berechnung der Koeffizienten

Lösung 7.2:

a)

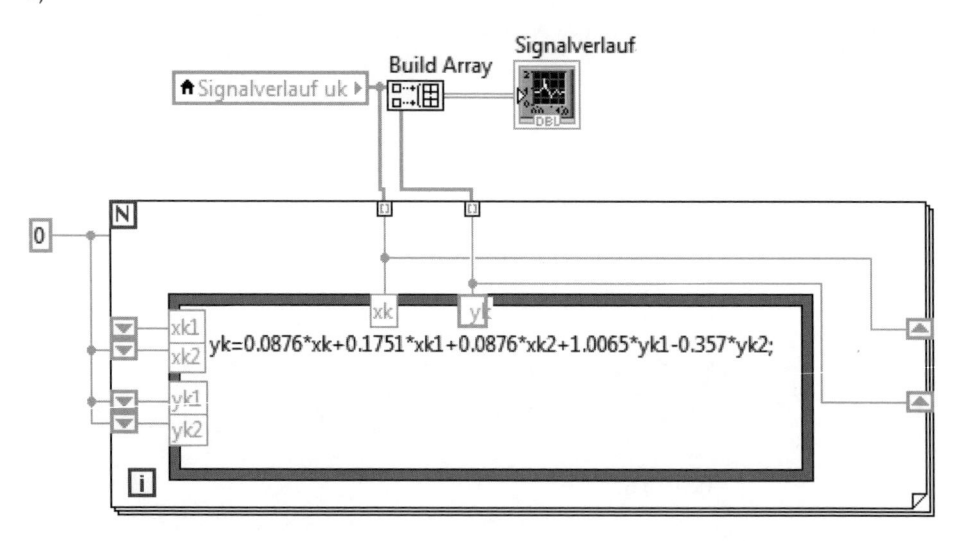

Bild 7.47 Lösung unter Verwendung von Shift-Registern

b)

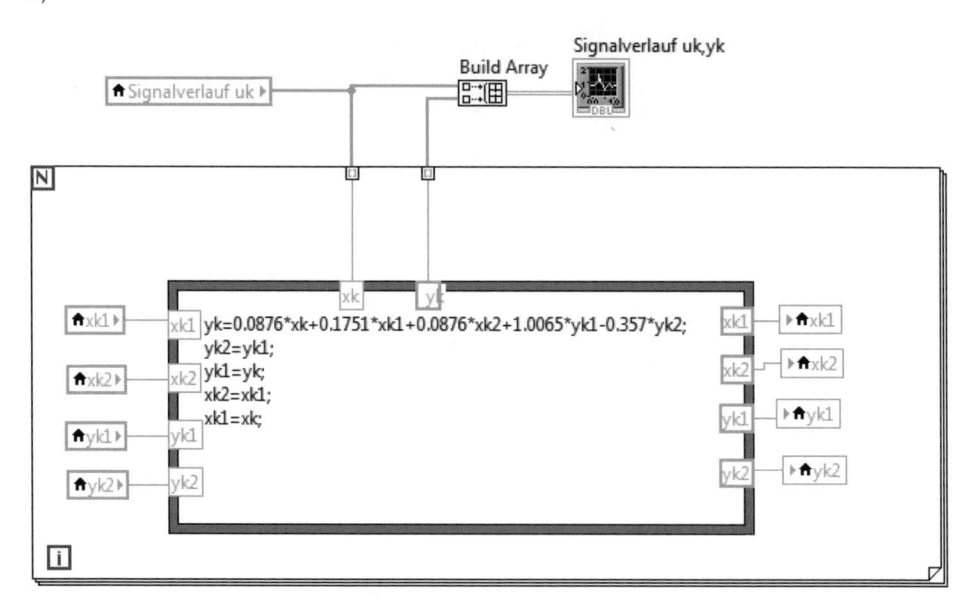

Bild 7.48 Lösung ohne Verwendung von Shift-Registern

7.11 Lösungen

Lösung 7.3:

1. Schritt: Berechnen der Ordnung und Grenzfrequenz

Aus den Gleichungen (7.5) und (7.6) ergeben sich die Ordnung und die Grenzfrequenz mit

$$n = 3{,}298,\ \text{gerundet}\ n = 4$$

und

$$f_g = 239{,}74\,\text{Hz};\ \text{gerundet}\ f_g = 240\,\text{Hz}$$

$$\omega_g = 2 \cdot \pi \cdot f_g = 1508\,\frac{1}{s}$$

2. Schritt: Auswahl der Übertragungsfunktion vierter Ordnung aus der Tabelle 7.2 für einen Tiefpass mit Butterworth-Charakteristik

$$H(\Omega) = \frac{1}{\Omega^2 + 0{,}7653 \cdot \Omega + 1} \cdot \frac{1}{\Omega^2 + 1{,}84776 \cdot \Omega + 1}$$

3. Schritt: Transformieren Reihenform in die Parallelform durch Partialbruchzerlegung

$$H(\Omega) = \frac{A_1 + B_1 \cdot \Omega}{\Omega^2 + 0{,}7653 \cdot \Omega + 1} + \frac{A_2 + B_2 \cdot \Omega}{\Omega^2 + 1{,}84776 \cdot \Omega + 1}$$

mit

$$A_1 = -0{,}707;\ B_1 = -0{,}924$$
$$\alpha_1 = 0{,}7653$$
$$A_2 = 1{,}707;\ B_2 = 0{,}924$$
$$\alpha_2 = 1{,}84776$$

4. Schritt: Transformieren in den z-Bereich der einzelnen Terme nach der Tabelle 7.3

$$H(z) = \frac{a_{10} - a_{11} \cdot z^{-1}}{1 - b_{11} \cdot z^{-1} + b_{12} \cdot z^{-2}} + \frac{a_{20} - a_{21} \cdot z^{-1}}{1 - b_{21} \cdot z^{-1} + b_{22} \cdot z^{-2}}$$

$$a_{10} = B \cdot \omega_g T = -0{,}174$$

$$a_{11} = B \cdot \omega_g T_a \cdot e^{-\left(\frac{\alpha_1}{2}\right)\omega_g T_a} \cdot \left(\cos\left(\omega_g T_a \cdot \sqrt{1 - \left(\frac{\alpha_1}{2}\right)^2}\right) + \frac{\left(\frac{\alpha_1}{2}\right) - \frac{A_1}{B_1}}{\sqrt{1 - \left(\frac{\alpha_1}{2}\right)^2}} \sin\left(\omega_g T_a \cdot \sqrt{1 - \left(\frac{\alpha_1}{2}\right)^2}\right) \right) = -0{,}148$$

$$b_{11} = 2 \cdot e^{-\left(\frac{\alpha_1}{2}\right)\omega_g T_a} \cdot \cos\left(\omega_g T_a \cdot \sqrt{1-\left(\frac{\alpha_1}{2}\right)^2}\right) = 1{,}833$$

$$b_{12} = e^{-\alpha_1 \cdot \omega_g T_a} = 0{,}866$$

$a_{20} = 0{,}174$
$a_{21} = 0{,}120$
$b_{21} = 1{,}676$
$b_{22} = 0{,}706$

5. Schritt: Erstellen der Differenzengleichung

Die Differenzengleichung lässt sich sehr einfach aus der Summe der Teilglieder erstellen.

$$y_{1k} = a_{10} \cdot x_{1k} - a_{11} \cdot x_{1k-1} + b_{11} \cdot y_{1k-1} - b_{12} \cdot y_{1k-2}$$
$$y_{2k} = a_{20} \cdot x_{2k} - a_{21} \cdot x_{2k-1} + b_{21} \cdot y_{2k-1} - b_{22} \cdot y_{2k-2}$$
$$y_k = y_{1k} + y_{2k}$$

8 Diskrete Fourier-Transformation

Die Fourier-Transformation ist aus der heutigen digitalen Signalverarbeitung nicht mehr wegzudenken. Sie ermöglicht es, die in einem Zeitsignal enthaltenen Frequenzen zu ermitteln. Zwischen dem Zeitbereich und dem Frequenzbereich besteht eine Beziehung, die durch die Fourier- bzw. durch die inverse Fourier-Transformation beschrieben wird. Die Fourier-Transformation für zeitkontinuierliche Signale (FT) ist definiert als:

$$F(j\omega) = \int_{-\infty}^{\infty} f(t) \cdot e^{-j\omega t} \, dt \tag{8.1}$$

Die Spektralfunktion F(jω) (8.2) ist eine komplexe Funktion mit Real- und Imaginärteil bzw. Betrag und Phase. Oft wird nur der Betrag $|F(j\omega)|$ in Abhängigkeit von ω bzw. f dargestellt. Dies wird dann als Amplitudenspektrum bezeichnet.

$$F(j\omega) = \text{Re}(j\omega) + j\,\text{Im}(j\omega) = |F(j\omega)| \cdot e^{j\varphi(\omega)} \tag{8.2}$$

Wird eine Sinusfunktion Fourier-transformiert, ergibt sich ein reiner Imaginärteil (Bild 8.1). Der Realteil ist wegen der ungeraden Sinusfunktion nicht vorhanden. Wie aus der Gleichung (8.1) ersichtlich ist, wird auch ein negatives Spektrum berechnet. Die Amplitude teilt sich auf beide Spektrallinien auf. Bezüglich der y-Achse hat die Sinusfunktion ein antisymmetrisches Spektrum.

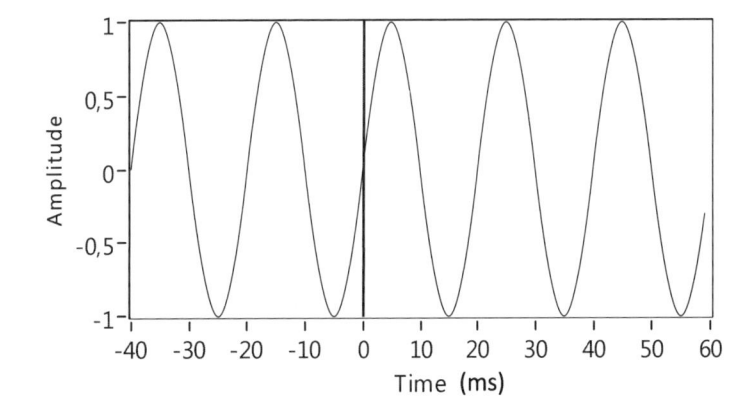

Imaginärteil

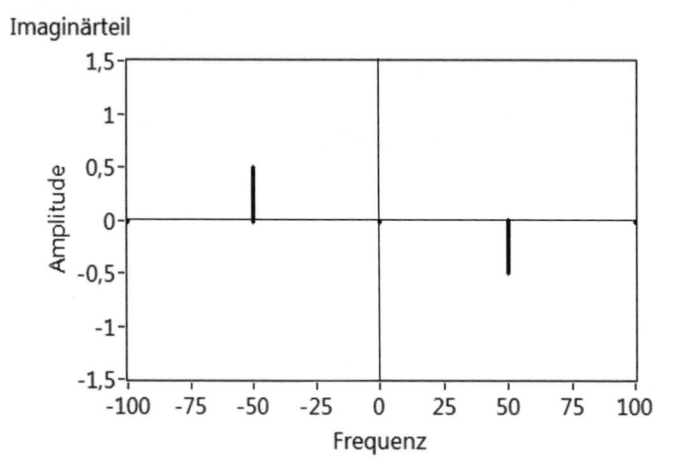

Bild 8.1 Imaginärteil der Fourier-Transformation

Üblich ist die Darstellung des Betrages über der Frequenz (Bild 8.2). Für die periodische Sinus-Funktion ergibt sich ein diskretes Spektrum. Setzt sich ein periodisches Zeitsignal aus mehreren Sinusfunktionen mit unterschiedlichen Frequenzen zusammen, ergibt sich für jede Sinusfunktion ein Peak im Frequenzbereich. Betragsmäßig ist das Spektrum bezüglich der y-Achse symmetrisch, sodass oftmals nur die positive Frequenzachse dargestellt wird, korrigiert auf die richtige Amplitude.

Betrag

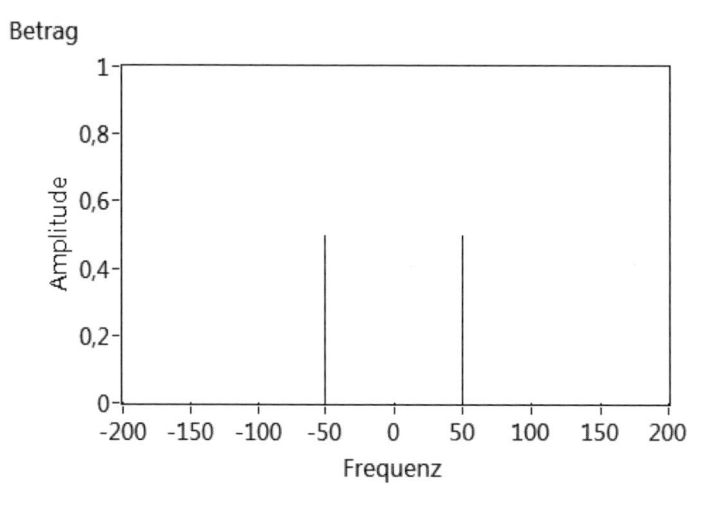

Bild 8.2 Betrag der Fourier-Transformation

Die Fourier-Transformationsbeziehung wird oftmals symbolisch mit H(t) ○——● H(f) angedeutet.

> Das Spektrum für periodische Signale ist diskret, für nichtperiodische Signale ergibt sich ein kontinuierliches Spektrum.

Eigenschaften Frequenz- und Zeitbereich

Zwischen dem Zeitbereich und dem Frequenzbereich lassen sich einige grundsätzliche Zusammenhänge feststellen. Eine Zeitdehnung im Zeitbereich führt zu einer Stauchung im Frequenzbereich. Das Sinussignal ist dafür ein gutes Beispiel. Das Signal beginnt im negativen Zeitbereich und läuft in den unendlichen positiven Zeitbereich. Das Spektrum ergibt sich zu schmalen Peaks. Noch besser ist dieser Zusammenhang bei einem Gleichsignal (Bild 8.3) zu erkennen.

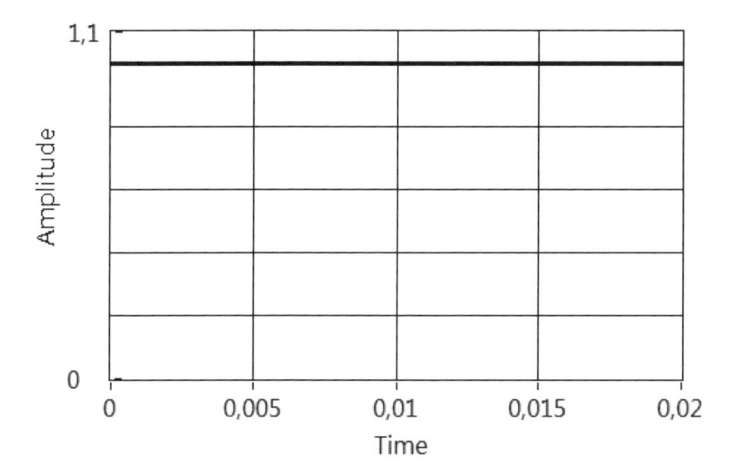

Bild 8.3 Gleichsignal im Zeitbereich

Im Frequenzbereich ergibt ein Gleichsignal einen Peak bei der Frequenz null.

Betrag

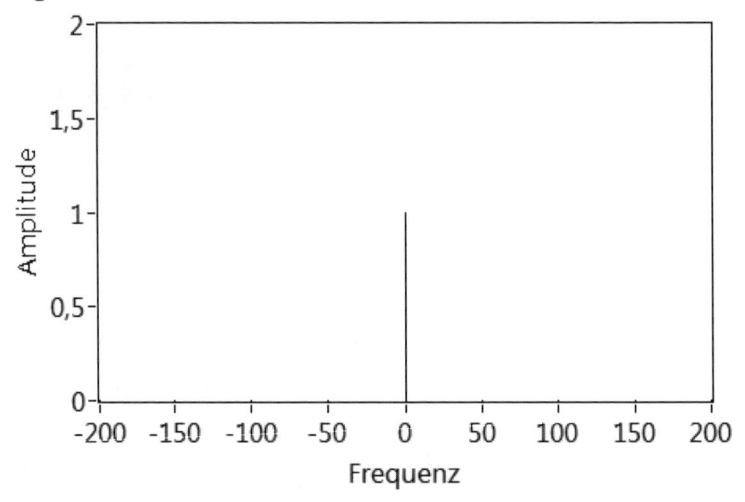

Bild 8.4 Gleichsignal im Frequenzbereich

Der umgekehrte Zusammenhang besteht für ein Deltasignal. Im Zeitbereich existiert dieses Signal nur zum Zeitpunkt t = 0, ansonsten ist dieses Signal null. Im Frequenzbereich ergibt sich ein Spektrum über den gesamten Frequenzbereich.

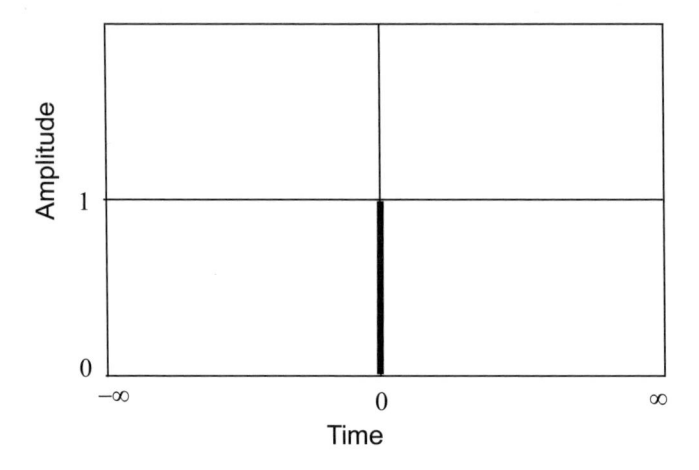

Bild 8.5 Deltaimpuls

Ein gestauchtes Signal im Zeitbereich ergibt ein gedehntes Spektrum über den gesamten Frequenzbereich.

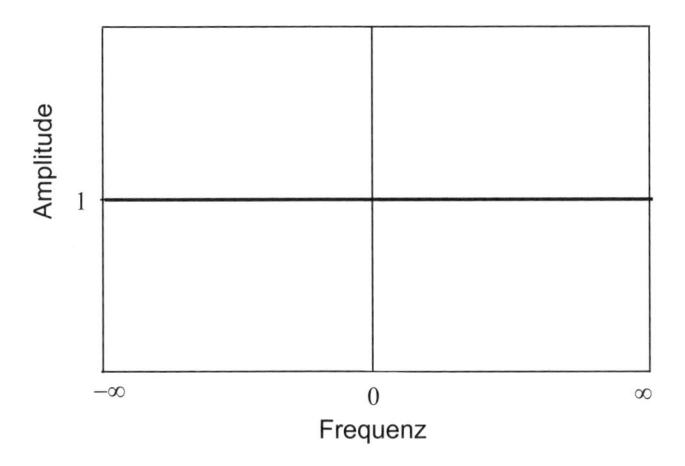

Bild 8.6 Spektrum eines Deltaimpulses

Dieser Zusammenhang spielt für das Verständnis der Transformation zwischen Zeit- und Frequenzbereich eine wichtige Rolle und wird bei den abgetasteten Signalen nochmal aufgegriffen.

> Eine Stauchung im Frequenzbereich ergibt eine Dehnung im Zeitbereich und umgekehrt.

Abgetastete Signale

Wird eine kontinuierliche Funktion f(t) zu den Abtastwerten $n \cdot T_a$ mit T_a = Abtastintervall abgetastet, so liegen nur noch für die diskreten Zeitpunkte $n \cdot T_a$ die Funktionswerte $f(n \cdot T_a)$ vor. Die zu diesen diskreten Abtastwerten gehörende Spektraltransformationsfunktion wird als Fourier-Transformation für Abtastsignale (FTA) bezeichnet.

$$F_a(j\omega) = \sum_{n=-\infty}^{\infty} f(n \cdot T) \cdot e^{j\omega n T_a} \tag{8.3}$$

Das FTA-Spektrum ist periodisch und kontinuierlich. Aus praktischen Erwägungen muss die Abtastung auf N Abtastwerte $n = 0,1 \ldots N - 1$ beschränkt werden. Mit dieser Beschränkung wird nur ein Zeitfenster aus dem Signal betrachtet. Damit entsteht die sogenannte diskrete Fourier-Transformation (DFT). Dieses Spektrum ist periodisch und diskret.

$$F_d(j\omega) = \sum_{n=0}^{N-1} f(n \cdot T) \cdot e^{j\omega_k n T_a} \tag{8.4}$$

mit

$$\omega_k = \frac{2\pi}{NT_a} k \quad (k = 0,1,\ldots,N-1)$$

Beispiel 8.1:

Es soll ein Sinussignal mit 20 Abtastwerten und einer Signalfrequenz f = 50 Hz mit einer Abtastfrequenz von f_a = 1 kHz vorliegen. Geben Sie das Amplitudenspektrum an.

Lösung Beispiel 8.1:

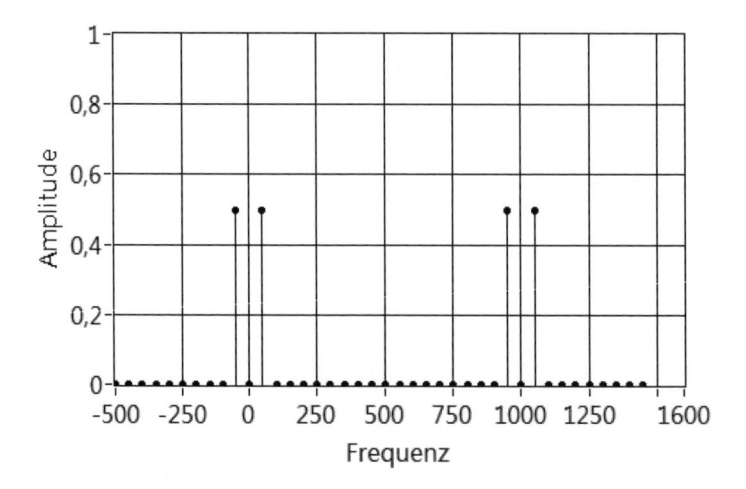

Bild 8.7 Betrag einer DFT für einen Sinus mit N = 20 und einer Abtastfrequenz f_a = 1000 Hz

Das Spektrum wiederholt sich auch bei den Vielfachen der Abtastfrequenz im negativen und positiven Frequenzbereich (Bild 8.8). Die Auflösung im Frequenzbereich ergibt sich aus der Anzahl der Abtastwerte und der Abtastfrequenz.

$$\Delta f = \frac{1}{N \cdot T_a} = \frac{1}{20 \cdot 1\,\text{ms}} = 50\,\text{Hz}$$

Der DFT-Algorithmus berechnet aus N Abtastwerten N Spektrallinien, wobei die negativen Spektralanteile um die halbe Abtastfrequenz gespiegelt berechnet werden.

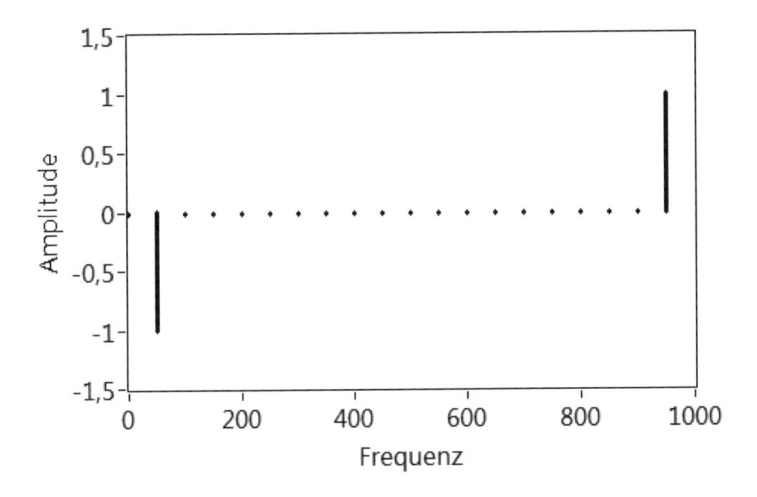

Bild 8.8 Spektrum eines Sinus mit einer DFT berechnet

Eigenschaften der DFT

1) Die DFT ist über ω bzw. f periodisch mit der Periode $\omega_a = \dfrac{2\pi}{T_a}$ bzw. $f_a = \dfrac{1}{T_a}$

2) Die diskreten Frequenzen ω_k bzw. f_k liegen im Abstand $\Delta\omega$ bzw. Δf mit
$$\Delta\omega = \omega_{k+1} - \omega_k = \frac{2\pi}{NT_a} \text{ bzw. } \Delta f = \frac{1}{NT_a}$$

3) Aus N Abtastwerten lassen sich N Spektrallinien im Bereich $f = 0$ bis $f = f_a$ berechnen.

Die diskrete Fourier-Transformation ist in der Berechnung sehr aufwendig. Es müssen zahlreiche Multiplikationen und Additionen durchgeführt werden. Ein effizienter Algorithmus für die DFT wurde 1965 von Cooley und Tukey entwickelt und ist unter dem Namen Fast Fourier Transformation (FFT) bekannt. Für diesen Algorithmus muss die Anzahl N der Abtastwerte einer Zweierpotenz entsprechen.

Praktische Durchführung der DFT/FFT
- Wahl der Abtastfrequenz:
  Es ist das Abtasttheorem zu erfüllen.

- Anzahl der Abtastwerte:
  Die Wahl der Anzahl von Abtastwerten richtet sich nach folgenden Gesichtspunkten:

1. Der Abstand zwischen zwei diskreten Frequenzen ist bei der DFT $\frac{f_a}{N}$. Je besser die spektrale Auflösung sein soll, desto größer muss die Anzahl N der Abtastwerte gewählt werden.

2. N sollte eine Zweierpotenz sein, damit die DFT mit Hilfe der FFT berechnet werden kann. Gegebenenfalls lässt sich der Satz von Abtastwerten mit Nullen füllen, bis eine Zweierpotenz erreicht ist (sog. Zero-Padding).

3. N sollte so gewählt werden, dass das Fenster NT_a ein ganzzahliges Vielfaches der Signalperiodendauer T ist. Bei Signalen endlicher Dauer sollte NT_a gleich oder größer der Signaldauer sein.

Fourier-Transformation für zeitkontinuierliche Signale (FT)

Das Spektrum für periodische Signale ist diskret.

Das Spektrum für nichtperiodische Signale ist kontinuierlich.

Diskrete Fourier-Transformation (DFT)

Das Spektrum ist diskret und periodisch.

Fast Fourier-Transformation (FFT)

Die Anzahl der Abtastwerte muss als Zweierpotenz vorliegen.

Datenfenster und Fensterfunktion

Bei der DFT wird aus einem vorliegenden Signal nur ein Zeitfenster (Datenfenster) betrachtet. In dem Bild 8.9 soll angedeutet werden, dass eine Periode aus dem periodischen Sinussignal herausgeschnitten wird, also mit einem Rechtecksignal gefenstert wird.

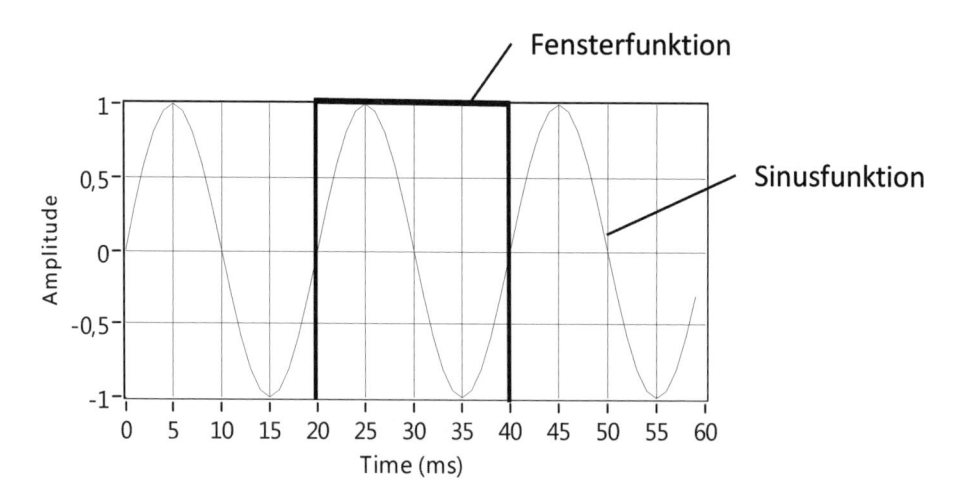

Bild 8.9 Sinusfunktion mit einem Rechteck gefenstert

Die DFT geht davon aus, dass das Zeitfenster stetig periodisch fortgesetzt wird. Dies ist der Fall, wenn die Periodendauer und das Zeitfenster in der Zeitlänge gleich sind. Der DFT-Algorithmus berechnet in diesem Fall die Spektralanteile korrekt. Entsprechend der Fenstergröße errechnet sich die Frequenzauflösung mit:

$$\Delta f = \frac{1}{N \cdot T_a} \tag{8.5}$$

mit

N = Anzahl der Abtastwerte und

T_a = Abtastperiode

Beispiel 8.2:

Für das Sinussignal in Bild 8.9 mit folgenden Kenndaten

$f_s = 50\,\text{Hz}, A = 1\,\text{V}, f_a = 1\,\text{kHz}$

also mit einer Fensterbreite T_0 von 20 ms wurde das Spektrum berechnet.

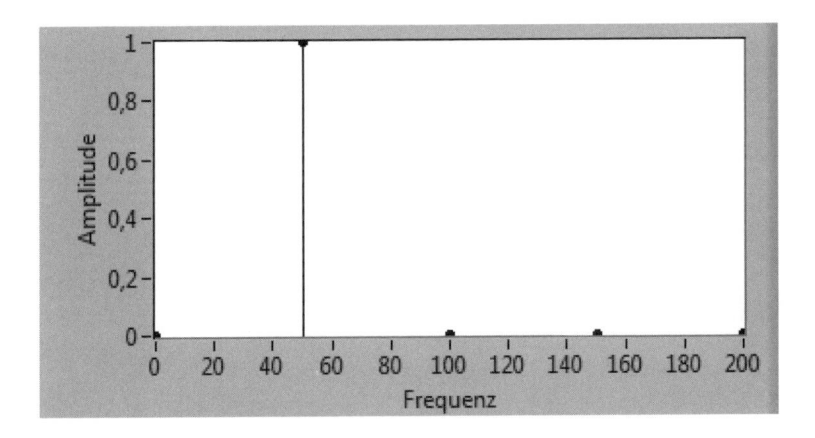

Bild 8.10 Spektrum Sinus 50 Hz mit einer Auflösung von 50 Hz

Die Frequenzauflösung ergibt mit Gleichung (8.5) $\Delta f = 50\,\text{Hz}$. Es können also nur Frequenzen in einem Abstand von 50 Hz angezeigt werden. Werden zwei Perioden aufgenommen, verkleinert sich die Frequenzauflösung um den Faktor zwei. Die Fensterbreite bestimmt also die spektrale Auflösung. Bei einer Datenaufnahme von 100 ms wird somit eine Frequenzauflösung von $\Delta f = 10\,\text{Hz}$ erreicht.

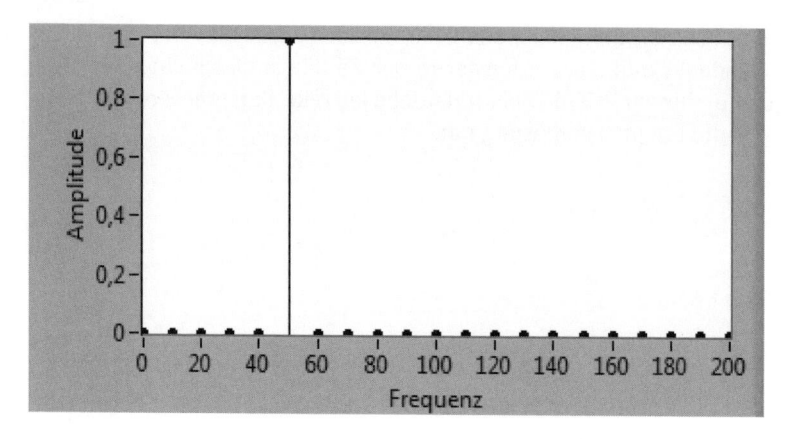

Bild 8.11 Spektrum Sinus 50 Hz mit einer Auflösung von 10 Hz

Ist die Fensterlänge exakt ein Vielfaches der Periodendauer, ist es nicht notwendig, die Fensterbreite zu vergrößern. In den meisten Fällen ist die Fensterlänge aber nicht exakt gleich der Periodendauer des Signals. Der DFT-Algorithmus geht aber von einer periodischen Fortsetzung des Zeitsignals aus. Ist dies nicht der Fall, entstehen bei der periodischen Fortsetzung des Zeitfensters Sprungstellen, die im ursprünglichen Signal gar nicht vorhanden sind.

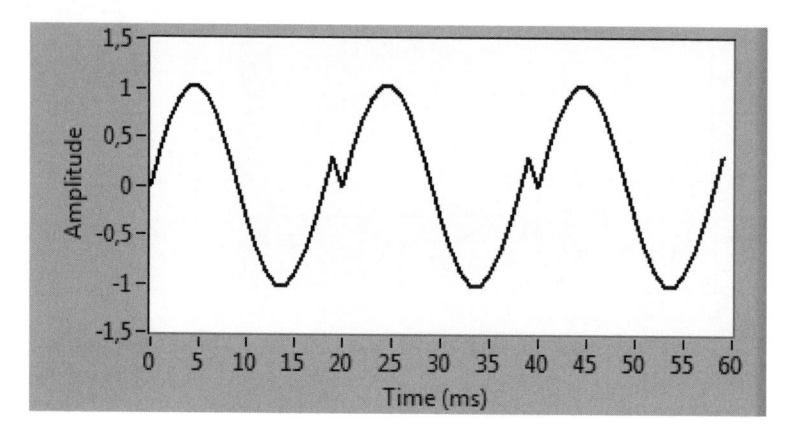

Bild 8.12 Periodische Fortsetzung (Fensterlänge = 20 ms, 55-Hz-Signal)

Die Frequenzanalyse mit der DFT führt also zu Fehlern, wenn die Fensterlänge NT_a kein ganzes Vielfaches der Signalperiodendauer T ist. Das Spektrum „leckt" dann, d.h. neben den Hauptspektrallinien entstehen weitere Spektrallinien, also Frequenzen, die im Signal gar nicht vorhanden sind. Man nennt diesen Leckeffekt „Spectral Leakage".

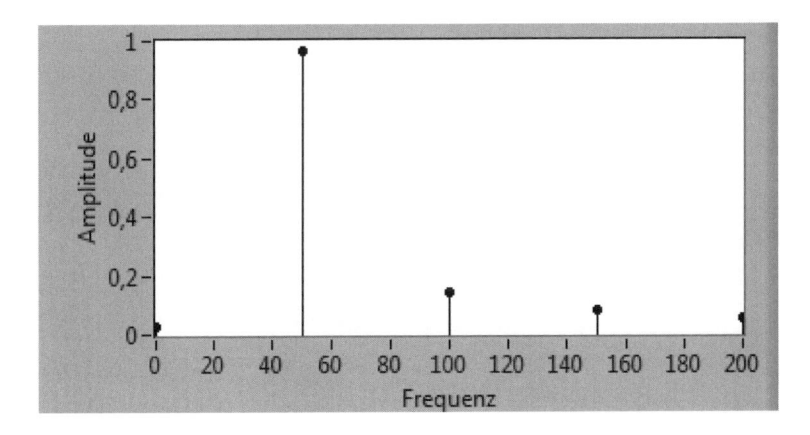

Bild 8.13 55-Hz-Signal mit 20 ms Fensterlänge aufgenommen (Leckeffekt)

Um diesen Vorgang verstehen zu können, muss die Dualität zwischen Zeit- und Frequenzbereich betrachtet werden. Eine Fensterung im Zeitbereich entspricht einer Multiplikation eines Signals mit einem Rechteck (Bild 8.9). Eine Multiplikation im Zeitbereich bedeutete aber eine Faltung der Spektralanteile im Frequenzbereich. Die Frequenzen werden ineinander geschoben, multipliziert und aufsummiert. Ein Rechtecksignal hat eine si-Funktion als Spektrum. In Bild 8.14 ist ein Spektrum für ein Zeitfenster mit einer Zeitdauer von T_0 = 10 ms gezeigt, das bedeutet, dass bei Vielfachen von 100 Hz Nullstellen auftreten.

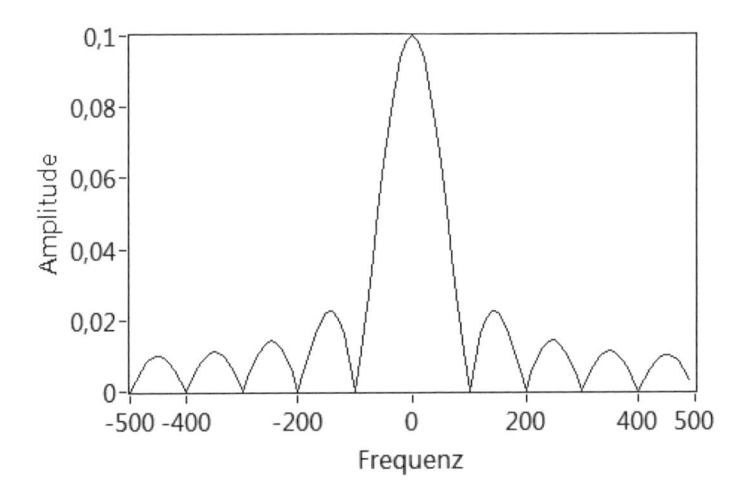

Bild 8.14 Kontinuierliches Amplituden-si-Spektrum des Rechtecksignals

Für das Beispiel 8.1 wurde zuerst eine Fensterlänge von T_0 = 20 ms gewählt. Das Spektrum ist in Bild 8.10 bereits dargestellt worden. Durch die Faltung im Frequenzbereich ergibt sich folgende Darstellung.

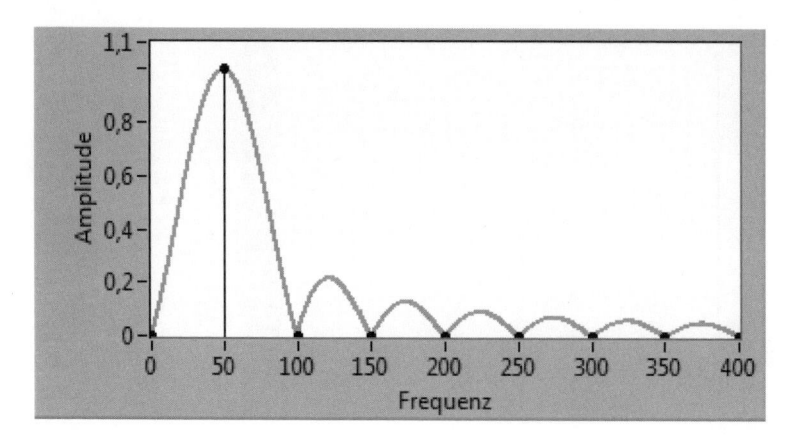

Bild 8.15 Fensterlänge ist gleich der Periodendauer

Die Fensterbreite von $T_0 = 20$ ms ergibt einen Hauptschwinger mit einer Breite von 100 Hz und die Nullstellen bei dem Vielfachen von 50 Hz. Das Maximum der si-Funktion liegt genau bei dem diskreten Signalpeak des 50-Hz-Signals. Wird die Fensterbreite vergrößert, verringert sich der Hauptschwinger. Wird die Signalfrequenz verschoben, wandert die si-Funktion mit.

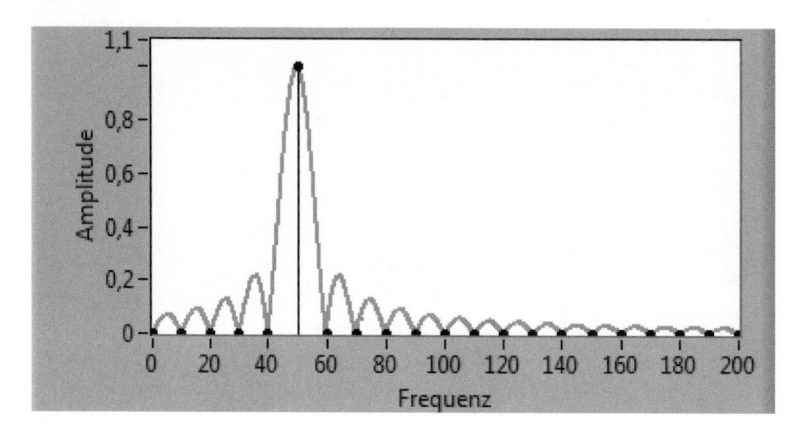

Bild 8.16 Fensterlänge ist fünfmal größer als die Periodendauer

Die Vielfachen der Periodendauer treffen mit den Nullstellen der si-Funktion zusammen und ergeben keinen Beitrag zum Spektrum. Eine Verschmierung der Spektrallinien ergibt sich, wie bereits gesagt, wenn Signalperiode und Fensterlänge nicht zusammenpassen. Mit einer angenommenen Signalfrequenz $f_S = 55$ Hz und einer Fensterlänge von $T_0 = 100$ ms ergibt sich das folgende Spektrum.

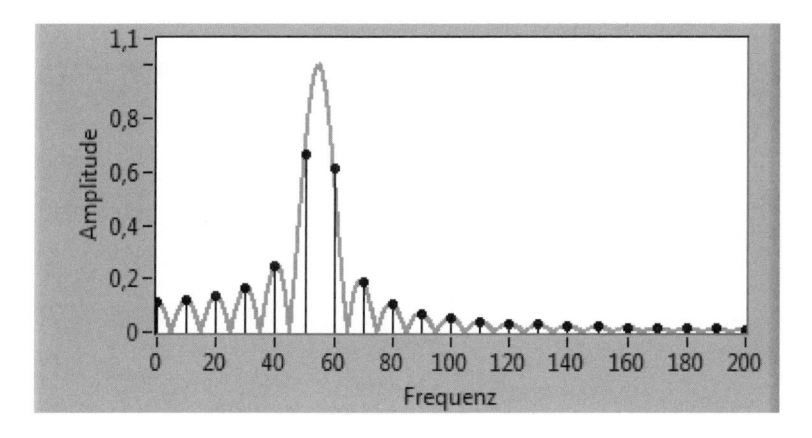

Bild 8.17 Fensterlänge T_0 = 100 ms, Sinus mit 55 Hz

Die Fensterbreite bestimmt die Auflösung der Frequenzauflösung $\Delta f = 10\,\text{Hz}$, die Nullstellen der si-Funktion fallen aber nicht mehr auf die Vielfachen der Auflösung, sondern liegen mit 5 Hz daneben. Durch die Vergrößerung des Fensters ist das spektrale Ergebnis nicht verbessert worden. Im Gegenteil, es liegen zwei Spektrallinien mit stark reduzierten Amplituden dicht beieinander. Die Spektrallinien entstehen an den Vielfachen der Auflösung durch die angenommene Periodizität der Fensterlänge im Zeitbereich. Im Prinzip entstehen drei Fehler, zum einen werden zusätzliche Frequenzanteile berechnet, die nicht vorhanden sind, des Weiteren wird die Amplitude falsch berechnet und schließlich kann, wie in dem Bild 8.17 gezeigt, nur vermutet werden, dass die tatsächliche Frequenz zwischen 50 Hz und 60 Hz liegt.

Der Leckeffekt kann aber mit speziellen Fensterfunktionen reduziert werden. Mit den unterschiedlichen Eigenschaften der Fenster werden unterschiedliche Effekte erzielt. Diese können in Forderungen an die Fensterfunktionen zusammengefasst werden.

Forderungen an Fensterfunktionen
- Für eine kurze Messzeit sollte die Fensterlänge möglichst klein sein.
- Für eine gute Selektivität sollte der Hauptschwinger möglichst schmal sein.
- Zur Verringerung des Leckeffektes sollten die Nebenschwinger möglichst schnell abklingen.
- Zur genauen Erfassung der Amplituden sollte der Hauptschwinger möglichst breit und flach verlaufen.

8 Diskrete Fourier-Transformation

Tabelle 8.1 Eigenschaften von Fensterfunktionen

Fensterfunktion	Breite Haupt-schwinger	Dämpfung 1. Neben-schwinger [dB]	Abklingen der Neben-schwinger [dB]
Rechteck	$\dfrac{\omega_0}{N}$	−13	−20
Hanning	$2 \cdot \dfrac{\omega_0}{N}$	−32	−60
Hamming	$2 \cdot \dfrac{\omega_0}{N}$	−43	−20
Blackman	$3 \cdot \dfrac{\omega_0}{N}$	−58	−30
Flat-Top	$3 \cdot \dfrac{\omega_0}{N}$	−67	−10

Beispiel zur Anwendung von Fensterfunktionen

Mit einem LabVIEW-Programm (Bild 8.18) wird ein Signal aus der Überlagerung zweier Sinussignale erzeugt und mit einer DFT analysiert.

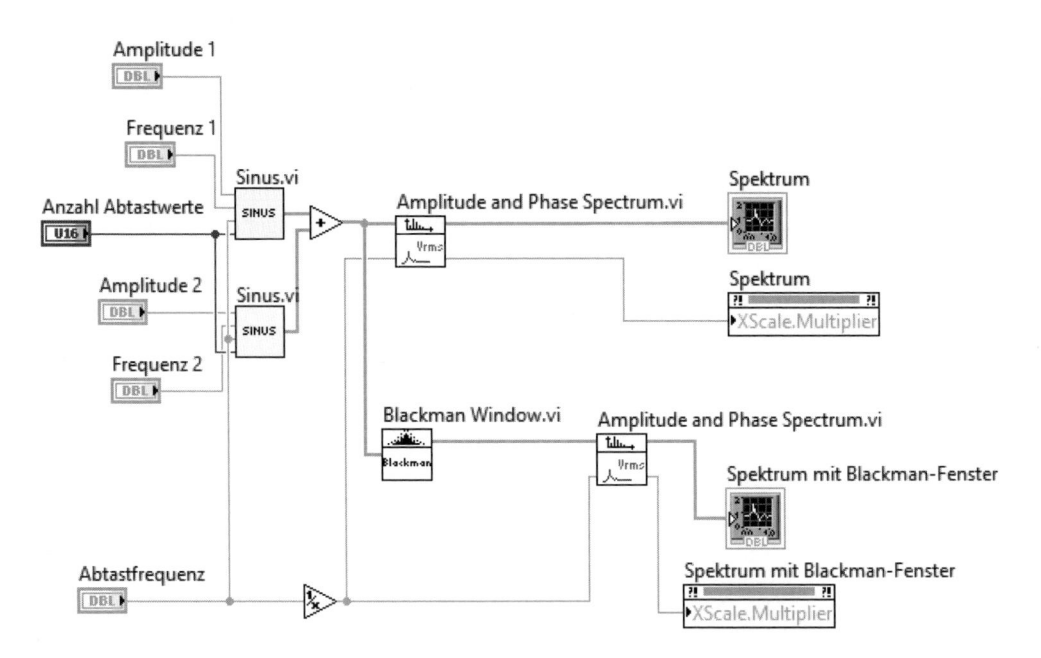

Bild 8.18 LabVIEW-Programm

Für Signal 1 mit 1 V Amplitude und 10,5 Hz und Signal 2 mit 0,01 V Amplitude und 16 Hz ist das Ergebnis der Analyse bei einer Abtastfrequenz f_a = 160 Hz und N = 160 Abtastwerten in Bild 8.19 dargestellt. Das obere Diagramm zeigt das Analyseergebnis ohne Fensterfunktion, das untere Diagramm zeigt das Analyseergebnis mit Blackman-Fenster.

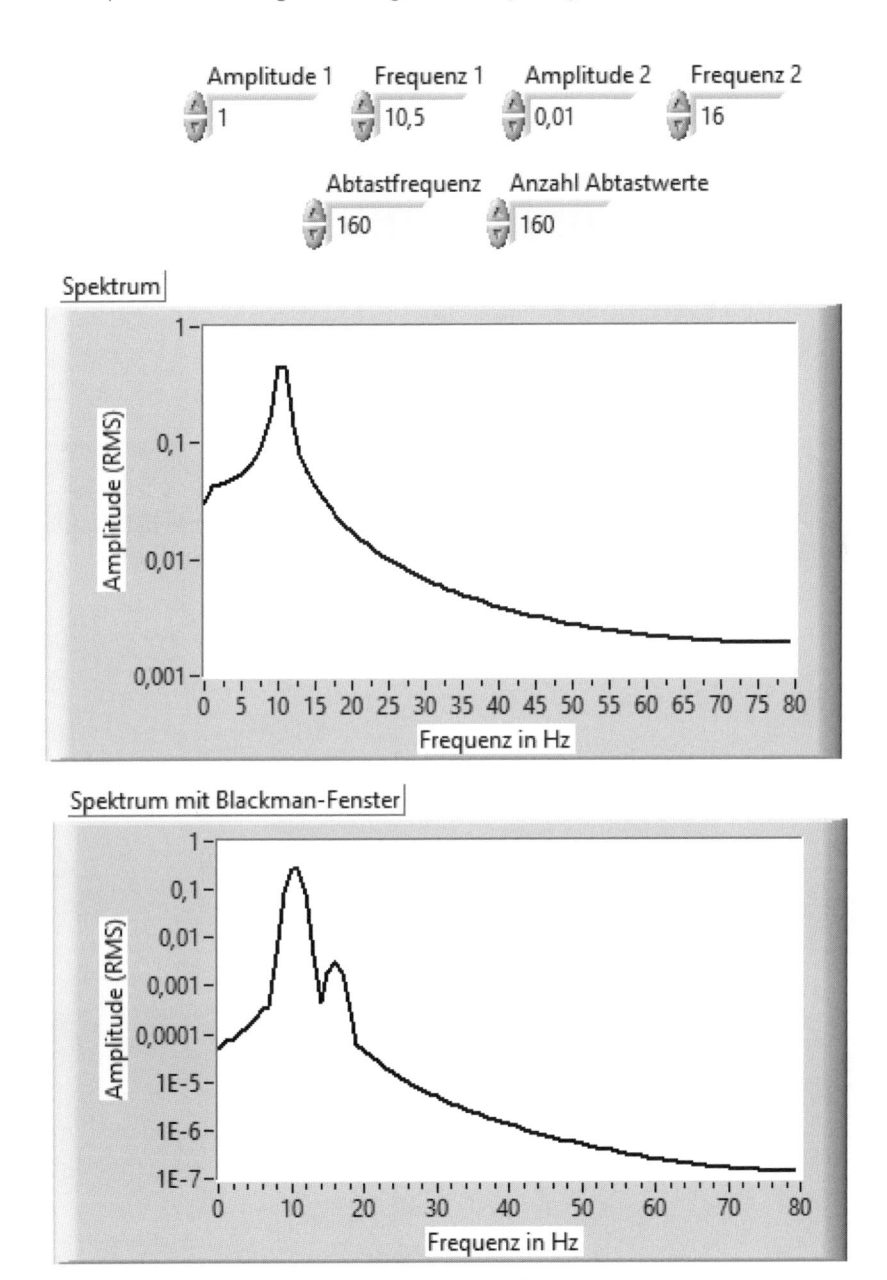

Bild 8.19 Spektrum ohne Fenster und mit Blackman-Fenster

Mit den eingestellten Parametern liegt folgende Konstellation vor:

$$\text{Datenfenster} = \frac{N}{f_a} = \frac{160}{160\,\text{Hz}} = 1\,\text{s} = \frac{V_1}{f_1} = \frac{10{,}5}{10{,}5\,\text{Hz}}$$

d. h. das vorliegende Datenfenster ist kein ganzzahliges Vielfaches (V_1 = 10,5!) der Periode des ersten Signals. Damit ergibt sich für Signal 1 ein Leckeffekt.

Wird keine Fensterfunktion benutzt, so geht das Signal 2 im Leckeffekt des ersten Signals „unter" und wird nicht erkannt. Bei Anwendung des Blackman-Fensters kann man Signal 2 als signifikant erkennen, da der Leckeffekt durch den Einsatz der Fensterfunktion reduziert wird.

Für ein ganzzahliges Vielfaches V_1 lässt sich z. B. die Anzahl N der Abtastwerte verdoppeln. Es gilt dann:

$$\text{Datenfenster} = \frac{N}{f_a} = \frac{320}{160\,\text{Hz}} = 2\,\text{s} = \frac{V_1}{10{,}5\,\text{Hz}} = \frac{21}{10{,}5\,\text{Hz}} = \frac{V_2}{f_2} = \frac{32}{16\,\text{Hz}}$$

d. h. das vorliegende Datenfenster ist jetzt ein ganzzahliges Vielfaches beider Signalperioden (V_1 = 21; V_2 = 32).

Bild 8.20 zeigt die damit ermittelten Frequenzspektren. Da jetzt kein Leckeffekt vorliegt, ergibt sich natürlich ohne Fensterung ein korrektes und unverfälschtes Spektrum.

8 Diskrete Fourier-Transformation   195

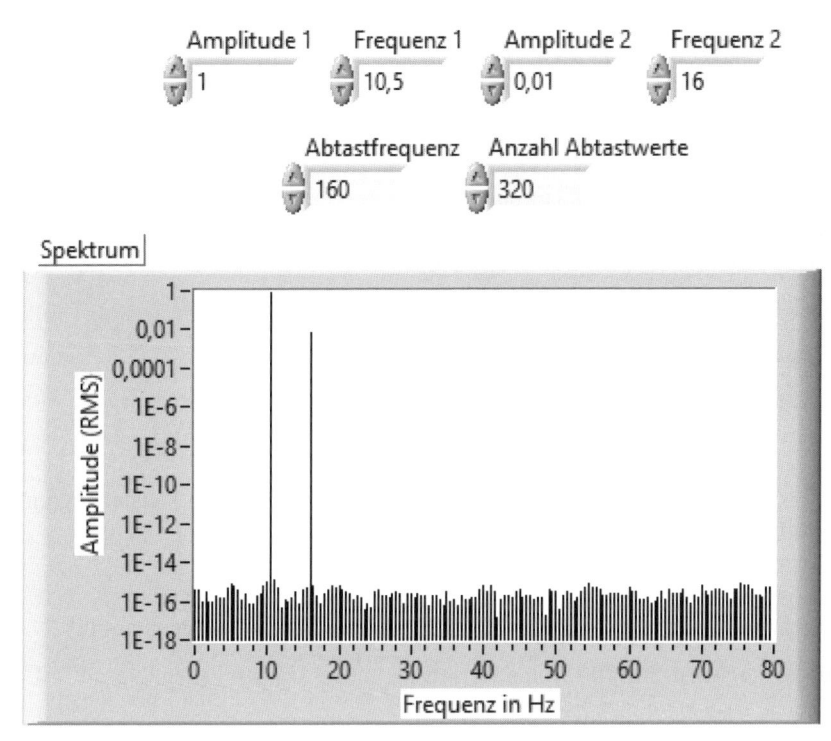

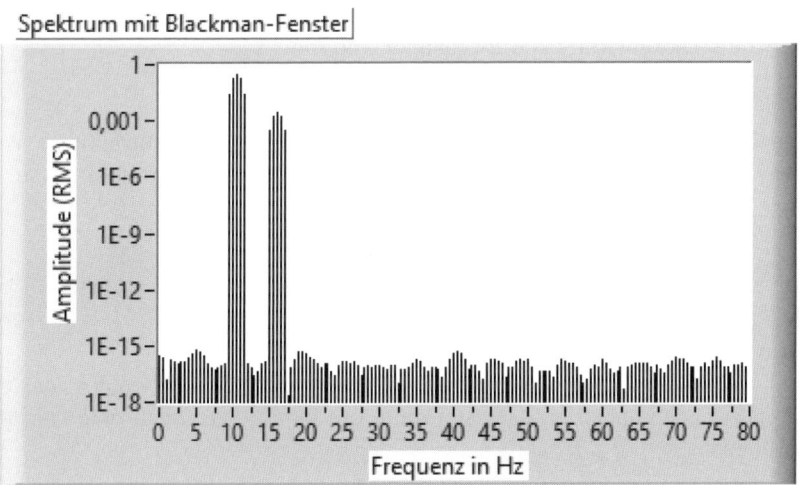

Amplitude 1: 1
Frequenz 1: 10,5
Amplitude 2: 0,01
Frequenz 2: 16

Abtastfrequenz: 160
Anzahl Abtastwerte: 320

Bild 8.20 Spektrum ohne Fenster und mit Blackman-Fenster

8.1 Übungen

Aufgabe 8.1:

Simulieren Sie mit der Sinusfunktion ein Signal mit den Werten:

$\hat{U} = 1\,V$; f = 51 Hz, f_a = 1000 Hz; Samples = 100

Ermitteln Sie das Spektrum mit einer Spektralanalyse unter Anwendung

a) einer Rechteck-Fensterung

b) einer Hanning-Fensterung

c) einer Blackman-Fensterung

Aufgabe 8.2:

Erweitern Sie das Programm in Bild 8.18 so, dass der Anwender für die Fensterung aus den Fensterfunktionen Blackman, Hanning, Dreieck und Flat-Top auswählen kann.

Aufgabe 8.3:

Die Qualität einer Frequenzanalyse mit der DFT hängt vom erfassten Zeitfenster ab.

a) Welches Zeitfenster wird mit 200 Abtastwerten bei einer Abtastfrequenz von 400 Hz erfasst?

b) Würde mit diesem Datenfenster bei der Analyse eines Signals mit den Frequenzanteilen 50 Hz und 100 Hz ein Leckeffekt (Spectral Leakage) auftreten?

Aufgabe 8.4:

Die Voranalyse eines Signals ergab bei 40 Hz und 50 Hz signifikante Spektrallinien. Wie viele Abtastwerte N wählen Sie bei 600 Hz Abtastfrequenz für eine fehlerfreie Analyse?

8.2 Lösungen

Lösung 8.1:

Das Sinussignal wird mit einer Signalfrequenz f = 51 Hz erzeugt, die nicht zu der Fensterbreite passt. Fünf Perioden haben eine Fensterbreite von 98 ms. Die abgetastete Fensterbreite beträgt 100 ms.

8.2 Lösungen   **197**

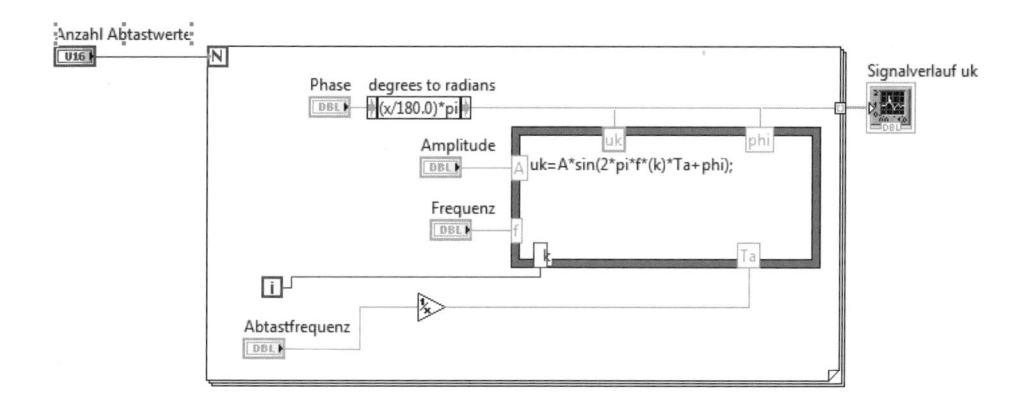

Bild 8.21 Sinus uk.vi

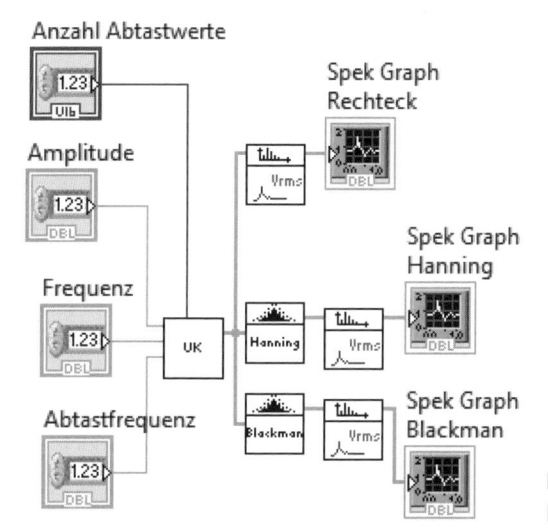

Bild 8.22 Fensterung und Spektrum-Berechnung

Das Spektrum wird als Effektivwert berechnet.

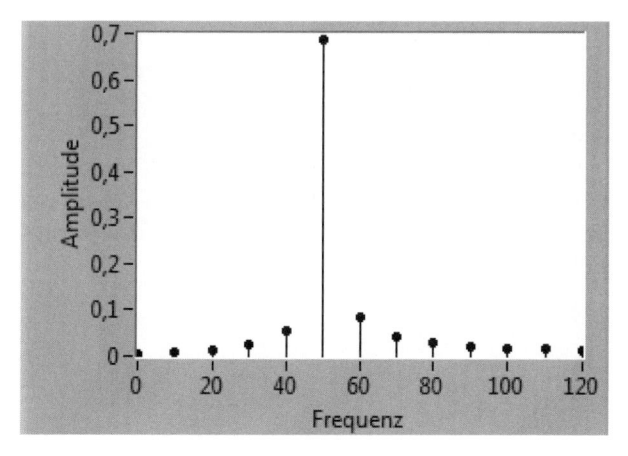

Bild 8.23 Spektrum 51 Hz mit Rechteck-Fensterung 100 ms

Das Spektrum mit der Rechteck-Fensterung verwischt über einen großen Frequenzbereich. Anhand der Seitenlinien lässt sich vermuten, dass die Frequenz größer als 50 Hz ist. Der Betrag wird recht gut angegeben.

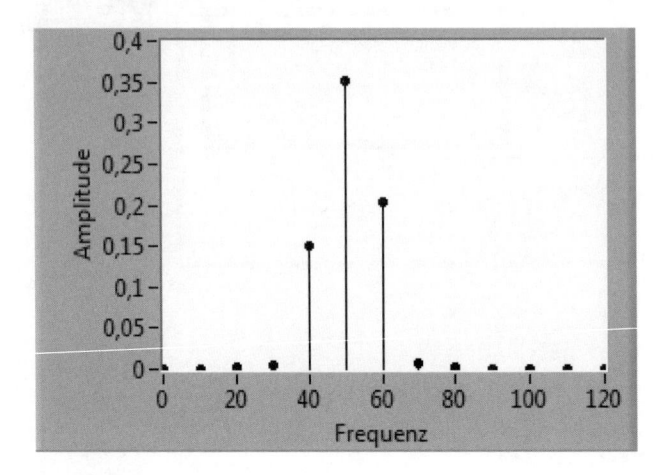

Bild 8.24 Spektrum 51 Hz mit Hanning-Fensterung 100 ms

Mit dem Hanning-Fenster werden die Seitenbänder stark gedämpft.

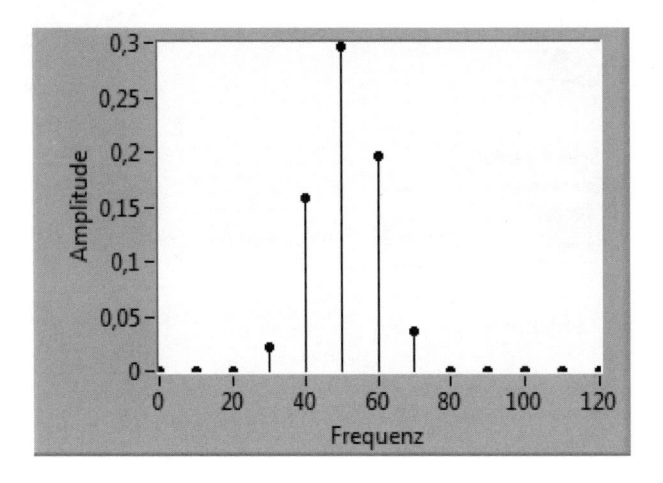

Bild 8.25 Spektrum 51 Hz mit Blackman-Fensterung 100 ms

Der Hauptschwinger des Blackman-Fensters ist breiter als der des Hanning-Fensters. Das Spektrum um die eigentliche Frequenz wird dadurch breiter. Für die Angabe des Betrags müssen die Seitenbänder aufsummiert werden.

Tabelle 8.2 Berechnung der Amplitude und der Frequenz

Frequenz	Amplitude	Wichtung = Freq. · Ampl.
30	0,02101	0,6303
40	0,15778	6,3112
50	0,2955	14,775
60	0,19561	11,7366
70	0,03705	2,5935
Summe	0,70695	36,0466

Die Aufsummierung der Amplitudenwerte ergibt ziemlich genau den Effektivwert des Sinussignals. Wird die gewichtete Summe durch die Amplitude dividiert

$$f = \frac{36,0466}{0,70695} = 51 \text{ Hz}$$

ergibt sich die Signalfrequenz.

Diese Berechnung ließe sich mit der Hanning-Fensterung ebenfalls durchführen, Wegen des schmaleren Hauptfensters würde der Amplitudenwert nicht exakt ermittelt werden. Die Berechnung der Frequenz würde ein vergleichbares Ergebnis liefern.

Lösung 8.2:

Zur Auswahl ist im Panel (Bild 8.26) ein Textring und im Diagramm (Bild 8.27) eine Case-Struktur mit entsprechenden „Cases" zu installieren.

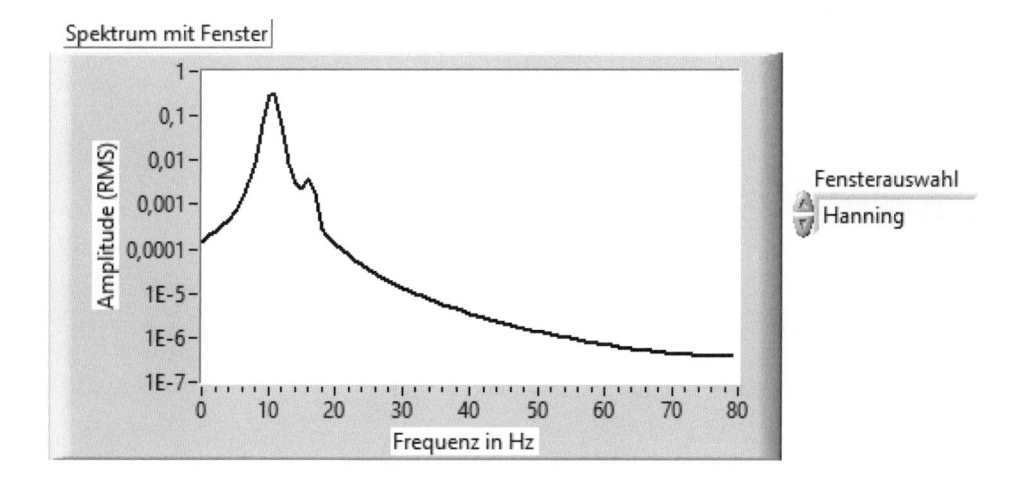

Bild 8.26 Spektrum

8 Diskrete Fourier-Transformation

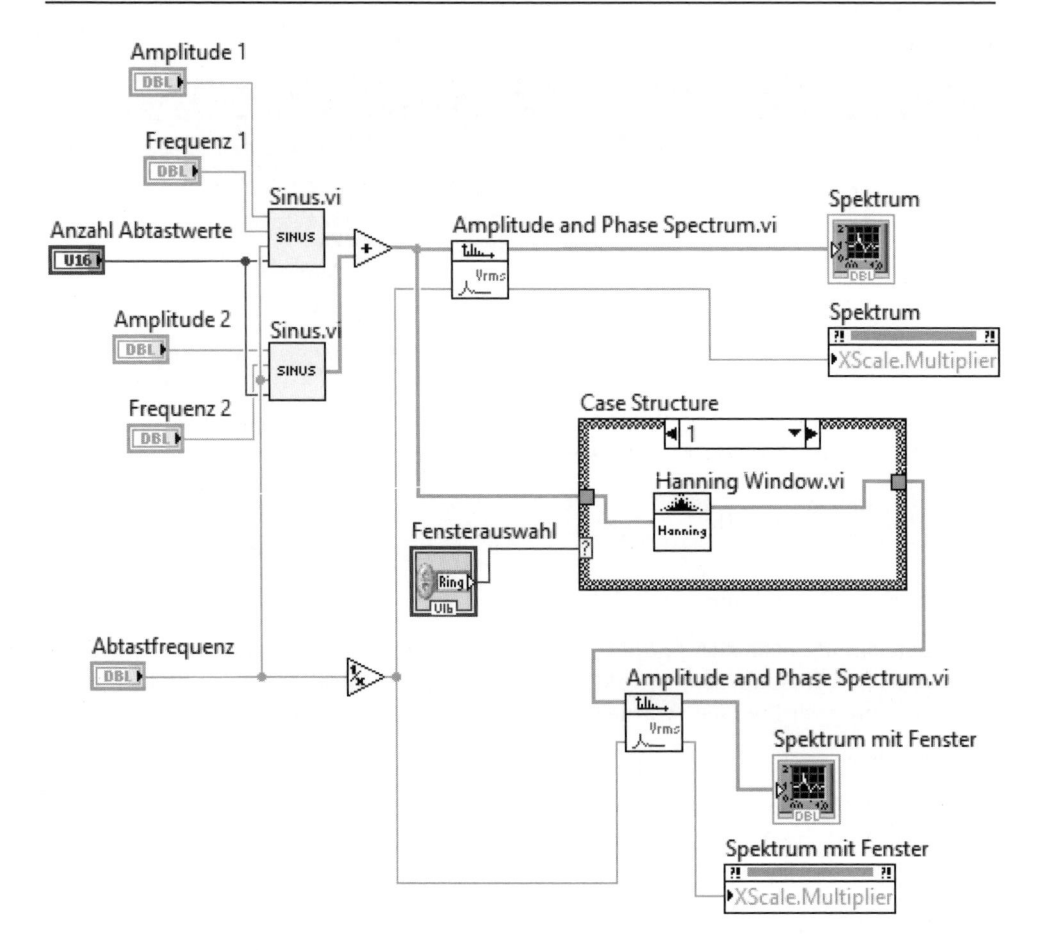

Bild 8.27 Block-Diagramm

Lösung 8.3:

a) $\text{Zeitfenster} = \dfrac{N}{f_a} = \dfrac{200}{400\,\text{Hz}} = 0{,}5\,\text{s}$

b) $0{,}5\,\text{s} = \dfrac{V_1}{f_1} = \dfrac{25}{50\,\text{Hz}} = \dfrac{V_2}{f_2} = \dfrac{50}{100\,\text{Hz}}$

kein Leckeffekt, da V_1 und V_2 ganzzahlige Vielfache sind

Lösung 8.4:

$$\dfrac{N}{f_a} = \dfrac{N}{600\,\text{Hz}} = \dfrac{V_1}{40\,\text{Hz}} = \dfrac{V_2}{50\,\text{Hz}}$$

Für z. B. $N = 600$ Abtastwerte würden sich ganzzahlige Vielfache $V_1 = 40$ und $V_2 = 50$ ergeben und damit kein Leckeffekt.

9 Digitale Signalprozessoren

In den vorhergehenden Kapiteln wurden die Algorithmen der digitalen Signalverarbeitung unter LabVIEW ausgeführt. Für eine Echtzeitverarbeitung (Online-Verarbeitung) muss der entsprechende Algorithmus auf einem digitalen Signalprozessor (DSP) programmiert werden (Bild 9.1). Der Signalprozessor führt dann schritthaltend mit den laufend aus der AD-Umsetzung anfallenden Daten (Abtastwerten) die Verarbeitung durch. DSPs sind spezielle Prozessoren, die für die Bearbeitung abgetasteter Signale optimiert sind. Für viele Anwendungen (z. B. in der digitalen Steuer- und Regelungstechnik) werden auch Mikrocontroller mit DSP-Funktionsblöcken zur Verfügung gestellt. Man spricht in diesem Zusammenhang auch von digitalen Signalcontrollern (DSC).

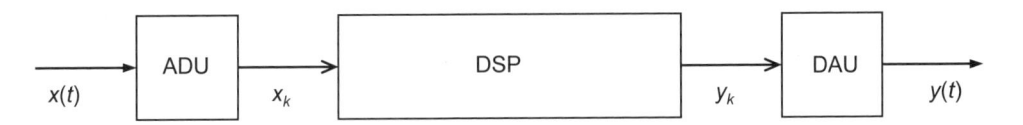

Bild 9.1 Echtzeitverarbeitung mit DSP

■ 9.1 Architektur

Übliche Mikrorechner mit der „von Neumann"-Architektur (Bild 9.2) besitzen einen gemeinsamen Speicher für Programme und Daten. Es kann immer nur jeweils nacheinander auf diesen Speicher zugegriffen werden. Für die notwendigerweise schnelle Abarbeitung der Algorithmen im Echtzeitbetrieb ist dies ein zeitlicher Engpass.

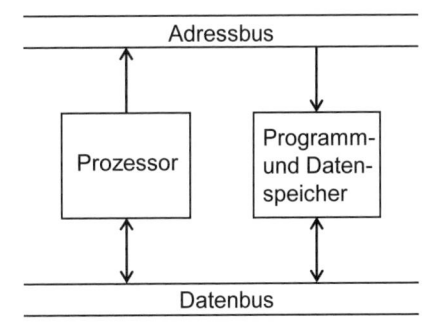

Bild 9.2 „von Neumann"-Architektur

Bei DSPs wird deshalb prinzipiell die Harvard-Architektur (Bild 9.3) eingesetzt. Sie enthält getrennte Speicher für Programme und Daten, auf die über separate Bussysteme gleichzeitig zugegriffen werden kann. Zur Adressenberechnung ist ein eigener Adressgenerator (Adress-ALU) vorhanden. Eine Erweiterung ist die sogenannte modifizierte Harvard-Architektur, die den gleichzeitigen Zugriff auf mehrere Datenspeicher zur Bereitstellung mehrerer Operanden gestattet.

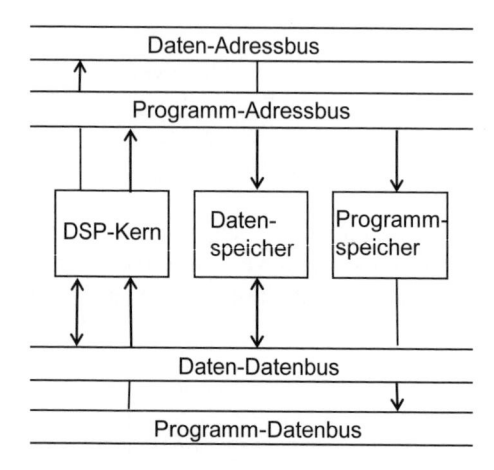

Bild 9.3 Harvard-Architektur

9.2 Befehlsverarbeitung

Um die anstehenden Rechenoperationen schnell auszuführen, verfügt der DSP-Kern über besondere Einrichtungen:

- leistungsfähige ALU (Arithmetik-Logik-Einheit): Viele Operationen der ALU werden in der Regel in einem Prozessortakt ausgeführt.

- Multiplizierer-Akkumulator-Einheit (MAC-Einheit, MAC = Multiply And Accumulate): Zur schnellen Ausführung der in den DSV-Algorithmen vorkommenden Produktsummen enthalten die DSPs zwei getrennte Hardware-Einheiten zum Multiplizieren und zum Addieren, was bedeutet, dass eine Multiplikation sowie eine Addition parallel durchgeführt werden können. Die MAC-Einheit (Bild 9.4) erlaubt also die gleichzeitige Multiplikation zweier Zahlenwerte und die Addition zum vorhergehenden Ergebnis. Die entsprechenden Befehle zum Ausführen solcher Operationen werden als MAC-Befehle bezeichnet.

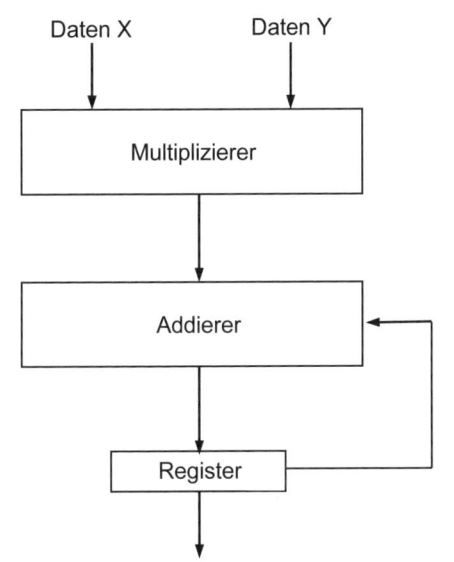

Bild 9.4 MAC-Einheit

- Pipelining: Um einen hohen Befehlsdurchsatz zu erreichen, wird die Abarbeitung als Pipeline organisiert. Bild 9.5 zeigt z. B. eine dreistufige Pipeline (fetch, decode, execute). Damit kann im Idealfall gleichzeitig an drei Befehlen gearbeitet werden, d. h. es wird sozusagen pro Taktzyklus ein Befehl ausgeführt.

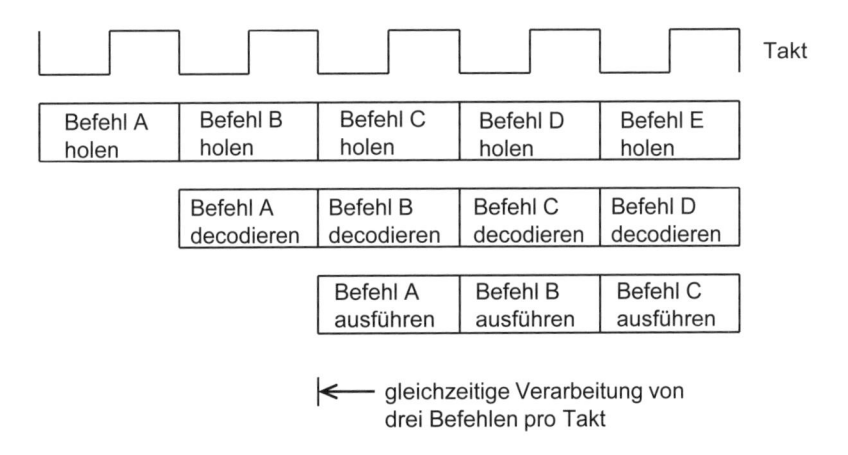

Bild 9.5 Beispiel für eine dreistufige Pipeline

- effiziente Möglichkeiten der Schleifenverwaltung: Zur Ausführung von Programmschleifen stehen spezielle Counter zur Verfügung, die über sogenannte Repeat-Instruktionen kontrolliert werden. Damit muss eine Programmschleife nicht umständlich programmiert werden.

- Shifter (Barrel-Shifter): Logische und arithmetische Schiebeoperationen werden unabhängig von der Anzahl der zu verschiebenden Bits in einem Takt ausgeführt. Die hierzu verwendete Einheit wird als Shifter oder Barrel-Shifter bezeichnet.

- Parallelverarbeitung: Parallel ausgeführt werden können typischerweise MAC-, ALU-, Shift-Operationen und Speicherzugriffe (Mehrfachbefehle: Datentransfers parallel zu Rechenoperationen).

■ 9.3 Zahlenformate

Signalprozessoren lassen sich in zwei große Familien aufteilen. Diese unterscheiden sich durch die interne Zahlendarstellung. Es gibt DSPs mit Festpunkt-Arithmetik und Prozessoren mit Gleitkomma-Arithmetik. Letztere sind deutlich komplexer und daher in ihrer Anschaffung wesentlich teurer als solche mit Festpunktdarstellung.

- Festkomma-Format (Fixed-Point): Zahlendarstellung mit 16, 24 oder 32 Bit. Es bestehen drei Arten der Wertedarstellung:

  - vorzeichenlose Ganzzahl (unsigned integer)
  - vorzeichenbehaftete Ganzzahl (signed integer)
  - Fractional-Integer-Format: I.Q-Format: Es erfolgt eine Aufteilung der Bits auf Vorkommastellen (I) und Nachkommastellen (Q). Bei 16-Bit-Wortlänge bedeutet dann z.B. das 1.15-Format, dass Bit 15 die Vorkommastelle und Bit 14 bis Bit 0 die Nachkommastellen darstellen. Es ergibt sich ein Zahlenwert z von

    $$z = -b_{15} \cdot 2^0 + b_{14} \cdot 2^{-1} + b_{13} \cdot 2^{-2} + \ldots + b_1 \cdot 2^{-14} + b_0 \cdot 2^{-15}$$

    und damit ein Wertebereich

    $-1 \leq z < +1$

    Beispiel: Die 16-Bit-Binärzahl „1010 0000 0000 0000" stellt im 1.15-Format die Zahl $z = -1 \cdot 2^0 + 1 \cdot 2^{-2} = -1 + 0{,}25 = -0{,}75$ dar.

- Gleitkomma-Format (Floating-Point): Darstellung einer Zahl mit Exponent (meist 8 Bit) und Mantisse

■ 9.4 Besondere Adressierungsarten

Zur Berechnung der Zugriffsadressen im Speicher besitzen DSPs eigene Adressgeneratoren, um die ALU zu entlasten. Folgende Adressierungsarten sind typischerweise für die Anwendung bei DSV-Algorithmen implementiert:

- Register-indirekte-Adressierung mit nachträglicher Inkrement- bzw. Dekrementfunktion für sich wiederholende Berechnungen mit Operanden, die hintereinander im Speicher liegen.

- Modulo-Adressierung (circulare Adressierung): Sie erlaubt die Einrichtung und Bearbeitung von circularen Buffern (Ringspeichern) mit bestimmter Anfangs- und Endadresse. Nach Erreichen der Endadresse wird automatisch wieder auf die Anfangsadresse gesprungen.

- Bitreverse-Adressierung: Die Bits des Adresszeigers werden hierbei in umgekehrter Reihenfolge gelesen. Dies ist für den richtigen Zugriff auf die gespeicherten Abtastwerte zur Ausführung des FFT-Algorithmus (Fast Fourier-Transformation) notwendig.

9.5 DSP-Markt

Der Markt der universell programmierbaren Signalprozessoren (general purpose DSP) wird von Texas Instruments, Analog Devices und Freescale geprägt, mit einem breiten Produkt- und Anwendungsspektrum.

Hersteller wie Atmel oder Microchip bieten Mischarchitekturen von Mikrocontrollern und DSP (digitale Signalcontroller, DSC) an. Hier sind die Eigenschaften von steuerungsorientierten Mikrocontrollern und datenstromorientierten Signalprozessoren vereint.

Den größten Marktanteil nehmen inzwischen spezielle DSP ein, die in entsprechenden Bausteinen für die Audio-, Video,- Mobilfunk-, Kommunikationstechnik usw. integriert sind.

9.6 Übungen

Aufgabe 9.1:

a) Nennen Sie vier signifikante Kennzeichen, in denen sich Signalprozessoren von anderen Mikroprozessoren unterscheiden.

b) Welche Operationen werden bei einem MAC-Befehl ausgeführt?

c) Was versteht man unter einem Ringspeicher?

Aufgabe 9.2:

a) Was versteht man unter dem 1.15-Format?

b) Geben Sie die Darstellung der Zahl 0,75 im 1.15-Format an.

c) Welche Zahl wird durch das Bitmuster 1100 0000 0000 0000 im 1.15-Format dargestellt?

9.7 Lösungen

Lösung 9.1:

a)
- Harvard-Architektur
- MAC-Einheit
- Barrel-Shifter
- circulare Adressierung

b) Multiplikation und Addition

c) Ein bestimmter Speicherbereich mit Anfangs- und Endadresse. Beim Erreichen der Endadresse wird automatisch wieder auf die Anfangsadresse gesprungen.

Lösung 9.2:

a) Darstellung einer vorzeichenbehafteten Zahl mit 16 Bit, bei der der Dezimalpunkt zwischen Bit 15 und Bit 14 „gedacht" wird.

b) $z = 0110\ 0000\ 0000\ 0000_2$; $z = 1 \cdot 2^{-1} + 1 \cdot 2^{-2} = 0{,}5 + 0{,}25 = 0{,}75$

c) $z = -1 \cdot 2^0 + 1 \cdot 2^{-1} = -1 + 0{,}5 = -0{,}5$

10 PC-Messtechnik

Messdatenverarbeitung wird in der Regel mit Hilfe eines PCs durchgeführt. Die Messsignale werden dabei z. B. mit Messgeräten oder USB-Messmodulen erfasst. Die verschiedenen Möglichkeiten werden im folgenden Kapitel vorgestellt.

■ 10.1 Messwerterfassung mit dem PC

Zur Erfassung der Messwerte muss der PC über entsprechende Schnittstellen (Bus-Systeme) mit der Datenerfassungs-Hardware (engl. DAQ-Hardware = Data Acquisition-Hardware) verbunden werden. Grundsätzlich lässt sich zwischen seriellen und parallelen Schnittstellen unterscheiden. Bei seriellen Schnittstellen erfolgt die Datenübertragung bitseriell auf einer Leitung. Bei parallelen Schnittstellen stehen mehrere Leitungen für die gleichzeitige bitparallele Übertragung zur Verfügung. Häufig arbeitet man mit acht Leitungen, sodass 8 Bits (= 1 Byte) gleichzeitig übertragen werden. Aus der Vielzahl der Möglichkeiten sind in Tabelle 10.1 häufig eingesetzte Schnittstellen aufgeführt.

Tabelle 10.1 Schnittstellen in der Messtechnik

Schnittstelle:	Typische Mess-Hardware:
RS-232	Messgeräte, Messsysteme
USB	Messmodule (Messboxen)
GPIB (IEC-Bus)	Labormessgeräte
PCI	Messkarten (Einsteckkarten)
PXI	modulare Messgeräte (Einschubmessgeräte)
Ethernet-LAN	Messgeräte, Messsysteme
LXI	Messgeräte

Die in Tabelle 10.1 aufgeführten Schnittstellen sind im Folgenden kurz erläutert:

RS-232

Eine alte, aber durchaus noch häufig anzutreffende Schnittstelle ist die serielle Schnittstelle RS-232. Die typischen Pegelwerte betragen +12 V für logisch 0 und −12 V für logisch 1. Man unterscheidet zwischen DEE (Daten-End-Einrichtung) und DÜE (Daten-Übertragungs-Einrichtung). Zu den DEEs zählen z. B. Terminals, Computer und Mess-Hardware. Modems zur Datenfernübertragung über Telefonleitungen sind dagegen DÜEs. DEE und DÜE haben gleiche Leitungsbezeichnungen. Der Gerätetyp entscheidet, ob eine Leitung als Eingang oder Ausgang betrieben wird. Daraus ergibt sich folgende Unterscheidung:

- Geradeausverbindung zwischen DEE und DÜE
- gekreuzte Verbindung zwischen DEE und DEE, auch Nullmodem genannt, da hier die Modems ausgespart werden.

Mit der RS-232 können Entfernungen bis ca. 20 m mit einer Baudrate von 19200 Baud überbrückt werden.

USB

Der USB (Universal Serial Bus) als Nachfolger von RS-232 ist ebenfalls eine serielle Schnittstelle. Im USB-Kabel sind zwei Signalleitungen (mit D+ und D− bezeichnet) für symmetrische Datenübertragung vorgesehen. Die Datenrate kann bis zu 5 GBit/s (USB 3.0) betragen. Bei niedrigen Datenraten sind einfache, ungeschirmte Kabel verwendbar, bei maximaler Datenrate können nur spezielle Kabel mit geschirmten, verdrillten Leitungen eingesetzt werden. Die ungeschirmten Kabel dürfen maximal 3 m lang sein, die verdrillten, geschirmten dagegen bis zu 5 m.

Neben den Datenleitungen sind zwei Adern mit $V = +5\,V$ bzw. GND = Masseleitung als Spannungsversorgung für Geräte ohne eigene Spannungsquelle vorgesehen.

Die Struktur des USB ist geprägt von der zentralen Steuerung durch den Master (hier Host genannt) und durch Hubs (Sternverteiler), die als Zwischenverstärker dienen. Nach dem Einschalten und beim Hinzufügen von Peripheriegeräten wird durch den Host die Konfiguration erfasst.

GPIB

Der GPIB (General Purpose Interface Bus) entstand aus dem HPIB (Hewlett Packard Interface Bus) und wurde als IEEE-488 und IEC-625 (IEC-Bus) genormt.

Er dient zum Zusammenschalten von Messgeräten unterschiedlichster Art, d.h. zum Aufbau von Messsystemen für automatisierte Messabläufe (Übertragungsrate bis 4,8 MByte/s).

PCI-Bus

Der PCI-Bus (Peripheral Component Interconnect) steht als Standard-Bus in PCs und Workstations zur Verfügung. PC-Einsteckkarten oder PC-Messkarten (engl. DAQ-Boards = Data Acquisition-Boards) sind als PCI-Karten ausgeführt.

PXI-Bus

Beim PXI-Bus (PCI eXtension for Instrumentation) handelt es sich um eine Erweiterung des PCI-Busses um Synchronisierungs- und Trigger-Busse. Er wird insbesondere zum Aufbau von Messsystemen mit modularen Messgeräten verwendet.

Ethernet-LAN

Mit LANs (Local Area Networks) werden Netzwerke mit beschränkter Ausdehnung bezeichnet. Der Aufbau bzw. die Erweiterung des Netzes erfolgt über Switches und Hubs.

LXI

LXI (LAN eXtensions for Instrumentation) ist ein auf Ethernet basierender Standard für die Steuerung von Messgeräten. Jedes LXI-Messgerät beinhaltet neben der erforderlichen LAN-Schnittstelle ein spezielles Web-Interface mit Server und Browser, das die eigentliche Funktionalität bereitstellt.

10.2 Software zur PC-Messtechnik

Die Software muss die Aufgaben der Erfassung, Analyse und Darstellung der Messdaten lösen. Zur Bedienung der eingesetzten Datenerfassungs-Hardware ist eine entsprechende Treiber-Software nötig. Diese kann je nach eingesetzter Schnittstelle sehr komplex sein und wird in der Regel von den Herstellern zusammen mit der Schnittstellen-Hardware angeboten.

Bei der Programmierung von Messgeräten ist man um einen einheitlichen Standard bemüht. Er wurde als SCPI (= Standard Commands for Programmable Instruments) eingeführt.

Man kann die Software in vier Komponenten einteilen:

- Betriebssystem: z. B. Windows, Macintosh, Linux
- Treibersoftware: Sie dient als Schnittstelle zwischen Hardware und Anwendungsprogrammen. Der Treiber sollte in der Lage sein
  - die verschiedenen Funktionen der Hardware anzusprechen,
  - Hardware gleichzeitig zu bedienen und zu synchronisieren sowie
  - hardware- und betriebssystemunabhängig zu arbeiten.
- Konfigurationssoftware: Software zur Inbetriebnahme, Konfiguration und Überprüfung der Hardware-Komponenten
- Anwendungssoftware:

  Die verschiedenen Entwicklungsumgebungen können eingeteilt werden in:
  - textbasierte Programme (z. B. C)
  - grafische Programme (z. B. LabVIEW)
  - Fertigkomponenten

  Verbreitete Anwendungsprogramme:
  - LabVIEW (National Instruments)
  - Agilent VEE (Agilent Technologies, ehemals HP)
  - DASYLab (measx GmbH)

10.3 Programmierung von Messgeräten über GPIB

Im folgenden Abschnitt wird anhand von Messbeispielen die Messwerterfassung und -verarbeitung unter Einsatz von Messgeräten gezeigt.

10.3.1 Hardwareaufbau

Eine in der rechnergestützten Messdatenerfassung häufig genutzte Schnittstelle zum Anschluss von Messgeräten an den Rechner ist die parallele Schnittstelle GPIB (IEC-Bus). Diese Schnittstelle ist standardmäßig nicht am PC vorhanden. Wie in Bild 10.1 dargestellt, ist entweder im PC eine Einsteckkarte für die Umsetzung PCI/GPIB einzusetzen oder ein externer Converter für die Umsetzung USB/GPIB anzuschließen. Der GPIB erlaubt den Zusammenschluss von maximal 16 Geräten über entsprechende Buskabel zu einem Messsystem mit Übertragungswegen bis zu 20 m bei Übertragungsraten bis zu 4,8 MByte/s. An jedem angeschlossenen Gerät muss eine bestimmte Geräteadresse eingestellt werden.

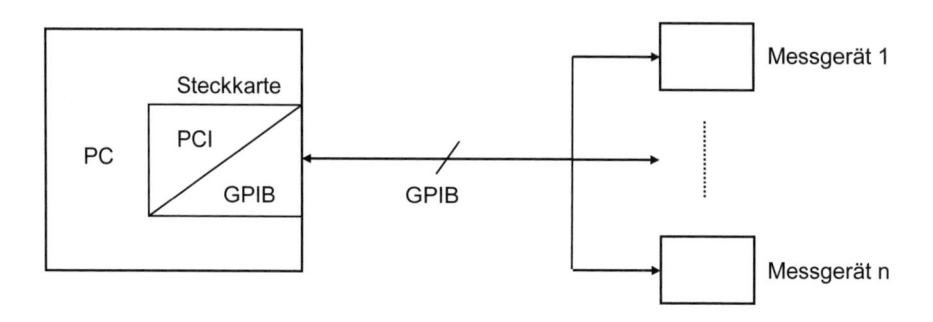

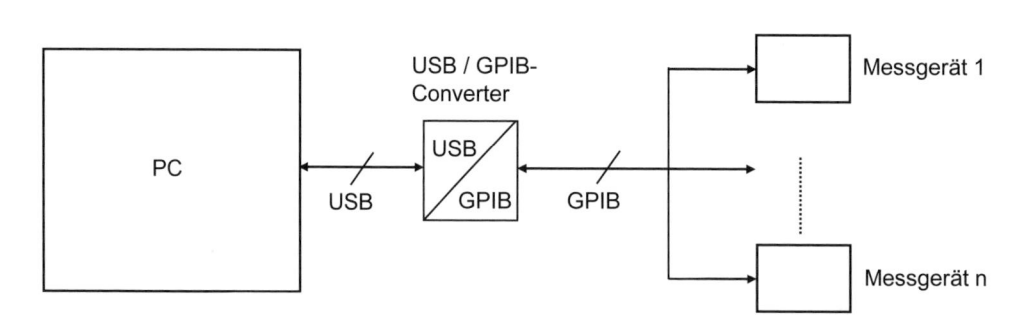

Bild 10.1 Kopplung zwischen PC und Messgeräten

GPIB (IEC-Bus)

Den Start zu dieser Schnittstelle gab Hewlett-Packard mit der Entwicklung des HP-IB (Hewlett-Packard-Interface-Bus). In der Folgezeit wurde der HP-IB ohne bedeutende Änderungen als IEEE-488 und IEC-625 weltweit genormt.

Bezeichnungen für den IEC-Bus

- HP-IB (Hewlett-Packard-Interface-Bus)
- IEEE-488
- IEC-625
- GPIB (General-Purpose-Interface-Bus)

IEC-Bus-Leitungen

Der IEC-Bus besteht aus 16 Leitungen, die sich in folgende Teilbusse untergliedern:

- Datenbus: acht Datenleitungen
- Steuerbus: fünf Steuerleitungen
- Handshake Bus: drei Signalleitungen

Es können nach der Normempfehlung bis zu 16 Geräte gleichzeitig auf den Bus geschaltet werden. Die Übertragung der Daten erfolgt bitparallel und byteseriell im ASCII-Code.

Datenbus:

Die acht Datenleitungen werden mit DIO1 ... DIO8 (Data Input/Output) bezeichnet.

Sie dienen zur Adressierung der Messgeräte und zur Übertragung der Daten. Entsprechend unterscheidet man zwischen Adressenmodus (Steuerleitung ATN = aktiv) zur Übertragung von Adressen und Datenmodus (Steuerleitung ATN = nicht aktiv) zur Übertragung von Daten.

Steuerbus:

Die fünf Leitungen des Steuerbusses kontrollieren den Informationsfluss.

IFC (Interface Clear) Rücksetzen der Messgeräteschnittstellen

ATN (Attention) Unterscheidung zwischen Adressen bzw. Daten auf dem Datenbus

SRQ (Service Request) Durch Setzen dieser Nachricht kann ein Gerät Bedienung anfordern.

REN (Remote Enable) Durch diese Nachricht kann der Rechner alle beteiligten Geräte in einen Fernsteuerungsmodus versetzen und die lokalen Bedienungsfunktionen sperren.

EOI (End Or Identify) Kennzeichnung des Endes einer Übertragung bzw. Identifizierung bei SRQ

Handshake-Bus:

Die drei Leitungen kontrollieren die Datenübertragung zwischen Sender (Talker) und Empfänger (Listener).

DAV (Data Valid = Daten gültig): Über dieses Signal erklärt ein Sender die Daten auf dem Datenbus für gültig.

NRFD (Not Ready For Data = nicht bereit zur Datenübernahme): Dieses Signal wird von einem Gerät gesetzt, solange es nicht in der Lage ist, ein neues Datenwort aufzunehmen.

NDAC (Not Data Accepted = Daten noch nicht übernommen): Dieses Signal wird von einem Gerät gesetzt, solange es mit der Übernahme eines auf dem Datenbus anstehenden Datenwortes beschäftigt ist.

Messgeräte
Funktionsgenerator Agilent 33220A

Der Agilent 33220A ist ein 20-MHz-Synthesizer-Funktionsgenerator, der außer den üblichen Standardsignalformen auch Arbiträrsignale und Pulse erzeugen kann. Das Gerät eignet sich gleichermaßen gut zur Verwendung als autonomes Laborgerät wie für den Systemeinsatz.

Auszug aus dem Handbuch:

Einstellen der GPIB-Adresse: Die Adresse des Gerätes kann auf einen Wert zwischen 1 und 30 eingestellt werden. Beim Einschalten des Gerätes wird die Adresse angezeigt.

1. Wählen Sie das Menü „I/O": Drücken Sie [Utility] und anschließend den Softkey I/O.
2. Wählen Sie die GPIB-Adresse: Wählen Sie mit dem Drehknopf und den Cursor-Tasten oder über die numerische Tastatur eine GPIB-Adresse aus.
3. Verlassen Sie das Menü: Drücken Sie den Softkey DONE.

Programmierung: Der Funktionsgenerator lässt sich mit SCPI-Befehlen (Standard Commands for Programmable Instruments) programmieren.

Der Befehl APPLy:

Er bietet die einfachste Möglichkeit mit einem einzigen Befehl Kurvenform, Frequenz, Amplitude und Offset des Ausgangssignales einzustellen:

z. B.: APPL:SIN_2000, 3.0, 2.5 → Sinussignal mit 2000 Hz, 3.0 V Amplitude und 2.5 V Offset

z. B.: APPL:DC_DEF, DEF, 2.2 → DC-Signal (Gleichspannung) von 2.2 V

Allgemeine Syntax für den Befehl APPLy:

APPLy:SINusoid_[<Frequenz> [, <Amplitude> [, <Offset>]]]

APPLy:SQUare_[<Frequenz> [, <Amplitude> [, <Offset>]]]

APPLy:TRIangle_[<Frequenz> [, <Amplitude> [, <Offset>]]]

APPLy:RAMP_[<Frequenz> [, <Amplitude> [, <Offset>]]]

APPLy:DC_[<DEF> [, <DEF> [, <Offset>]]]

Befehle zum Ändern einzelner Parameter des Ausgangssignales:

    FUNCtion:SHAPe_{SIN | SQU | TRI | RAMP | DC}

    FREQuency_{<Frequenz>}

    PULSe:DCCYCle_{<Prozent>}

    VOLTage_{<Amplitude>}

    VOLTage:OFFSet_{<Offset>}

    z. B.: FREQ_300 → ändert die Frequenz auf 300 Hz

    z. B.: VOLT:OFFS_2 → ändert die ausgegebene Gleichspannung auf 2 V

Wichtiger Hinweis zu den Befehlen:

Statt „_" (underline) im Befehl ein Leerzeichen setzen!

Multimeter Agilent 34401A

Das Agilent 34401A ist ein digitales Hochleistungsmultimeter mit einer Auflösung von 6 1/2 Stellen. Das Gerät eignet sich sowohl für den Einsatz im Messlabor als auch zur Integration in Messsystemen.

Auszug aus dem Handbuch:

Einstellen der GPIB-Adresse: Die Adresse des Gerätes kann auf einen Wert zwischen 1 und 30 eingestellt werden. Beim Einschalten des Gerätes wird die Adresse angezeigt.

1. Menü einschalten: [Shift] [On/Off]
2. I/O - MENU einstellen: [<] [<]
3. Eine Ebene abwärts bewegen zu HPIB-IB ADDR: [∨]
4. Abwärts bewegen zur „Parameter"-Ebene : [∨] und ändern der Adresse mit Pfeiltasten
5. Änderungen speichern und Menü ausschalten: [Enter]

Programmierung: Das Multimeter lässt sich mit SCPI-Befehlen (Standard Commands for Programmable Instruments) programmieren.

Der Befehl CONFigure:

Mit diesem Befehl kann die Messfunktion des Multimeters eingestellt werden:

    CONF:<Funktion>,<Bereich>,<Auflösung>

z. B.: CONF:VOLT:AC_DEF,DEF → AC-Spannung mit automatischer Messbereichswahl und Auflösung

Tabelle 10.2 Multimeter-Messfunktionen (Auswahl)

Code	Erläuterung
VOLT:DC	DC-Spannung
VOLT:AC	AC-Spannung
CURR:DC	DC-Strom
CURR:AC	AC-Strom
RES	Widerstand
FREQ	Frequenz
PER	Periode

Der Befehl „READ?":

Der Befehl startet eine Messung und sendet den Messwert zum Ausgangspuffer des Bus-Interfaces. Anschließend kann der Messwert ausgelesen werden.

Wichtiger Hinweis zu den Befehlen:

Statt „_" (underline) im Befehl ein Leerzeichen setzen!

Counter RACAL DANA 1991/92

Der Universal Counter von Racal Dana eignet sich u. a. für die Messung von Frequenz, Periodendauer, Zeitintervall und Phase im Frequenzbereich 0 bis 1,3 GHz.

Auszug aus dem Handbuch:

Einstellen der GPIB-Adresse:

Die Adresse wird als Dualzahl (LSB rechts) an DIP-Schaltern auf der Geräterückseite eingestellt. Die Adresse wird beim Einschalten des Gerätes übernommen.

Tabelle 10.3 Counter-Kommandoliste (Auszug)

Code	Erläuterung
AAC	A channel, AC-coupling
ADC	A channel, DC-coupling
AFE	A channel, filtering enabled
FA	Frequency A
PA	Period A
PH	Phase A relative to B
TI	Time Interval

Tabelle 10.4 Counter: Format der Ausgabe über GPIB

Byte-Nr.	Bedeutung	Erlaubte ASCII-Zeichen
1	Function letter	
2	Function letter	
3	Sign of measurement	+ or −
4	Most significant digit	0 to 9
5 bis 14	Digit	0 to 9 or .
15	Least significant digit	0 to 9 or .
16	Exponent indicator	E
17	Sign of exponent	+ or −
18	More significant digit	0 to 9
19	Less significant digit	0 to 9
20	Carriage Return	CR
21	Line feed	LF

10.3.2 Verwendete LabVIEW-Funktionen

Neben allgemeinen LabVIEW-Funktionen werden in den Programmen zur Kommunikation mit den Messgeräten und zur Manipulation der ASCII-Zeichenketten (Strings) insbesondere Funktionen aus den Unterpaletten „GPIB", „String" und „Number/String-Conversion" verwendet.

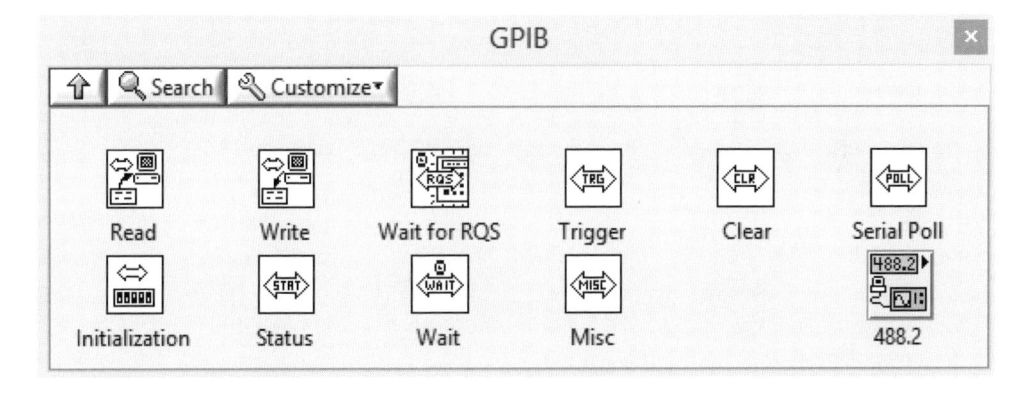

Bild 10.2 GPIB-Palette

Die GPIB-Palette (Bild 10.2) enthält die beiden wichtigen Funktionen „GPIB Write" und „GPIB Read". Mit „GPIB Write" (Bild 10.3) können Daten (Strings) an ein Messgerät gesendet werden. Notwendig sind die Belegung der Anschlüsse „address string" (Adresse des Messgerätes am GPIB) und „data" (zu sendende Daten). Die übrigen Anschlüsse sind optional.

10 PC-Messtechnik

GPIB Write

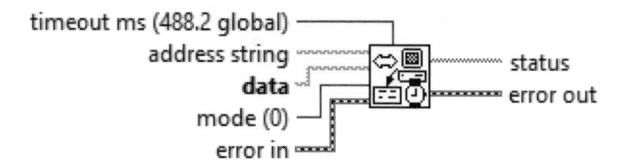

- timeout ms (488.2 global)
- address string
- **data**
- mode (0)
- error in
- status
- error out

Writes **data** to the GPIB device identified by **address string**.

Bild 10.3 Funktion „GPIB Write"

Mit „GPIB Read" (Bild 10.4) werden Daten (Strings) von einem Messgerät gelesen. Notwendig ist die Belegung der Anschlüsse „address string", „data" und „byte count". Mit „byte count" wird angegeben, wie viele Zeichen (Bytes) vom Messgerät ausgelesen werden.

GPIB Read

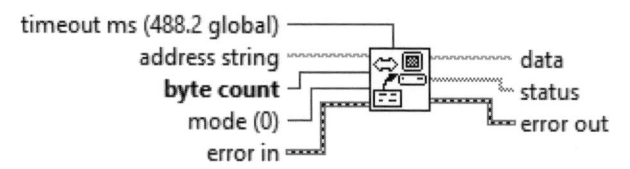

- timeout ms (488.2 global)
- address string
- **byte count**
- mode (0)
- error in
- data
- status
- error out

Reads **byte count** number of bytes from the GPIB device at **address string**.

Bild 10.4 Funktion „GPIB Read"

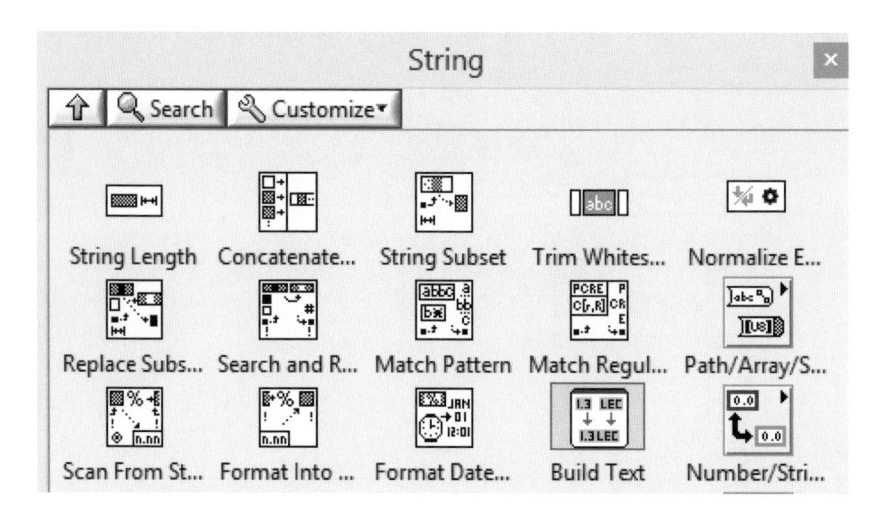

Bild 10.5 String-Palette (Auszug)

Die String-Palette (Bild 10.5) enthält die Funktion „Concatenate Strings" und die Unterpalette „Number/String Conversion". Mit „Concatenate Strings" (Bild 10.6) können neue Strings aus Teilstrings zusammengesetzt werden.

Concatenate Strings

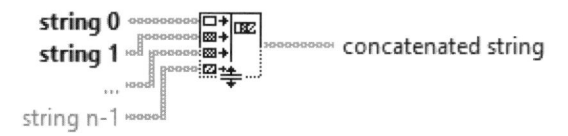

string 0
string 1
...
string n-1
concatenated string

Concatenates input strings and 1D arrays of strings into a single output string. For array inputs, this function concatenates each element of the array.

Bild 10.6 Funktion „Concatenate Strings"

Number/String Conversion

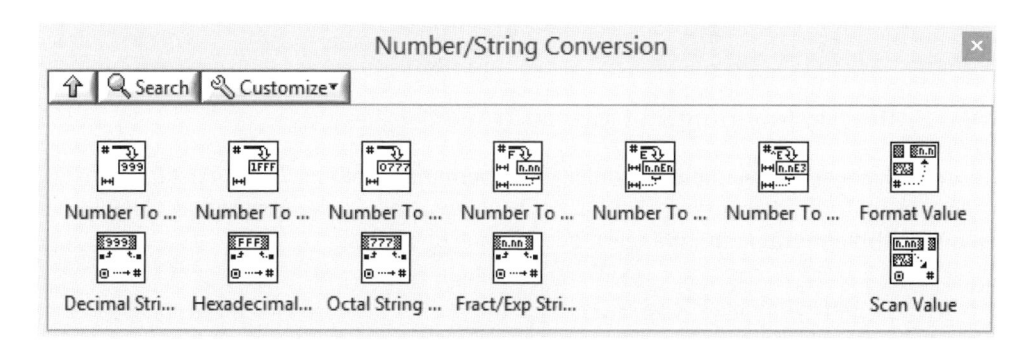

Number To ... | Number To ... | Number To ... | Number To ... | Number To ... | Number To ... | Format Value
Decimal Stri... | Hexadecimal... | Octal String ... | Fract/Exp Stri... | | | Scan Value

Bild 10.7 Palette für Number/String Conversion

Die Unterpalette „Number/String Conversion" (Bild 10.7) enthält Routinen für die Umwandlung numerischer Werte in Strings und umgekehrt. Mit „Number To Fractional String" (Bild 10.8) erfolgt die Umwandlung einer Gleitkommazahl in einen String. Die boolsche Option „use system decimal point (T)" erlaubt durch Anschluss von F (= False) die Wandlung des Kommas in der eingehenden Zahl zu einem Punkt im ausgegebenen String. Bei Messgeräten ist üblicherweise der Punkt als Dezimaltrennzeichen eingestellt.

„Fract/Exp To Number" (Bild 10.9) führt die umgekehrte Wandlung durch. Die Beschaltung der Option „use system decimal point (T)" mit einem F (False) bewirkt hier dann sinngemäß die Wandlung des ankommenden Punktes im Messwert-String in ein Komma in der ausgegebenen Gleitpunktzahl.

Number To Fractional String

use system decimal point (T)
number
width (-)
precision (6)
F-format string

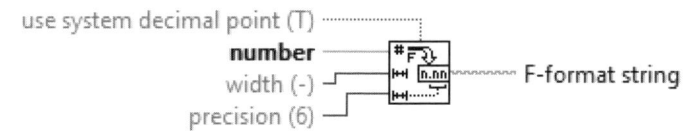

Converts **number** to an F-format (fractional notation), floating-point string at least **width** characters wide or wider if necessary.

Bild 10.8 Funktion „Number To Fractional String"

Fract/Exp String To Number

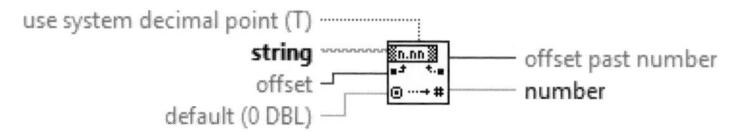

```
use system decimal point (T) ┈┈┈┐
                   string ┈┈┈┈┤▓▓▓├── offset past number
                   offset ──┤▓▓▓├── number
              default (0 DBL) ──┘
```

Interprets the characters 0 through 9, plus, minus, e, E, and the decimal point (usually period) in **string** starting at **offset** as a floating-point number in engineering notation, exponential, or fractional format and returns it in **number**.

Bild 10.9 Funktion „Fractional/Exponential String To Number"

10.3.3 Programmierung von Messaufgaben

In den folgenden Messaufgaben erfolgt die Programmerstellung in übersichtlichen Teilschritten und mit elementaren LabVIEW-Elementen, sodass der Programm-Ablauf auch von LabVIEW-Programmieranfängern gut nachvollziehbar ist.

10.3.3.1 Amplitudengang eines Filter aufnehmen

Aufgabenstellung

Für ein Filter ist der Amplitudengang messtechnisch aufzunehmen und grafisch darzustellen. Zusätzlich sollen die aufgenommenen Messwerte in eine Datei geschrieben werden. Unter dem Amplitudengang versteht man bei einem Filter das Verhältnis von Ausgangs- zu Eingangsspannung in Abhängigkeit der Frequenz.

$$\text{Amplitudengang:} \quad \frac{U_a}{U_e} = f(f)$$

U_a und U_e sind dabei die Scheitelwerte (Amplituden) bzw. Effektivwerte der Spannungen.

Beispiel-Schaltung: RC-Tiefpass

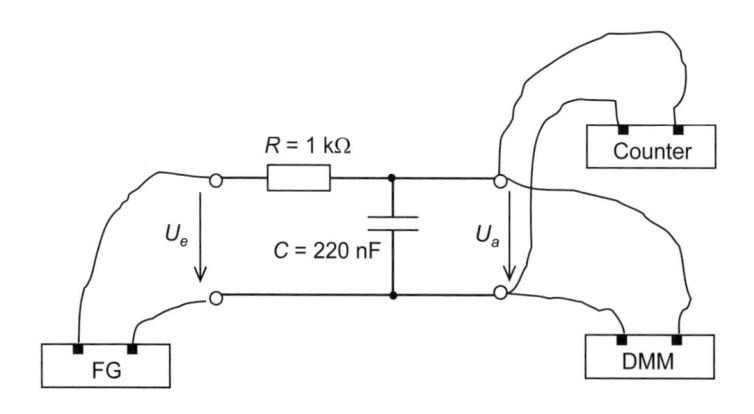

Bild 10.10 Messschaltung

Wie in Bild 10.10 dargestellt, wird für die Speisung der Schaltung der Funktionsgenerator (FG) Agilent 33220A benutzt. Um den interessierenden Frequenzbereich zu erfassen, sollen am FG folgende Parameter für die Eingangsspannung U_e eingestellt werden:

- Sinussignal mit einer Amplitude von U_{eS} = 5 V
- keine Offsetspannung (offset = 0 V)
- Frequenzbereich:
    - f = 100 Hz bis 900 Hz mit einer Schrittweite von 100 Hz
    - f = 1000 Hz bis 10000 Hz mit einer Schrittweite von 1000 Hz

Für die Messung der Frequenz wird der Counter Racal Dana und für die Messung der Ausgangsspannung U_a das Digital-Multimeter (DMM) Agilent 34401A eingesetzt.

Messablauf

Der Ablauf der Messung ist in Bild 10.11 mit einem Struktogramm dargestellt.

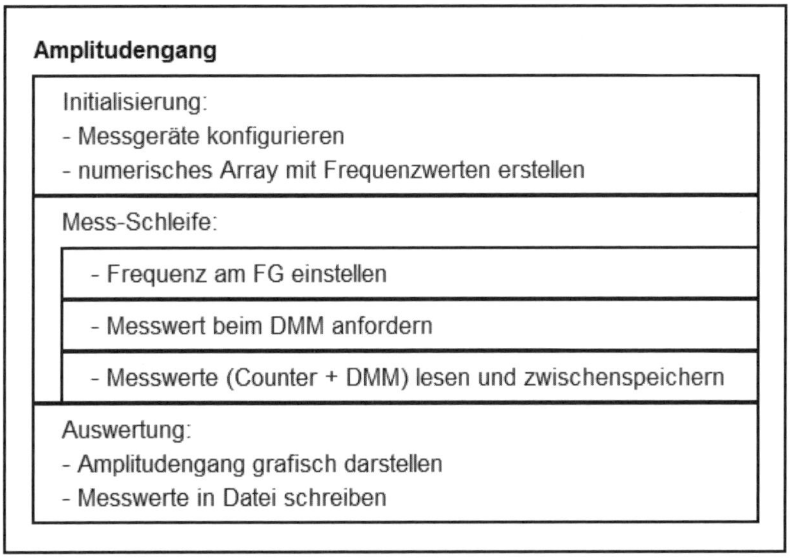

```
Amplitudengang
  Initialisierung:
  - Messgeräte konfigurieren
  - numerisches Array mit Frequenzwerten erstellen
  Mess-Schleife:
    - Frequenz am FG einstellen
    - Messwert beim DMM anfordern
    - Messwerte (Counter + DMM) lesen und zwischenspeichern
  Auswertung:
  - Amplitudengang grafisch darstellen
  - Messwerte in Datei schreiben
```

Bild 10.11 Struktogramm zum Ablauf der Messung

Zur Erzeugung eines Arrays (Feld) mit den erforderlichen Frequenzvorgaben für den Funktionsgenerator wird ein SubVI (Unterprogramm) „Set-Array" erstellt. Das SubVI erzeugt aus den Eingabeparametern Anfangswert, Schrittweite und Anzahl Werte ein entsprechendes Array (Bilder 10.12, 10.13 und 10.14).

Bild 10.12 SubVI (Unterprogramm) „Set Array"

Bild 10.13 Panel zum SubVI „Set-Array"

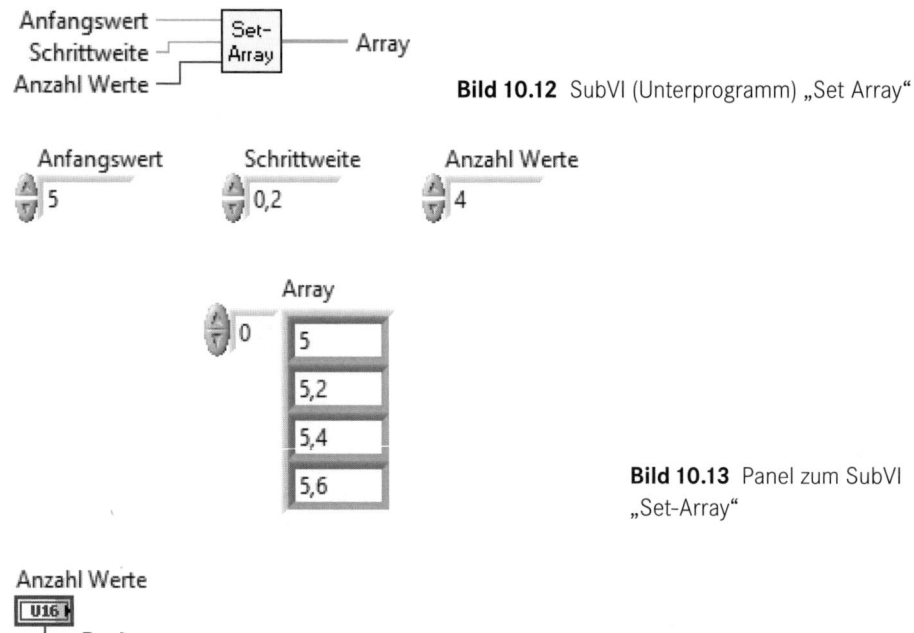

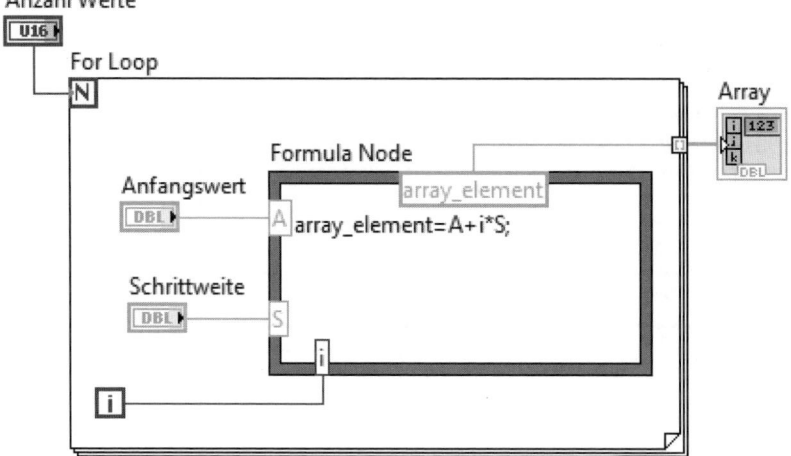

Bild 10.14 Diagramm zum SubVI „Set-Array"

Programm

Die Programmierung der Messaufgabe erfolgt anhand des Struktogramms (Bild 10.11) in einzelnen überschaubaren Programm-Sequenzen.

Rahmen 0 (Bild 10.15):

Im Rahmen 0 werden die Messgeräte auf die betreffende Betriebsart eingestellt. Die dazu notwendigen Befehle sind den Handbüchern (siehe Abschnitt 10.3.1) entnommen. Das SubVI „Set-Array" kommt zweimal zum Einsatz, um zunächst die vorgegebenen Teil-Frequenzbereiche mit 100 Hz und 1000 Hz Schrittweite zu erzeugen. Anschließend erfolgt mit „Build Array" die Zusammenfassung aller Frequenzwerte. Diese werden in einer lokalen Sequenzvariablen an den nachfolgenden Rahmen 1 der Sequenz übergeben.

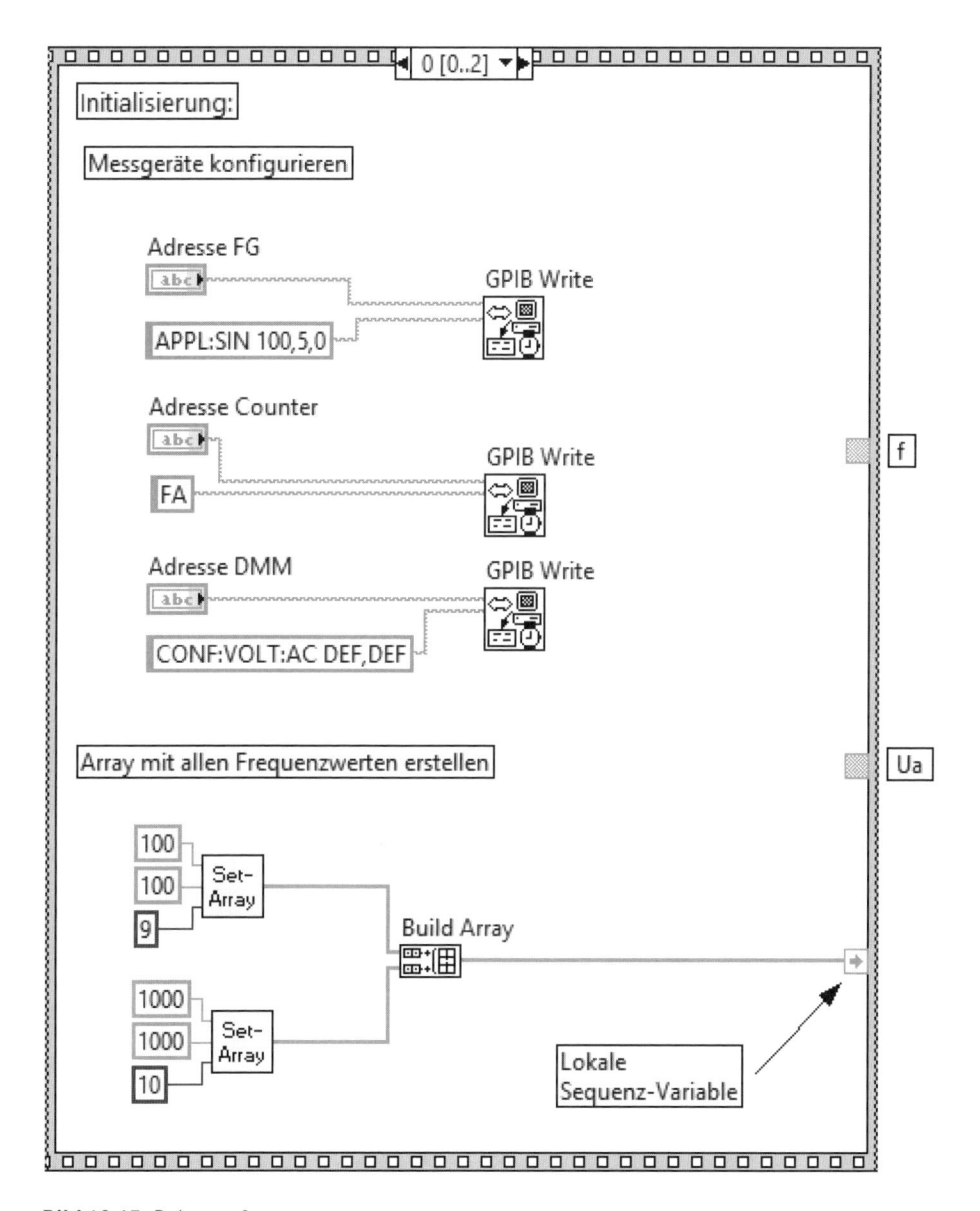

Bild 10.15 Rahmen 0

Rahmen 1 (Bild 10.16):

Im Rahmen 1 befindet sich die Messschleife, realisiert mit einer For-Schleife (For Loop).

Rahmen 0 in der Messschleife (Bild 10.16):

Bei jedem Schleifendurchlauf wird im Rahmen 0 ein Frequenzwert aus der lokalen Sequenzvariablen an den Funktionsgenerator geschrieben. Der numerisch vorliegende Frequenzwert wird durch die Funktionen „Number To Fractional String" und „Concatenate Strings" so aufbereitet, dass er der Syntax des Funktionsgenerators entspricht.

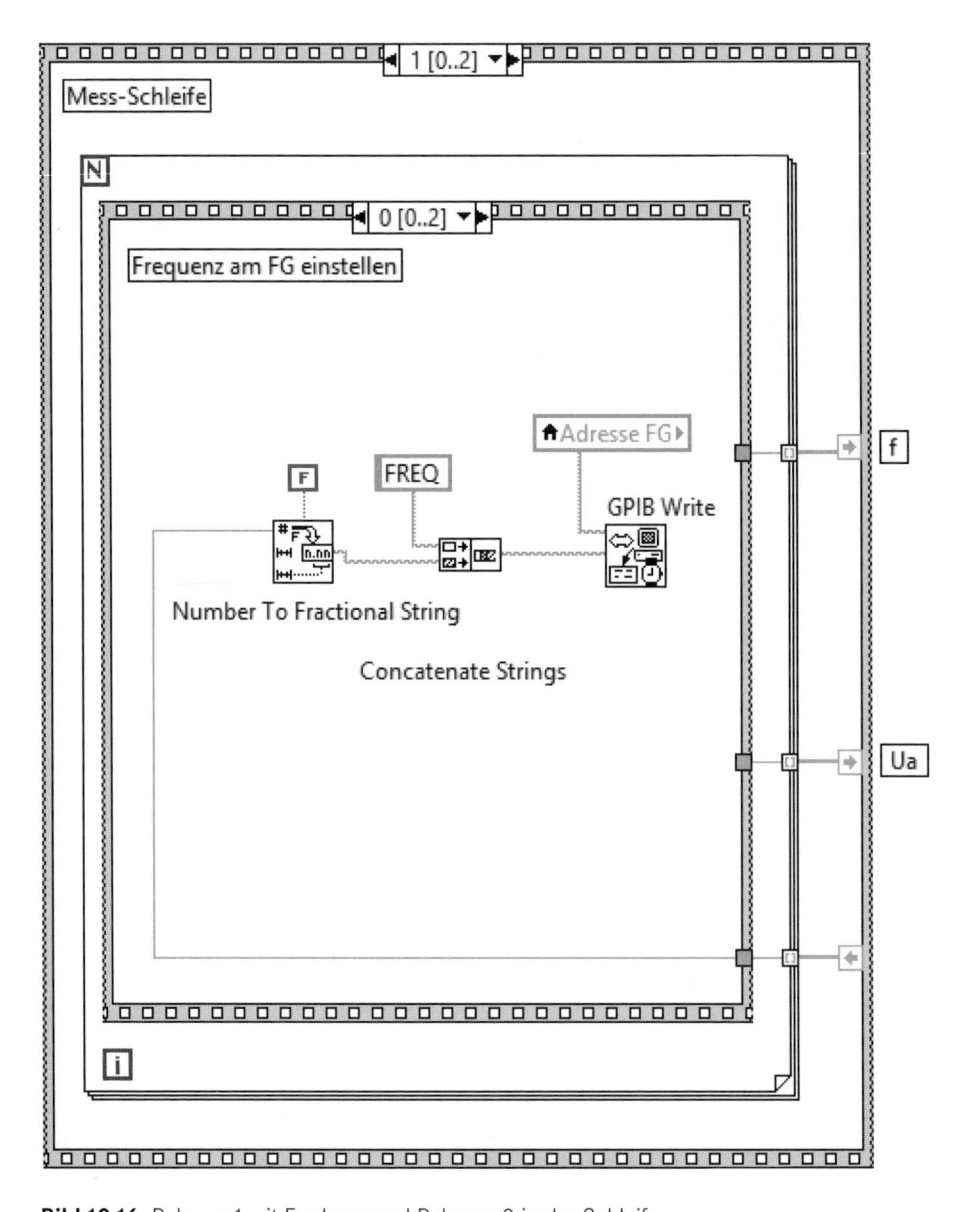

Bild 10.16 Rahmen 1 mit For Loop und Rahmen 0 in der Schleife

10.3 Programmierung von Messgeräten über GPIB

Rahmen 1 in der Messschleife (Bild 10.17):

Im Rahmen 1 innerhalb der Schleife wird mit dem Befehl „READ?" das Auslesen des Messwertes vom DMM vorbereitet.

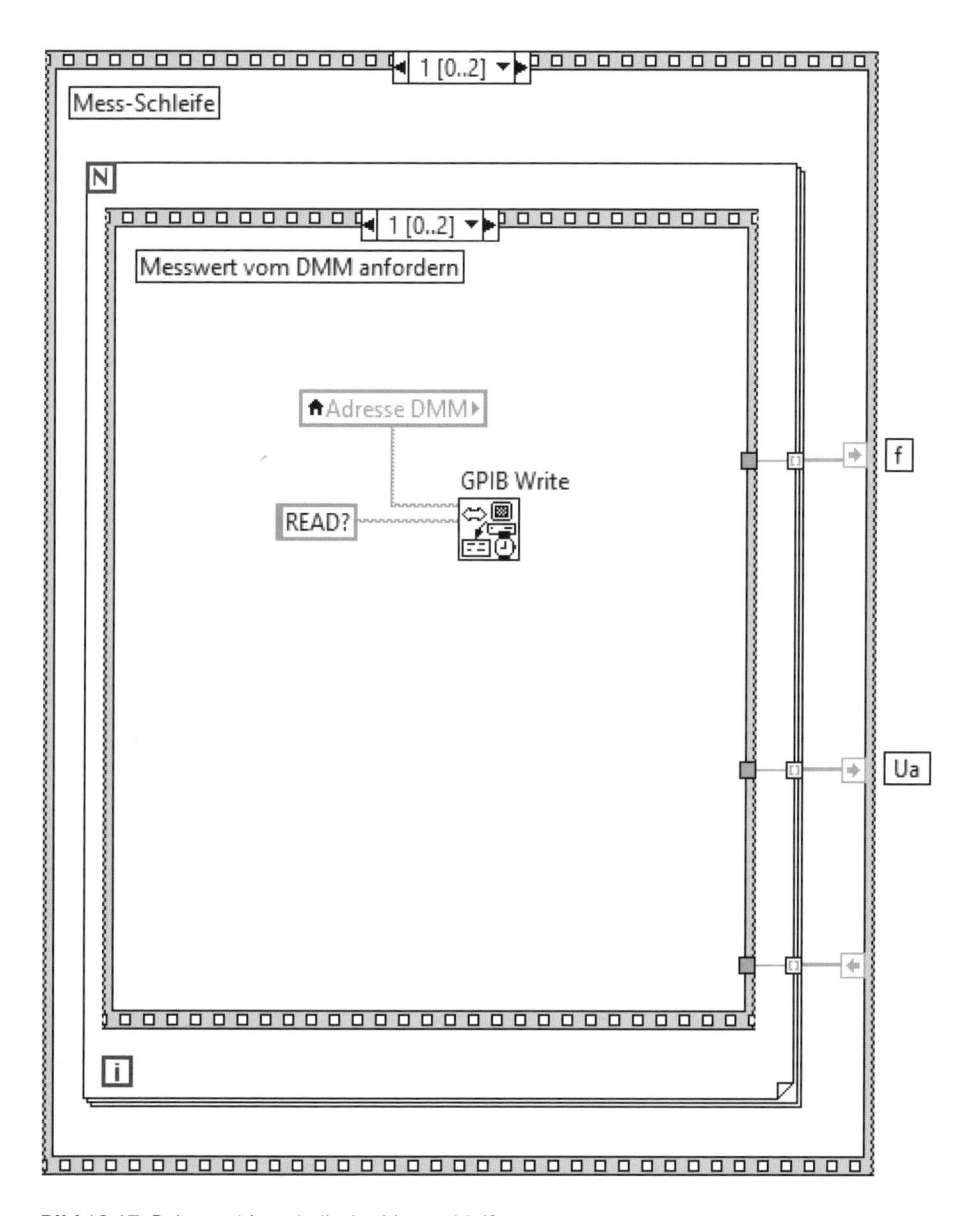

Bild 10.17 Rahmen 1 innerhalb der Messschleife

Rahmen 2 in der Messschleife (Bild 10.18):

Im Rahmen 2 innerhalb der Schleife werden die Messwerte-Strings von Counter und DMM gelesen, in Gleitkommazahlen gewandelt und in den lokalen Sequenzvariablen „f" und „Ua" zur Auswertung gespeichert. In der Wandlungsroutine „Fract/Exp String To Number" muss für den Counter der Anschluss „Offset" mit einer 2 beschaltet werden, da im Messwerte-String die beiden ersten ASCII-Zeichen nicht zum Messwert gehören (siehe Tabelle 10.4). Durch die Offset-Beschaltung mit einer 2 werden diese ersten beiden Zeichen im Messwerte-String bei der Wandlung ignoriert.

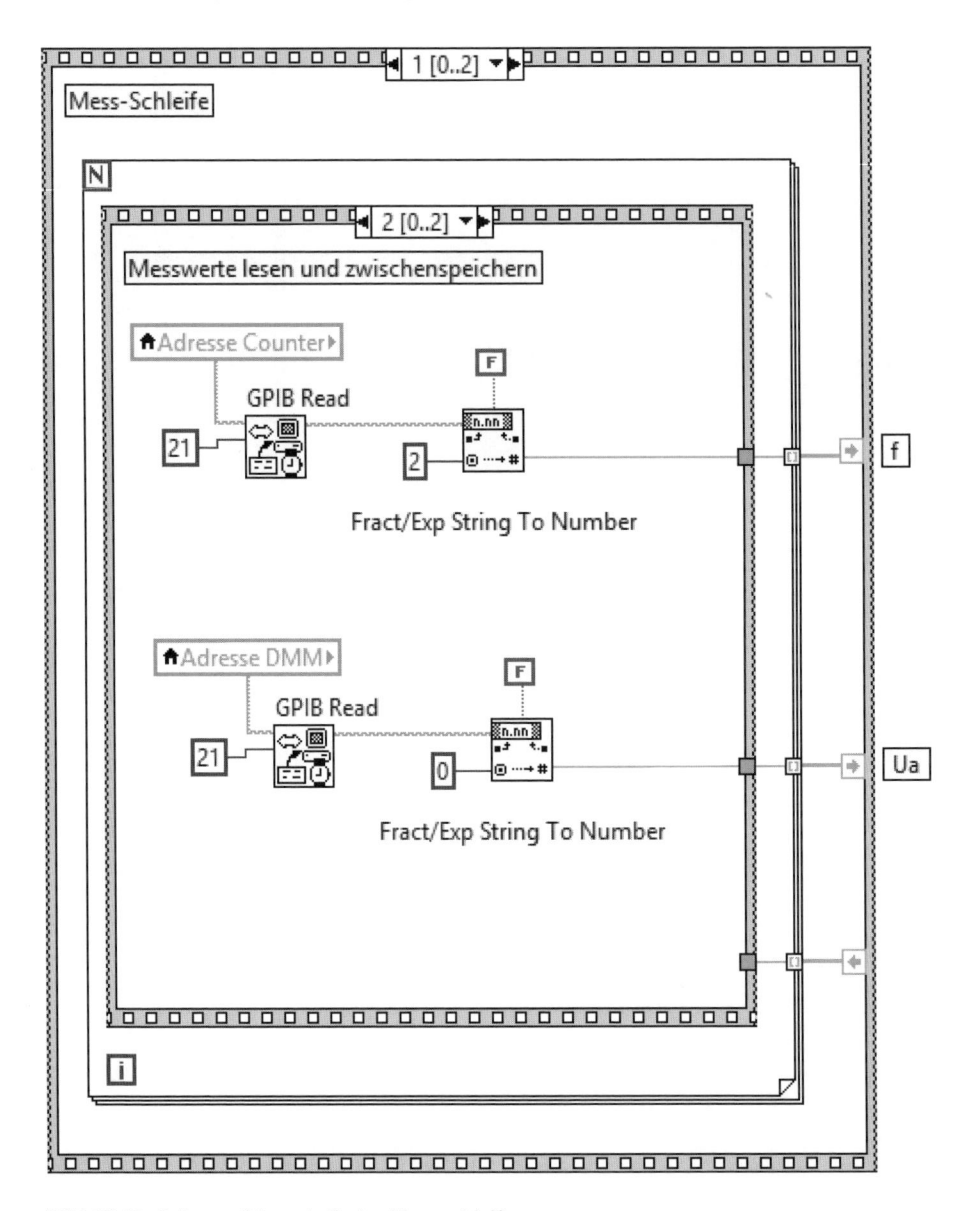

Bild 10.18 Rahmen 2 innerhalb der Messschleife

Rahmen 2 (Bild 10.19):

Im Rahmen 2 erfolgt die Auswertung der in den lokalen Sequenzvariablen „f" und „Ua" gespeicherten Messwerte. Im oberen Bereich wird jeweils in einem „xy-Graphen" der Amplitudengang bzw. der Amplitudengang im dB-Maß dargestellt.

Im unteren Bereich werden die Messwerte für „f" und „Ua" mit der Funktion „Write To Spreadsheet File" in eine Datei mit dem Pfad „Z:\Mess-Ordner\Messwerte" geschrieben. Die Daten aus der Datei können dann z. B. auch mit Excel gelesen und verarbeitet werden.

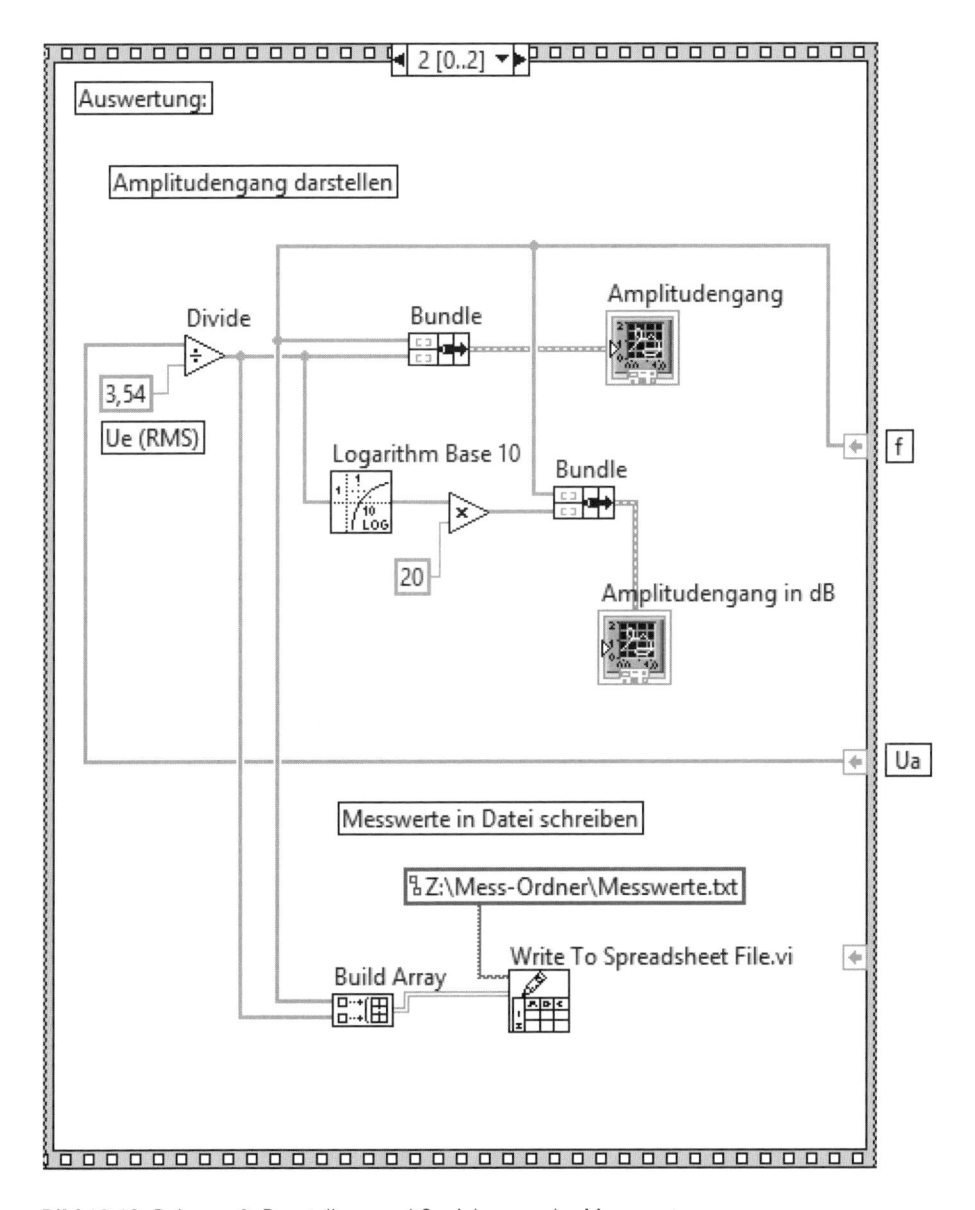

Bild 10.19 Rahmen 2: Darstellung und Speicherung der Messwerte

Der sich aus der Messung ergebende Amplitudengang ist in Bild 10.20 zu sehen. Bild 20.21 zeigt den Amplitudengang im dB-Maß. Zusätzlich sind hier Cursor-Linien eingeblendet, um die Grenzfrequenz des RC-Tiefpasses zu überprüfen. Bei −3 dB lässt sich eine Grenzfrequenz von ca. 715 Hz ablesen. Der theoretische Wert der Grenzfrequenz (ohne Berücksichtigung von Toleranzen in den Bauelementen) liegt bei

$$f_g = \frac{1}{2 \cdot \pi \cdot R \cdot C} = \frac{1}{2 \cdot \pi \cdot 1\,\text{k}\Omega \cdot 220\,\text{nf}} = 723\,\text{Hz}$$

Im oberen Frequenzbereich fällt der Amplitudengang mit 20 dB pro Frequenz-Dekade.

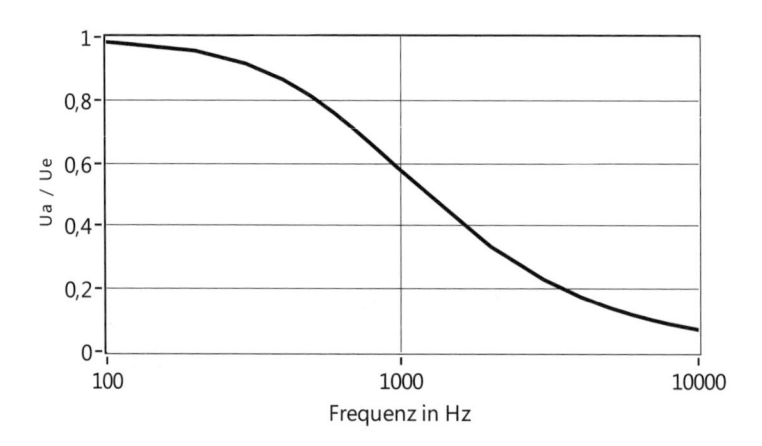

Bild 10.20 Amplitudengang des RC-Tiefpasses

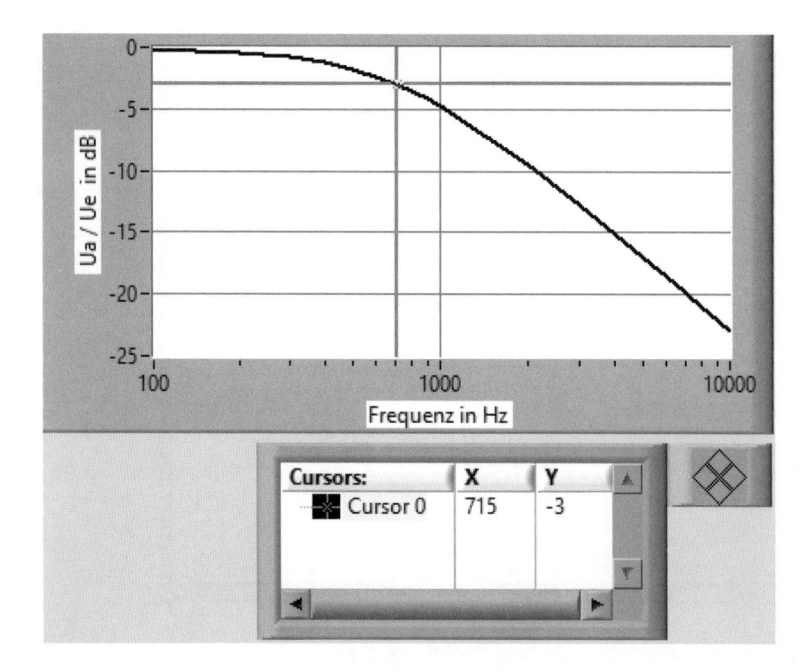

Bild 10.21 dB-Amplitudengang des RC-Tiefpasses

10.3.3.2 Frequenzgenauigkeit eines Funktionsgenerators überprüfen

Aufgabenstellung

Mit Hilfe des Counters (der hier als Präzisionsinstrument zu betrachten ist) soll die vom Funktionsgenerator (FG) ausgegebene Frequenz überprüft werden. Die am Funktionsgenerator eingestellte Frequenz wird dabei als Sollwert, die tatsächlich mit dem Counter gemessene Frequenz als Istwert bezeichnet.

Die erwünschte Benutzer-Schnittstelle (Front-Panel) soll das im Bild 10.22 vorgegebene Aussehen haben mit folgenden Eingabeparametern und Anzeigen:

Eingabeparameter:

- Start-Frequenz
- Stopp-Frequenz
- Anzahl Messwerte im Bereich Start- bis Stopp-Frequenz
- zulässiger Fehler in Prozent (zulässige Abweichung zwischen Soll- und Istwert)

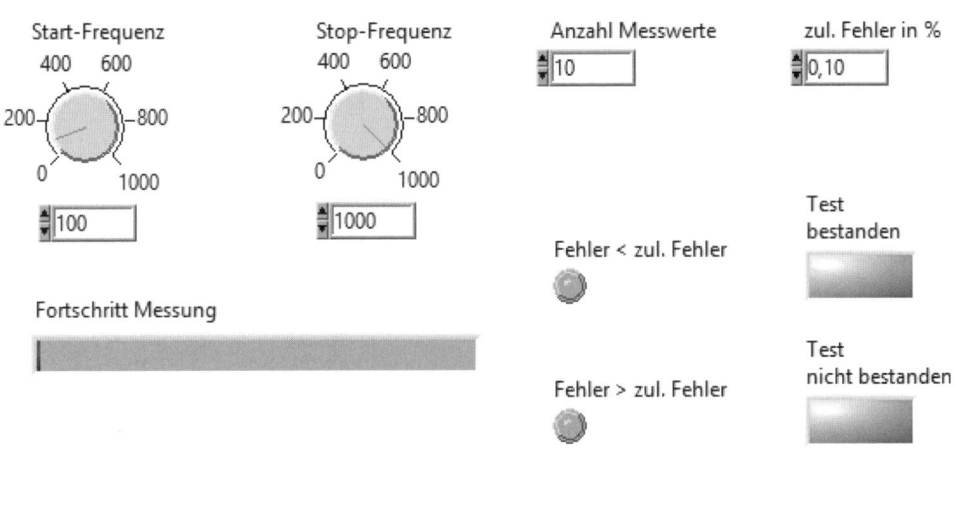

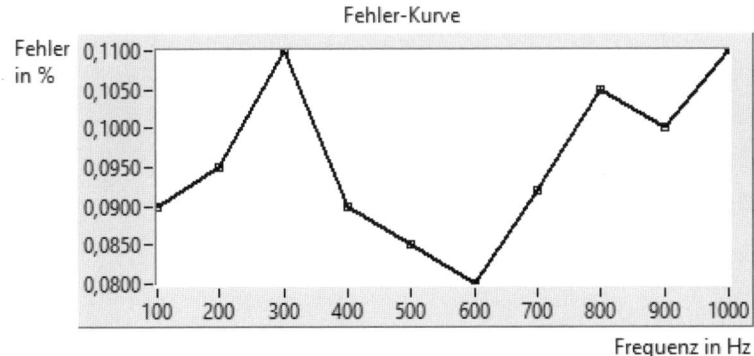

Bild 10.22 Erwünschte Benutzer-Schnittstelle (Front-Panel)

Anzeigen:

- LEDs, die für jeden Messpunkt anzeigen, ob der Fehler größer oder kleiner als der zulässige Fehler ist
- LEDs, die anzeigen, ob der Test bestanden oder nicht bestanden (mindestens ein Messpunkt hat einen zu großen Fehler) ist
- Anzeigebalken für das Fortschreiten der Messung
- Anzeige des ermittelten Fehlers in Abhängigkeit der Frequenz (Fehlerkurve)

Messablauf

Der Ablauf der Messung ist mit dem Struktogramm in Bild 10.23 dargestellt.

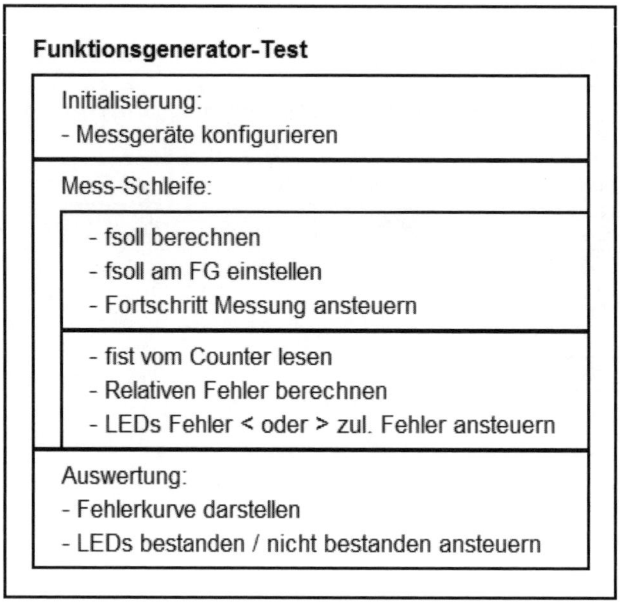

```
Funktionsgenerator-Test
  Initialisierung:
  - Messgeräte konfigurieren
  Mess-Schleife:
    - fsoll berechnen
    - fsoll am FG einstellen
    - Fortschritt Messung ansteuern

    - fist vom Counter lesen
    - Relativen Fehler berechnen
    - LEDs Fehler < oder > zul. Fehler ansteuern
  Auswertung:
  - Fehlerkurve darstellen
  - LEDs bestanden / nicht bestanden ansteuern
```

Bild 10.23 Struktogramm zum Ablauf der Messung

Programm

Das in Bild 10.23 vorliegende Struktogramm wird in ein LabVIEW-Diagramm umgesetzt.

Rahmen 0 (Bild 10.24):

Im Rahmen 0 werden die Messgeräte (FG und Counter) konfiguriert.

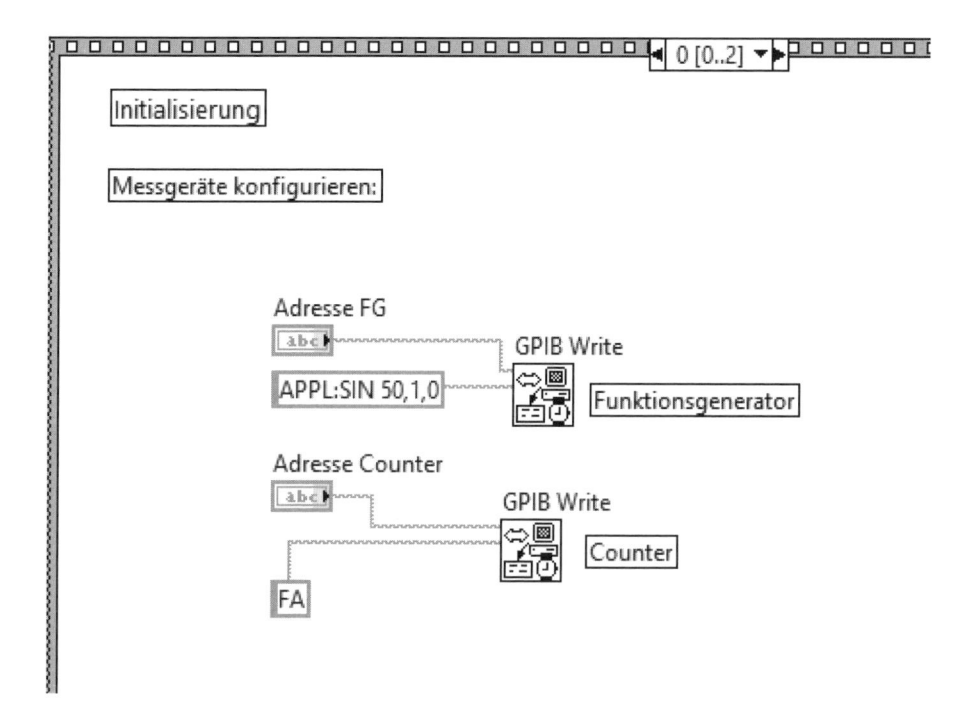

Bild 10.24 Rahmen 0

Rahmen 1 (Bild 10.25):

Im Rahmen 1 befindet sich die mit einer For-Schleife (For Loop) realisierte Messschleife.

Rahmen 0 in der Messschleife (Bild 10.25):

Bei jedem Schleifendurchlauf wird im Rahmen 0 aus den Eingabeparametern Start-Frequenz, Stopp-Frequenz und Anzahl Messwerte mit einem Formelknoten die aktuelle Sollfrequenz „fsoll" berechnet und nach entsprechender Umformung in einen String an den Funktionsgenerator geschrieben.

Zugleich wird mit der Sollfrequenz „fsoll" der Balken „Fortschritt Messung" angesteuert.

Über die Eigenschaftsknoten (property node) „Scale Minimum" und „Scale Maximum" werden Anfang und Ende des Balkens „Fortschritt Messung" auf die Start- und Stopp-Frequenz skaliert.

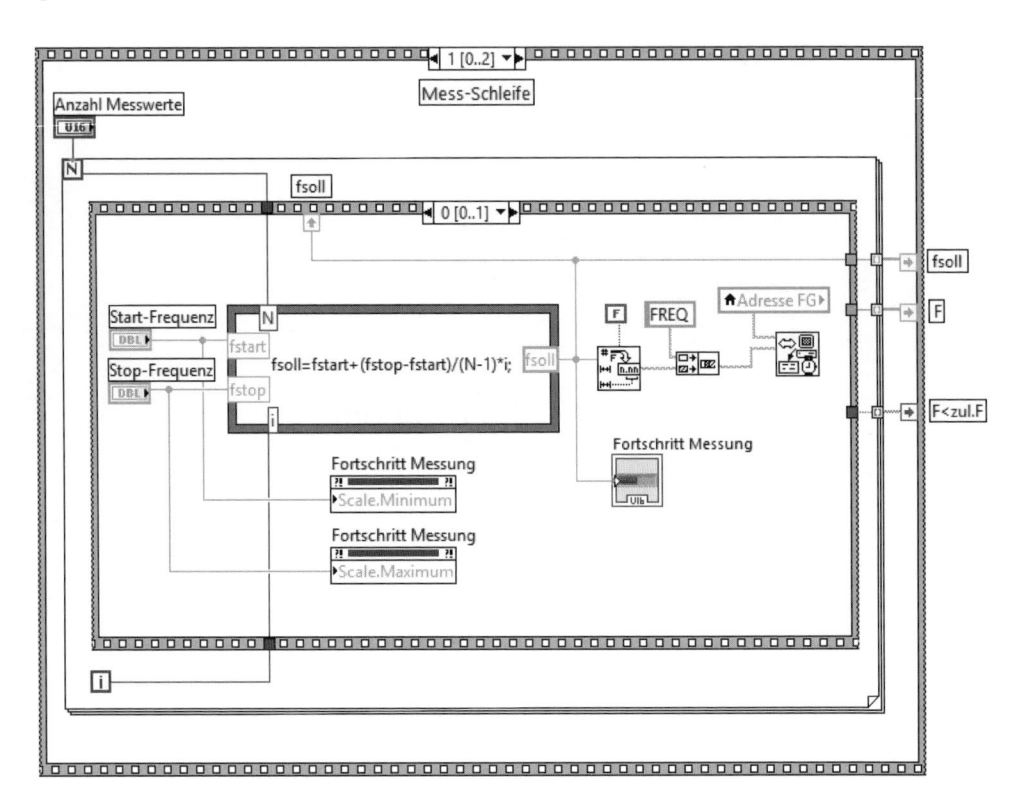

Bild 10.25 Messschleife mit Rahmen 0

10.3 Programmierung von Messgeräten über GPIB

Rahmen 1 in der Messschleife (Bild 10.26):

Im Rahmen 1 wird der Frequenzmesswert vom Counter gelesen und in einen Zahlenwert umgewandelt. Anschließend wird in einem Formelknoten der Fehler aus Ist- und Sollwert berechnet. Der Fehler wird für die weitere Auswertung an die lokale Sequenzvariable „F" übergeben.

Der boolsche Wert aus dem Vergleich Fehler < zulässiger Fehler dient zur Ansteuerung der LEDs. Gleichzeitig wird er zur Weitergabe in die lokale Sequenzvariable „F < zul.F" geschrieben.

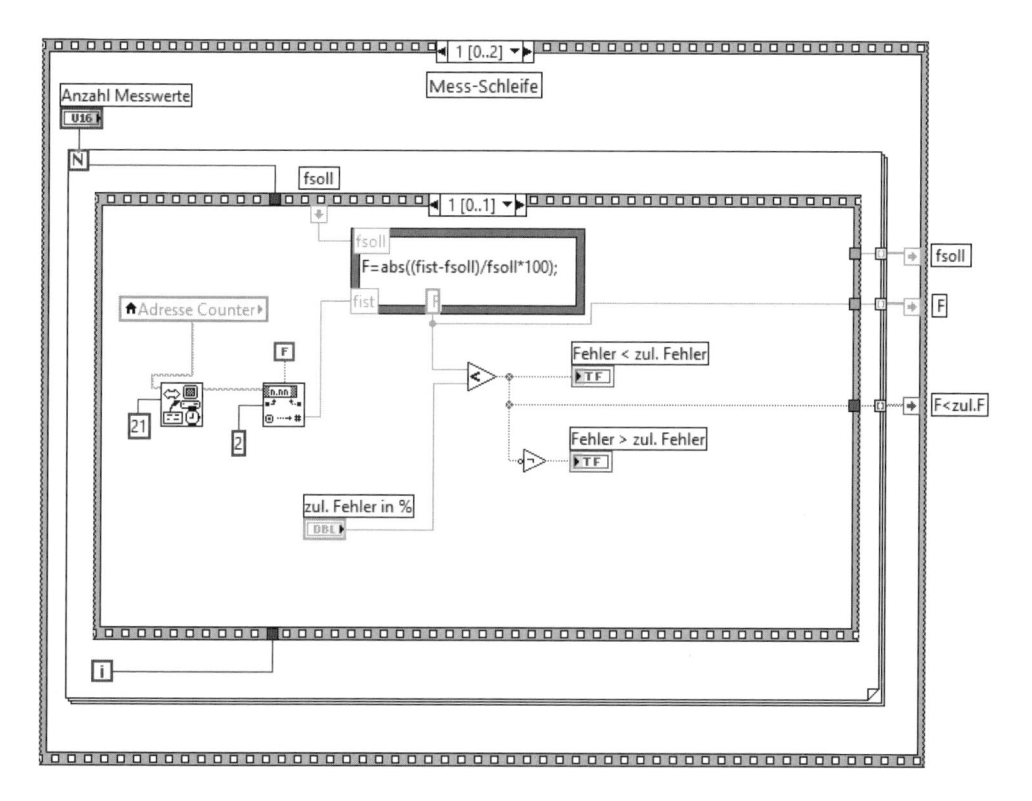

Bild 10.26 Messschleife mit Rahmen 1

Rahmen 2 (Bild 10.27):

Im Rahmen 2 wird in einem xy-Graphen die Fehlerkurve F = f(fsoll) dargestellt.

Die boolschen Werte aus dem Vergleich „Fehler < zul. Fehler" werden mit der Funktion „And Array Elements" logisch UND verknüpft. Nur wenn in jedem Messpunkt der Fehler kleiner als der zulässige Fehler war, wird der Test als bestanden über die entsprechende LED angezeigt.

Die LEDs „Fehler > zul. Fehler" und „Fehler < zul. Fehler" werden am Ende der Messung definiert gelöscht, indem an zugeordnete lokale Variablen ein „F" („False") angelegt wird.

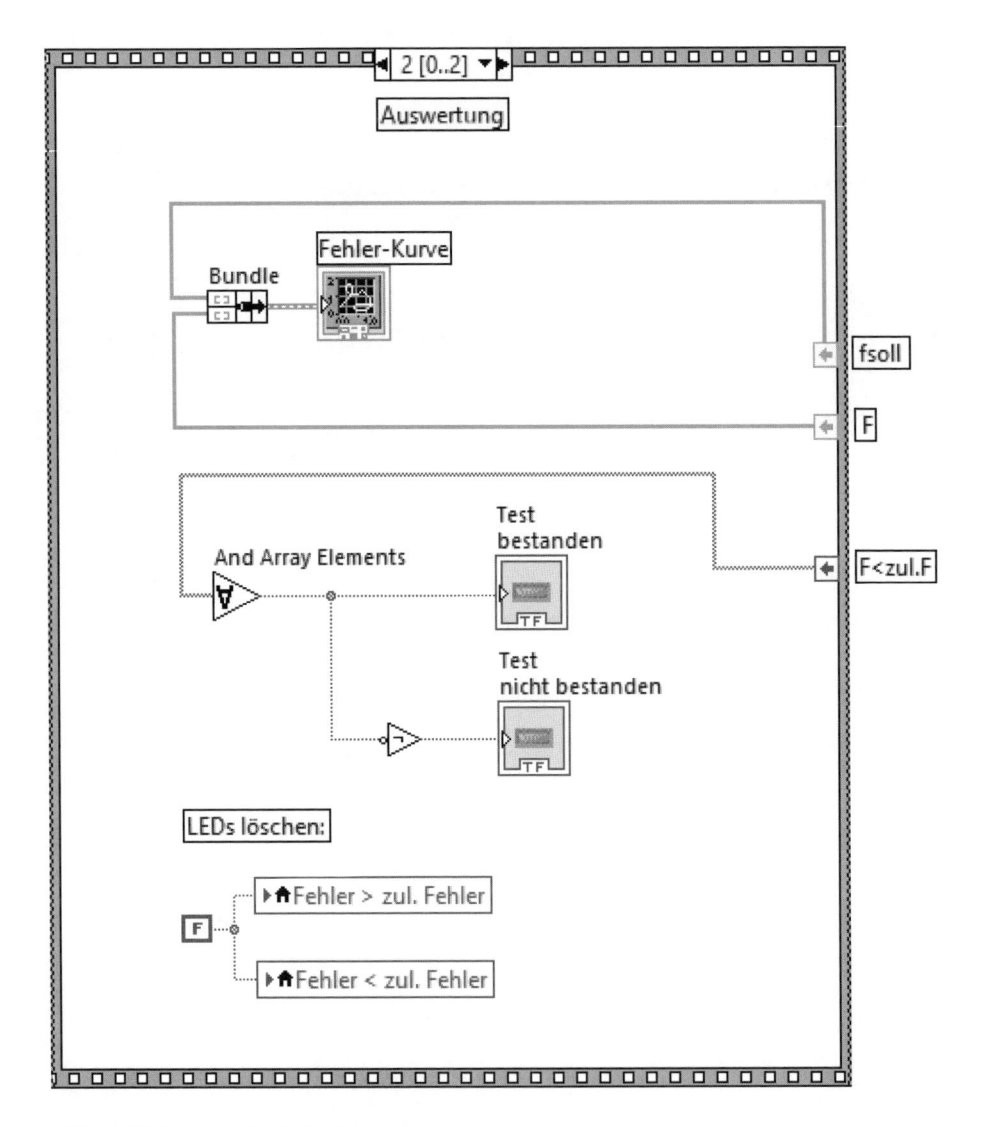

Bild 10.27 Rahmen 2 mit der Auswertung

10.3.3.3 Realisierung einer Waage mit Dehnungsmessstreifen

Mit einem Biegestab mit applizierten Dehnungsmessstreifen (DMS) soll eine Waage realisiert werden (Bild 10.28). Der Biegestab kann mit Gewichten (Masse m = 0 g bis 1000 g) belastet werden. Zur Erfassung von Dehnung und Stauchung sind je zwei DMS an der Ober- und Unterseite des Biegebalkens aufgeklebt. Die vier DMS sind als Vollbrücke (je Brückenzweig ein DMS) geschaltet (Bild 10.29).

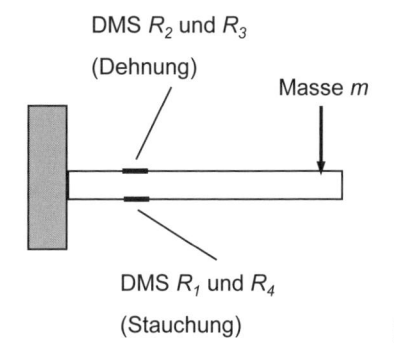

Bild 10.28 Biegebalken mit applizierten DMS

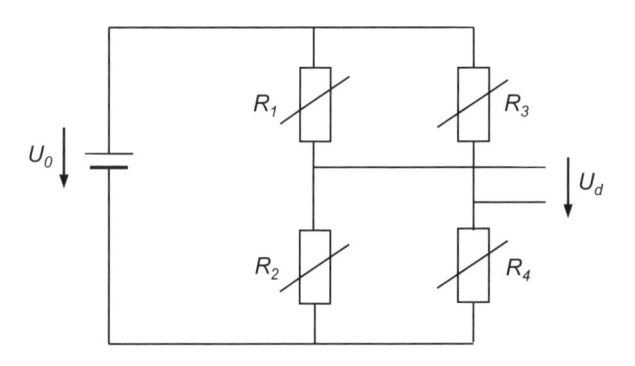

R_1 bis R_4 = DMS
U_0 = Brückenspeisung
U_d = Diagonalspannung = Ausgangsspannung

Bild 10.29 Vollbrücke mit DMS

Der Zusammenhang zwischen der aufgelegten Masse m und der Ausgangsspannung der Brücke U_d ist in guter Näherung linear. Offsetbereinigt misst man mit 3 V Brückenspeisung bei einer Masse m = 0 g eine Brückenausgangsspannung von U_d = 0 V und bei m = 1000 g eine Spannung von U_d = 4,5 mV. Aus der gemessenen Brückenspannung U_d kann man demnach über die Gleichung

$$m = \frac{1000\,\text{g}}{4,5\,\text{mV}} \cdot U_d = 222{,}222 \cdot \frac{\text{g}}{\text{mV}} \cdot U_d = 222222 \cdot \frac{\text{g}}{\text{V}} \cdot U_d$$

die aufgelegte Masse m berechnen, wenn ein vorhandener Offset-Fehler vorher korrigiert wurde.

Aufgabenstellung

Die erwünschte Benutzer-Schnittstelle (Front-Panel) sei durch Bild 10.30 vorgegeben.

- Button „Offset-Messung": Durch Drücken des Buttons wird ohne Gewichtsauflage die momentan vorliegende Offset-Spannung gemessen und gespeichert.
- Button „Messung mit Offset-Korrektur": Bei aufgelegter Masse m wird eine Spannungsmessung durchgeführt. Die Spannung wird mit dem zuletzt erfassten Offset korrigiert und die ermittelte Masse wird angezeigt.
- Button „Beenden": Das Programm wird angehalten.

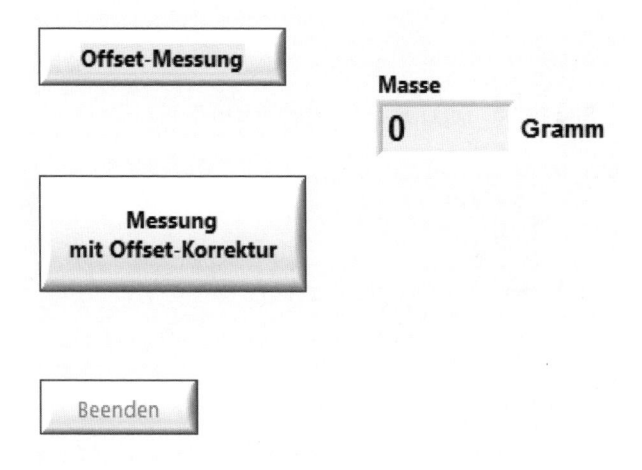

Bild 10.30 Erwünschte Benutzer-Schnittstelle (Panel)

Messablauf

Der Ablauf der Messung ist mit dem Struktogramm in Bild 10.31 dargestellt.

10.3 Programmierung von Messgeräten über GPIB

```
Waage mit Biegebalken
┌─────────────────────────────────────────────────────┐
│ Initialisierung:                                     │
│ - Einstellung DMM                                    │
├─────────────────────────────────────────────────────┤
│ Mess-Schleife: solange kein Stop                     │
│  ┌─────────────────────────────────────────────┐    │
│  │           Button Offset gedrückt ?           │    │
│  │  wahr                            falsch      │    │
│  ├──────────────────────────┬──────────────────┤    │
│  │ - Messwert anfordern     │                  │    │
│  │ - Messwert (offset)      │      -----       │    │
│  │   lesen + speichern      │                  │    │
│  ├──────────────────────────┴──────────────────┤    │
│  │           Button Messung gedrückt ?          │    │
│  │  wahr                            falsch      │    │
│  ├──────────────────────────┬──────────────────┤    │
│  │ - Messwert anfordern     │                  │    │
│  │ - Messwert lesen         │                  │    │
│  │ - offset korrigieren     │      -----       │    │
│  │ - umrechnen in Masse     │                  │    │
│  │ - Masse anzeigen         │                  │    │
│  └──────────────────────────┴──────────────────┘    │
└─────────────────────────────────────────────────────┘
```

Bild 10.31 Struktogramm zum Ablauf der Messung

Programm

Rahmen 0 (Bild 10.32):

Im Rahmen 0 der Sequenz wird das Digital Multimeter (DMM) auf Gleichspannungsmessung eingestellt.

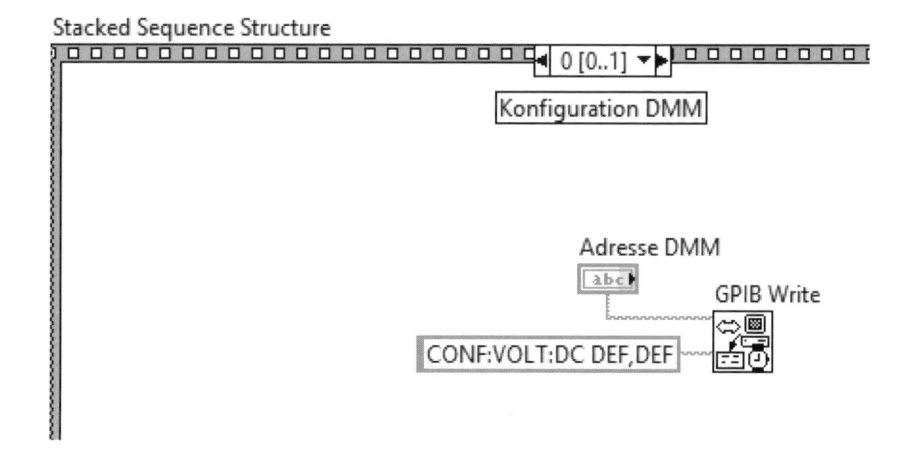

Bild 10.32 Rahmen 0

Rahmen 1 (Bild 10.33):

Im Rahmen 1 der Sequenz befindet sich, mit einer While-Schleife (While Loop) realisiert, die Messschleife. Innerhalb der Messschleife ist eine Ereignis-Struktur (Event Structure) angeordnet. Immer dann, wenn ein entsprechendes Ereignis (Button-Betätigung) eintritt, wird der zugeordnete Ereignis-Rahmen (Event Case) ausgeführt.

Ereignis-Rahmen 0 „Offset-Messung" (Bild 10.33):

Beim DMM wird ein Messwert-String angefordert. Dieser wird ausgelesen, in einen numerischen Wert gewandelt und in „Offset" gespeichert.

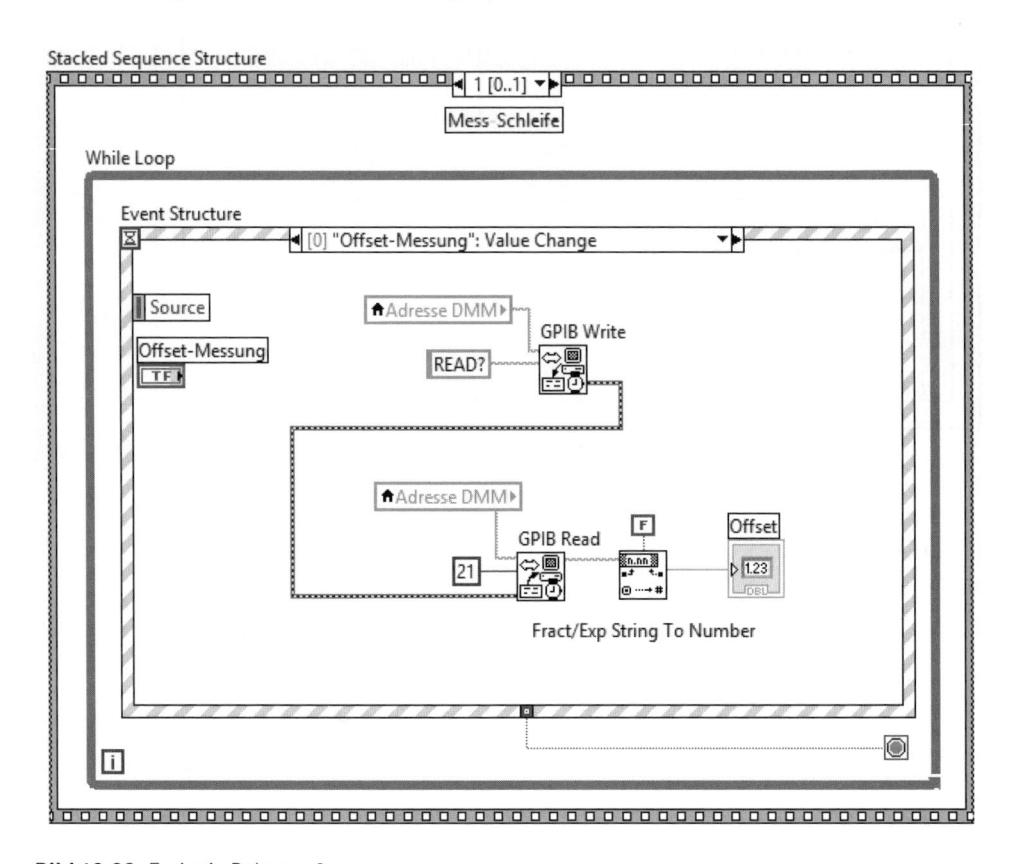

Bild 10.33 Ereignis-Rahmen 0

Ereignis-Rahmen 1 „Messung mit Offset-Korrektur" (Bild 10.34):

Beim DMM wird ein Messwert-String angefordert. Dieser wird ausgelesen und in einen numerischen Wert gewandelt. Der Spannungswert wird mit dem gespeicherten Offset korrigiert und anschließend in die aufgelegte Masse umgerechnet.

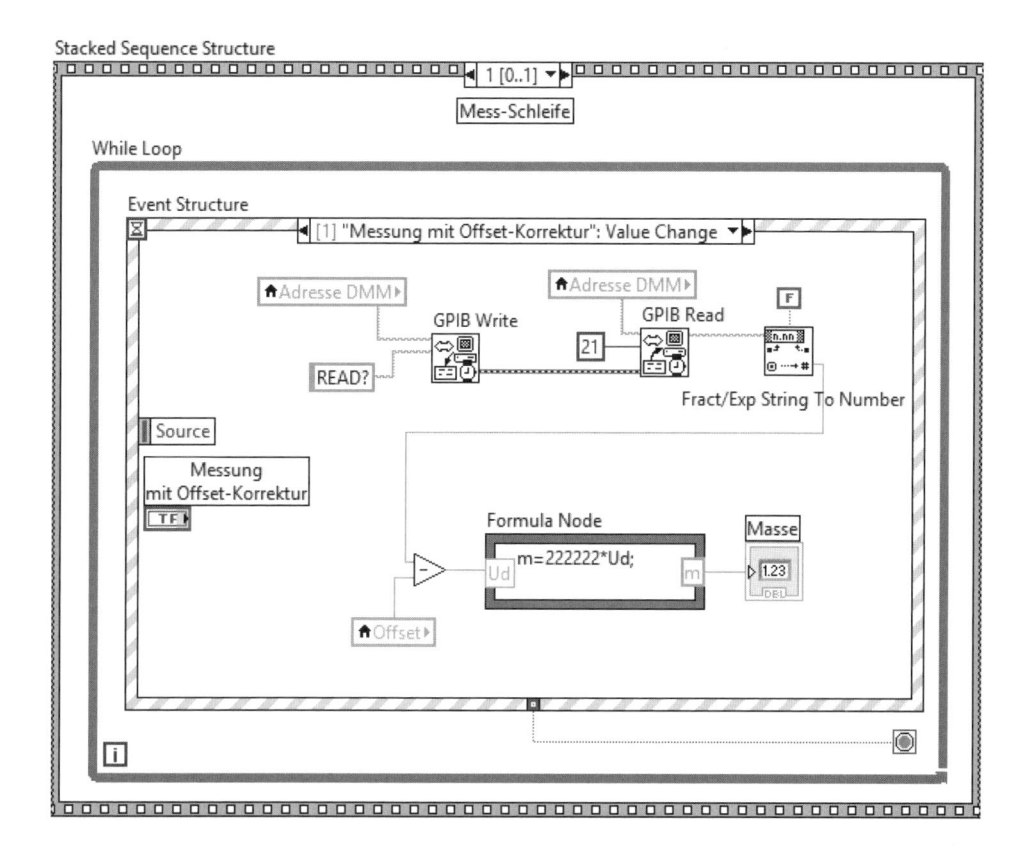

Bild 10.34 Ereignis-Rahmen 1

Ereignis-Rahmen 2 „Beenden" (Bild 10.35):

Im Ereignis-Rahmen 2 wird der Button „Beenden" ausgewertet und die Ausführung der While-Schleife beendet.

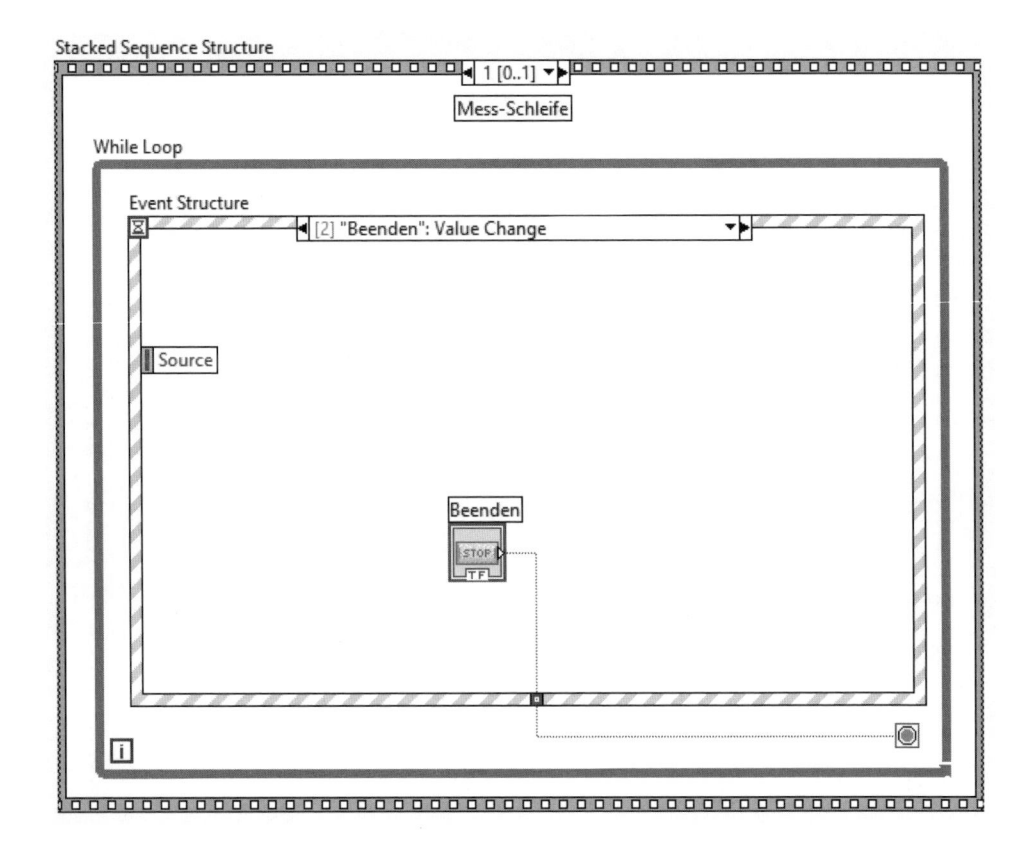

Bild 10.35 Ereignis-Rahmen 2

■ 10.4 Programmierung von USB-Messmodulen

In den Anfängen der PC-Messtechnik wurden Messkarten noch direkt in den PC eingebaut. Dies ist heute nicht mehr nötig. Über die USB-Schnittstelle lassen sich bequem Messmodule anschließen.

10.4.1 Hardwareaufbau von Messmodulen

USB-Messmodule (Messboxen) gibt es in vielen verschiedenen Ausführungen. Sie unterscheiden sich durch Kanalzahl, Messgeschwindigkeit, Genauigkeit und Funktionen der Ein-/Ausgabe.

Der Funktionsumfang umfasst allgemein:

- analoge Ein-/Ausgabe (analog I/O)
- digitale Ein-/Ausgabe (digital I/O)
- Zähl- und Zeitgeber-Funktionen (Counting/Timing-Funktionen)

Sie werden daher auch als Multifunktions-Datenerfassungsgeräte (Multifunction-DAQ-Device) bezeichnet.

Analoge Eingänge

Die Erfassungsmodi und Triggermöglichkeiten für analoge Eingänge sind im Abschnitt 5.1 ausführlich beschrieben.

Analoge Ausgänge

Für die analoge Spannungsausgabe stehen auf den Messmodulen DA-Wandler zur Verfügung. Die entsprechende Ausgangsspannung wird massebezogen ausgegeben. Bei der Ausgabe von Kurvenformen sollte ein Glättungsfilter (Tiefpass) nachgeschaltet werden.

Digitale Ein-/Ausgänge

Die digitalen Anschlüsse sind in der Regel als Ein- oder Ausgänge programmierbar. Bezüglich der zulässigen Belastungen sind die Datenblattangaben zu beachten.

Zähl- und Zeitgeber-Funktionen

Über diese Funktionen ist eine Ereigniszählung (steigende oder fallende Flanken) an den entsprechenden Eingängen oder eine Ausgabe von Pulsfolgen (PWM-Signale) möglich.

Messmodul NI USB-2009 von National Instruments

Das Messmodul NI USB-2009 (Bild 10.36) von National Instruments verfügt über folgende Anschlussbelegung:

Acht analoge Eingänge (AI0 ... AI7)

- ADU mit max. Spannungsbereich –10 V ... +10 V
- Der Bereich ist einstellbar und wird über einen PGA (Programmable Gain Amplifier = Programmierbarer Verstärker) an den ADU angepasst.
- acht Kanäle massebezogen (RSE = Referenced Single Ended) oder alternativ
- vier Kanäle differentiell (DIFF = Differential)
- digitaler Trigger: Der Eingang PFI0 ist als digitaler Triggereingang für die Erfassung konfigurierbar (Start der Erfassung mit entsprechender Flanke an PFI0).

Zwei analoge Ausgänge (AO0, AO1)

DAU mit Spannungsausgang im Bereich 0 V ... +5 V

Die Ausgabe von Signalen ist nur Software-getaktet möglich.

Zwölf digitale Ein/Ausgänge (P00 ... P07 und P10 ... P13)

Jeder Anschluss ist individuell als Ein- oder Ausgang programmierbar.

Ein Ereigniszähler (Event Counter PFI0) (PFI = Pulse Falling Input)

- Zählen von negativen Flanken mit einem 32-Bit-Counter
- als digitaler Triggereingang für die analoge Erfassung einstellbar

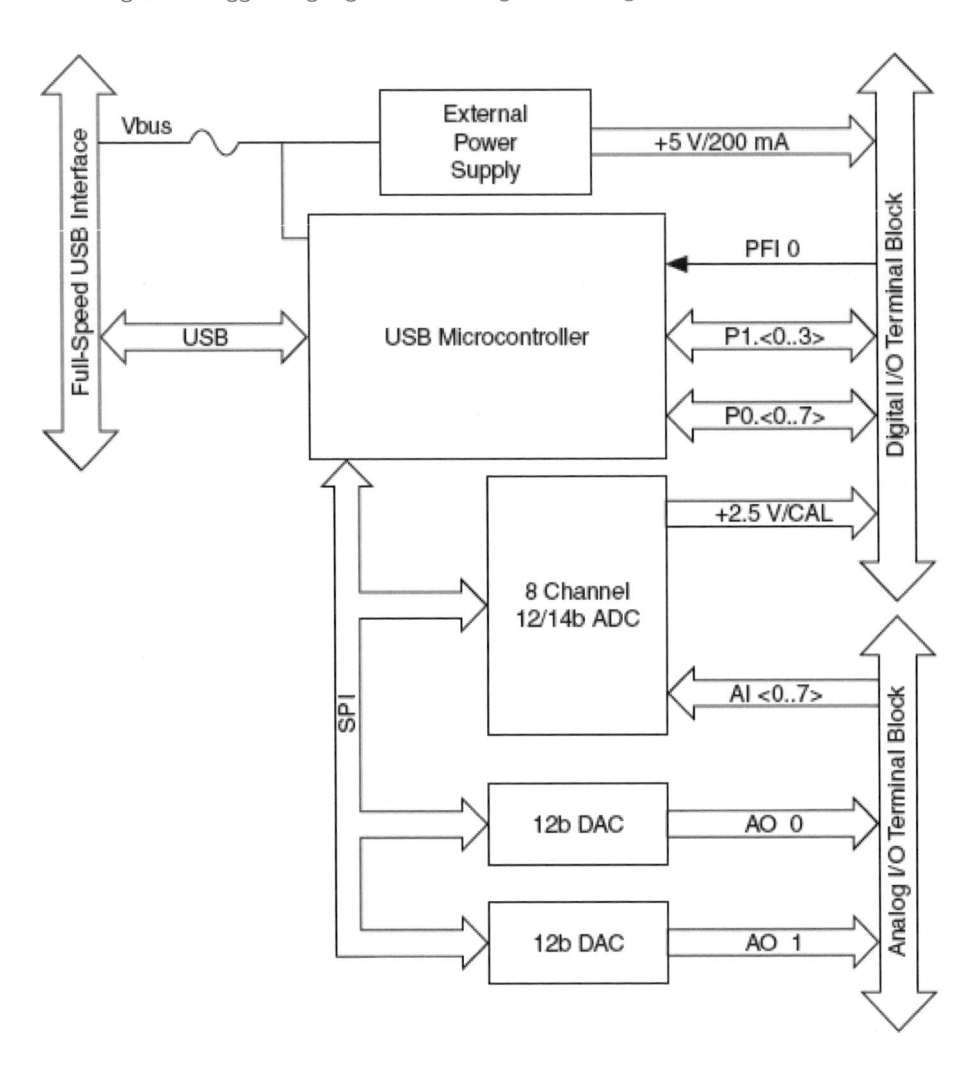

Bild 10.36 Blockbild des Messmoduls NI USB-2009

10.4.2 Verwendete LabVIEW-Funktionen

Für die Messwerterfassung mit dem Messmodul und die Analyse der Messdaten werden überwiegend die Funktionen aus der „Express"-Palette (Bild 10.37) verwendet.

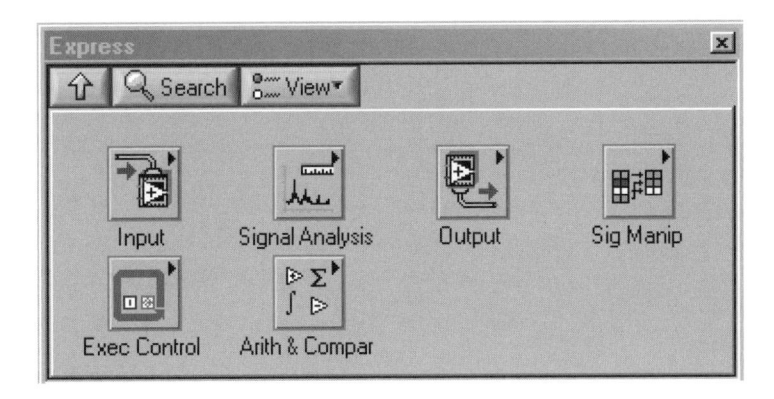

Bild 10.37 Express-Palette

Für die Erfassung und Generierung von analogen und digitalen Signalen sowie für Zähl- und Zeitgeber-Funktionen wird in der Unterpalette „Input" der „DAQ Assistant" (Bild 10.38) bereitgestellt. Mit dem „DAQ Assistant" kann das Messmodul für die vorgesehene Messaufgabe konfiguriert werden.

Bild 10.38 DAQ Assistant

10.4.3 Programmierung von Messaufgaben

In dem folgenden Abschnitt werden einige Messaufgaben mit dem USB-Messmodul NI USB-2009 vorgestellt. Die Programmstrukturen der LabVIEW-Programme sind bewusst einfach gehalten.

10.4.3.1 Temperaturmessung
Zur Temperaturmessung wird der Halbleiter-Temperatursensor LM45C von National Semiconductor eingesetzt. Die im Sensor integrierte Elektronik liefert am Ausgang des Sensors eine von der Temperatur θ abhängige Spannung U_{out} gemäß

$$U_{out} = 10 \cdot \frac{mV}{°C} \cdot \theta$$

Eine zusätzliche Signalkonditionierung verstärkt dieses Signal um den Faktor vier und koppelt das Signal über einen Impedanzwandler hochohmig aus (Bild 10.39).

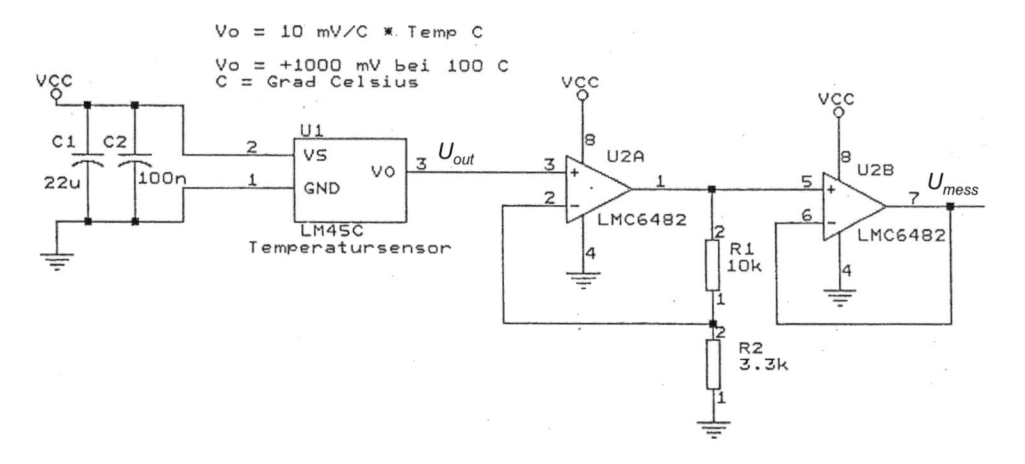

Bild 10.39 Temperatursensor mit zusätzlicher Signalkonditionierung

Die gesamte Messkette zur Erfassung der Temperatur ist aus Bild 10.40 ersichtlich. Das USB-Messmodul erfasst damit eine Spannung U_{mess}, die in folgender Weise von der Temperatur θ abhängt:

$$U_{mess} = U_{out} \cdot 4 = 10 \frac{\text{mV}}{°\text{C}} \cdot 4 \cdot \theta = 0{,}04 \cdot \frac{\text{V}}{°\text{C}} \cdot \theta$$

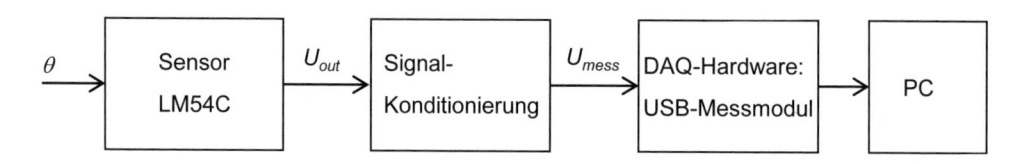

Bild 10.40 Messkette zur Temperaturmessung

Aufgabenstellung

Für die Temperaturmessung ist die in Bild 10.41 vorgegebene Benutzer-Schnittstelle (Panel) zu realisieren.

Eingabeparameter:

- Mess-Intervall in s: zeitlicher Abstand zwischen den aufgenommenen Temperatur-Messwerten
- obere und untere Grenztemperatur

Anzeigen:

- aktuell gemessene Temperatur
- Schreiber zur Aufzeichnung des Temperaturverlaufs mit oberer und unterer Grenze
- LED-Anzeige bei Über- bzw. Unterschreitung der Grenztemperatur

10.4 Programmierung von USB-Messmodulen 243

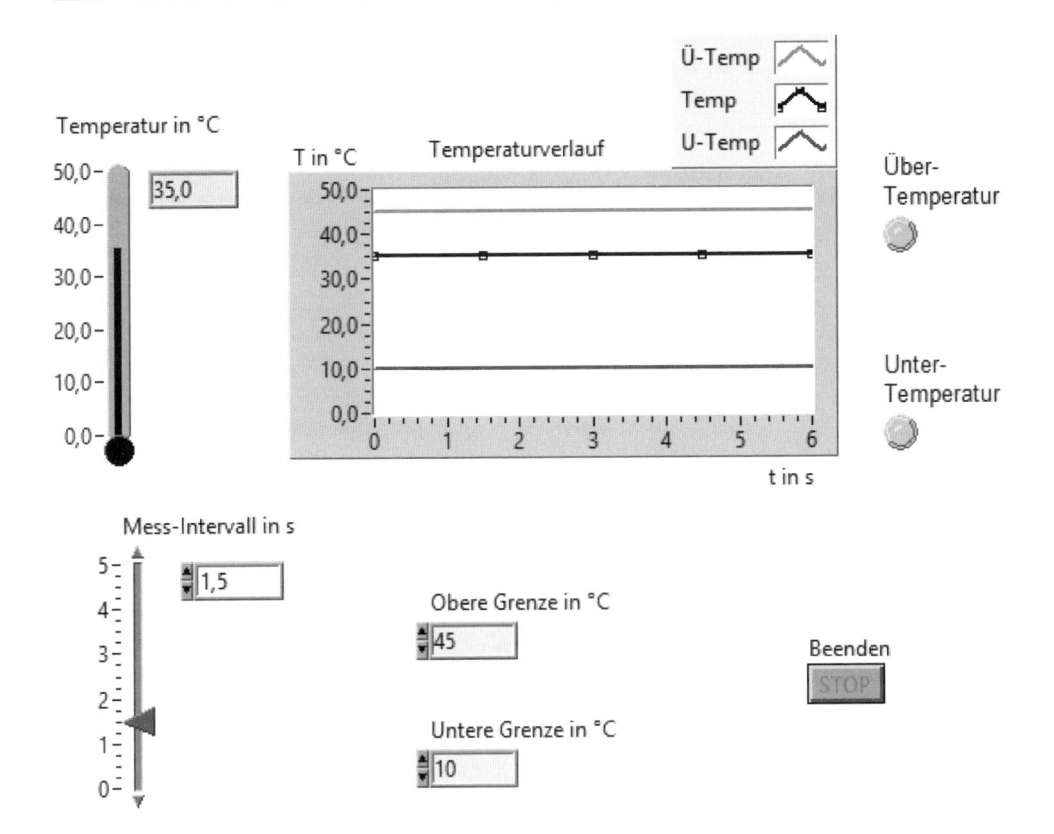

Bild 10.41 Benutzer-Schnittstelle (Panel) zur Temperaturmessung

Programm

Das gesamte Programm (Bild 10.42) ist in eine While-Schleife (While Loop) gelegt. Zur Signalerfassung wird ein „DAQ Assistant" verwendet. Dieser muss nach dem Platzieren im Diagramm entsprechend konfiguriert werden.

In den Auswahlfenstern sind folgende Optionen zu wählen bzw. einzutragen:

„Acquire Signals" > „Analog Input" > „Voltage" > Channel-Auswahl: z. B. „ai0" > Terminal Configuration: „RSE" > Acquisition Mode: „1 Sample".

Die gemessene Spannung wird in einem Formelknoten in die Temperatur umgerechnet und angezeigt. Der Temperaturverlauf über der Zeit wird mit einem „Waveform Chart" dargestellt. Über die Funktion „Bundle" sind im Graphen auch die obere und untere Grenze mit eingebunden. Zur Skalierung der x-Achse des Graphen als Zeitachse wird der Eigenschaftsknoten (Property Node) „XScale.Multiplier" über das vorgegebene Messintervall gesteuert.

Die gemessene Temperatur wird mit der oberen und unteren Grenze verglichen und das Vergleichsergebnis wird in den LEDs zur Anzeige gebracht.

10 PC-Messtechnik

Der zeitliche Abstand zwischen den Messpunkten wird über eine Wartezeit „Wait (ms)" realisiert. Da bei dieser Funktion der Eingangswert als Wartezeit in ms interpretiert wird, muss das Mess-Intervall in s noch mit 1000 multipliziert werden.

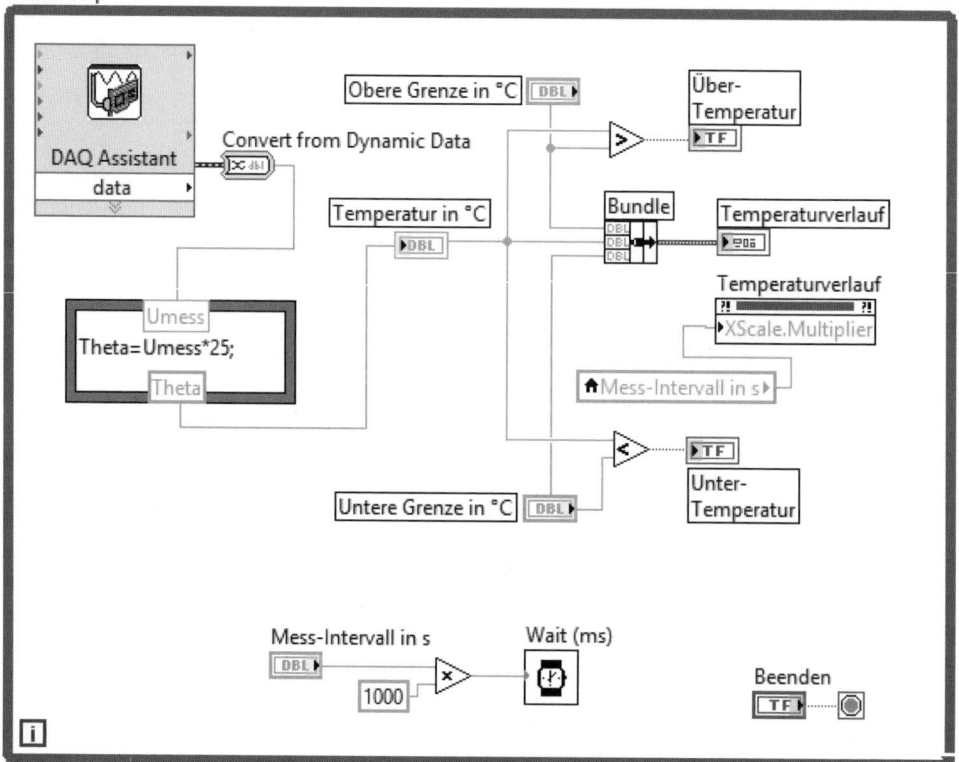

Bild 10.42 Diagramm Temperaturmessung

10.4.3.2 Wetterstation für Druck, Feuchte und Temperatur

Zur Erfassung der Messgrößen bieten sich sogenannte „Smart-Sensoren" an. Smart-Sensoren beinhalten eine Signalkonditionierung und liefern z.B. an ihrem Ausgang eine Spannung U, die (meist linear) von der Messgröße abhängt.

Zum Einsatz kommen folgende Sensoren:

- Drucksensor MPXA6115A (Freescale Semiconductor)

    Funktionsgleichung laut Datenblatt:

    $$U = 5V \cdot (0{,}009 \cdot \frac{1}{kPa} \cdot p - 0{,}095)\,;\ p = \text{Druck in kPa}$$

- Feuchtesensor HIH-4000-01 (Honeywell)

  Funktionsgleichung laut Datenblatt:

  $U = 0{,}0313 \cdot \dfrac{V}{\%} \cdot RH + 0{,}75\,V$; RH = Relative Humidity = Relative Feuchte in %

- Temperatursensor LM45C (National Semiconductor)

  Funktionsgleichung (mit zusätzlicher Signalkonditionierung) laut Datenblatt:

  $U = 0{,}04 \cdot \dfrac{V}{°C} \cdot T$; T = Temperatur in °C

Aufgabenstellung

Im Bild 10.43 ist das erwünschte Panel vorgegeben.

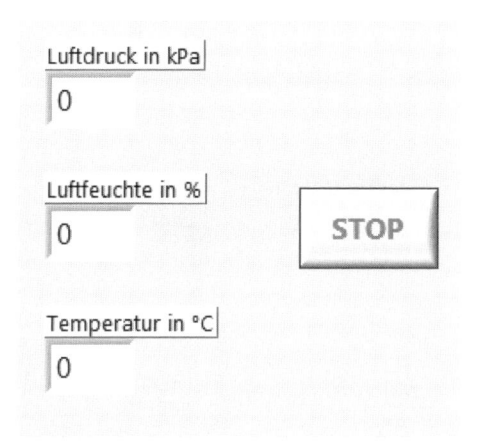

Bild 10.43 Panel für Wetterstation

Programm

Bild 10.44 zeigt das Programm zur Wetterstation. Der DAQ Assistant muss hier für drei Messkanäle konfiguriert werden. Die übrigen Einstellungen beim DAQ Assistant erfolgen wie in der Messaufgabe 10.4.3.1.

Am Datenausgang des DAQ Assistant sind die drei Messkanäle mit „Split Signals" zu trennen. Der vom DAQ Assistant gelieferte Datentyp (Dynamic Data Type) ist mit der Wandlungsroutine „Convert from Dynamic Data" in den numerischen Datentyp umzuformen.

Im Formelknoten erfolgt die Umrechnung der an den Sensoren erfassten Spannungen in die entsprechenden Messgrößen. Ausgehend von den Funktionsgleichungen der Sensoren ist hier natürlich jeweils die Umkehrfunktion zu programmieren, da ja aus den gemessenen Spannungswerten die Messgrößen zu ermitteln sind.

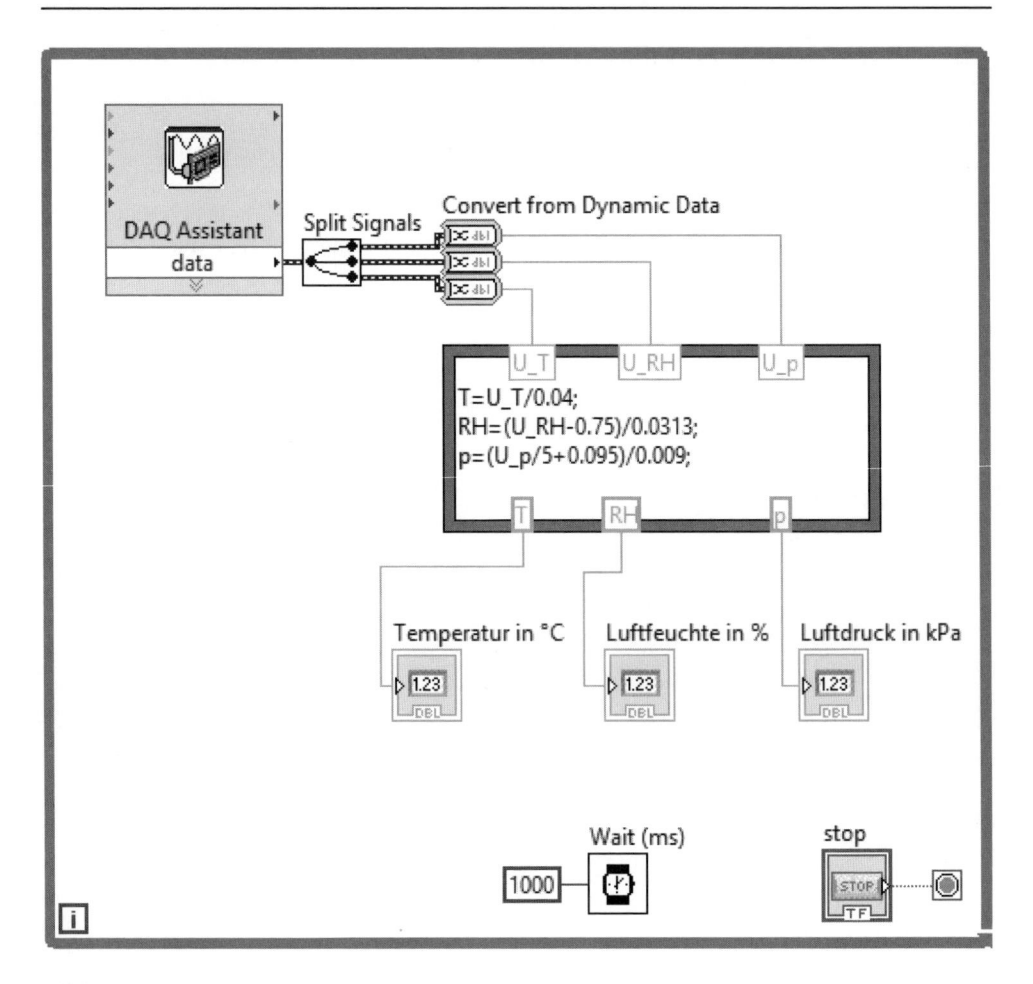

Bild 10.44 Diagramm zur Wetterstation

10.4.3.3 Signalanalyse

Im Programm (Bild 10.45) wird hier der DAQ Assistant für eine Signalabtastung mit einer Abtastfrequenz (rate) von 2000 Hz bei 40 Abtastwerten (number of sample) konfiguriert. Das abgetastete Signal wird anschließend quadriert. Für das abgetastete Signal und das quadrierte Signal werden jeweils in einem „Waveform Graph" der Zeitverlauf und das Frequenzspektrum dargestellt. Die Ermittlung des Frequenzspektrums erfolgt mit dem Express-VI „Spectral Measurements".

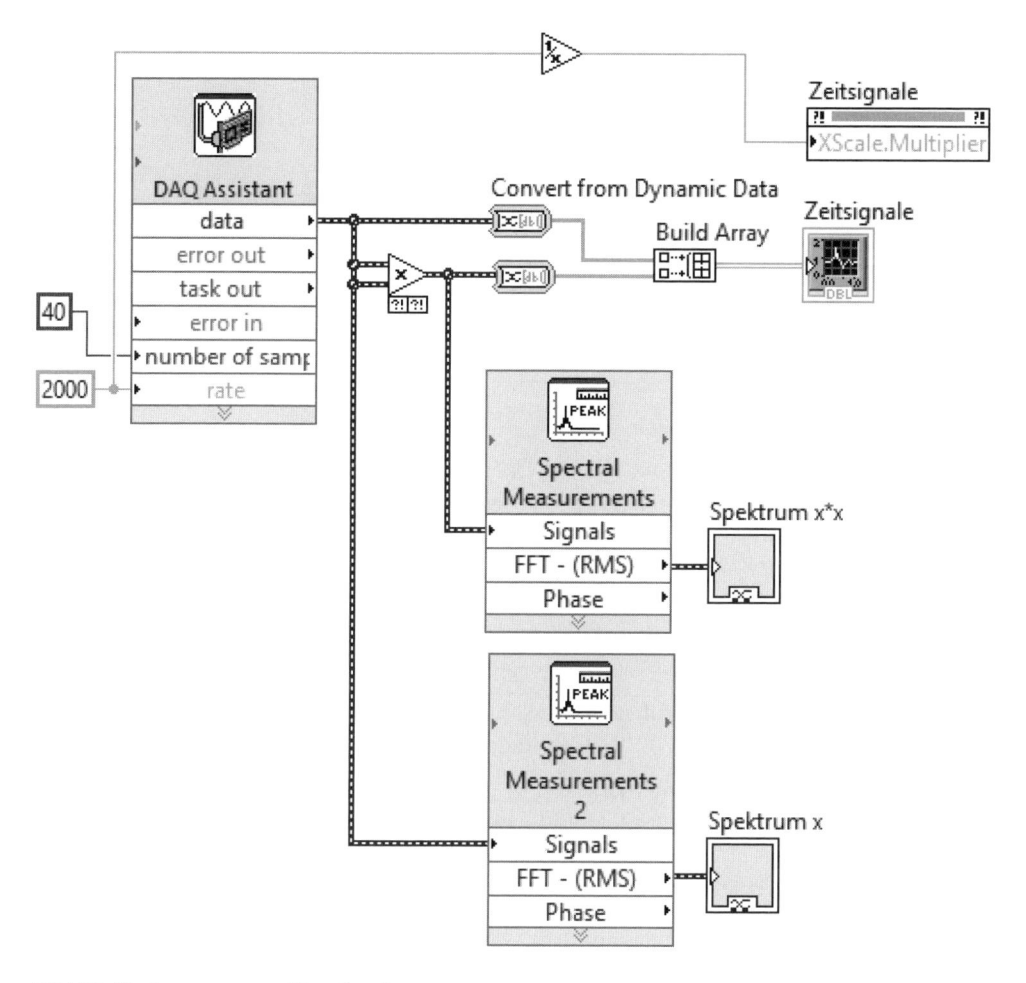

Bild 10.45 Programm zur Signalanalyse

Im Zeitverlauf (Bild 10.46) erkennt man, dass das abgetastete Signal $x(t)$ ein Sinussignal mit einer Periode von 20 ms bzw. einer Frequenz von 50 Hz und einer Amplitude von 1 V ist. Für das quadrierte Signal $x^2(t)$ ergibt sich mit einer Periode von 10 ms bzw. einer Frequenz von 100 Hz eine Frequenzverdoppelung bei 0,5 V Amplitude. Da sich durch das Quadrieren nur positive Werte ergeben, entsteht ein Gleichanteil von 0,5 V.

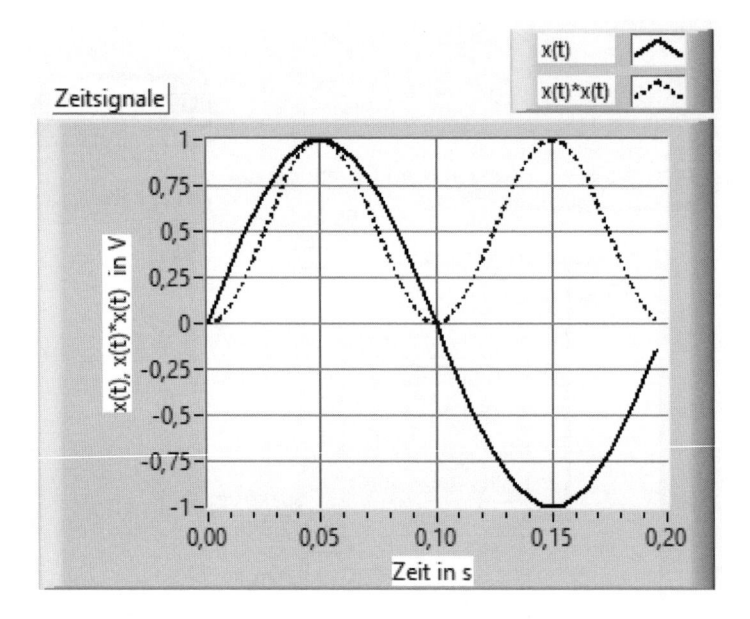

Bild 10.46 Zeitlicher Verlauf der Signale

Im Frequenzspektrum für das abgetastete Signal (Bild 10.47) ergibt sich entsprechend bei 50 Hz ein Effektivwert von 0,707 V (Amplitude 1 V).

Für das quadrierte Signal (Bild 10.48) ergibt sich bei der doppelten Frequenz 100 Hz ein Effektivwert von 0,35 V (Amplitude 0,5 V) und ein Gleichanteil (0 Hz) von 0,5 V.

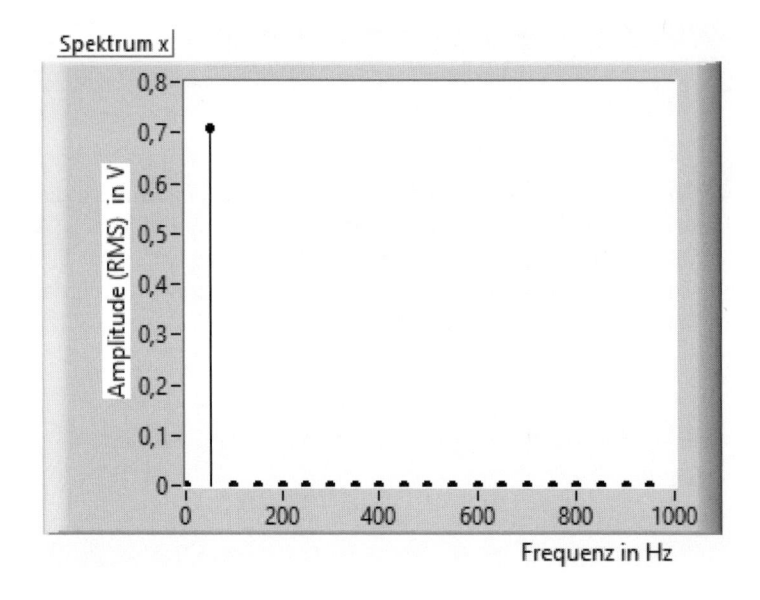

Bild 10.47 Frequenzspektrum des Signals

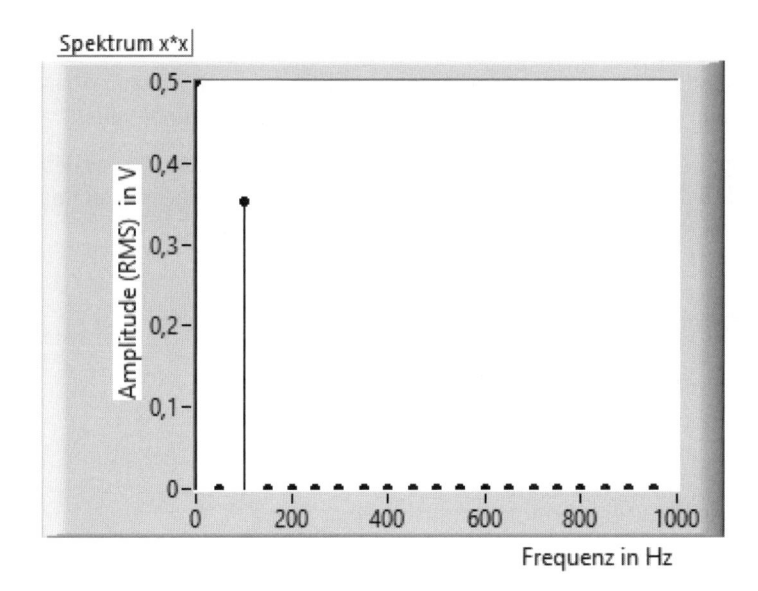

Bild 10.48 Frequenzspektrum des quadrierten Signals

10.5 Übungen

Aufgabe 10.1:

Das Programm der Messaufgabe in 10.3.3.2 soll so modifiziert werden, dass im Diagramm der Fehlerkurve zusätzlich der zulässige Fehler mit dargestellt wird (siehe Bild 10.49).

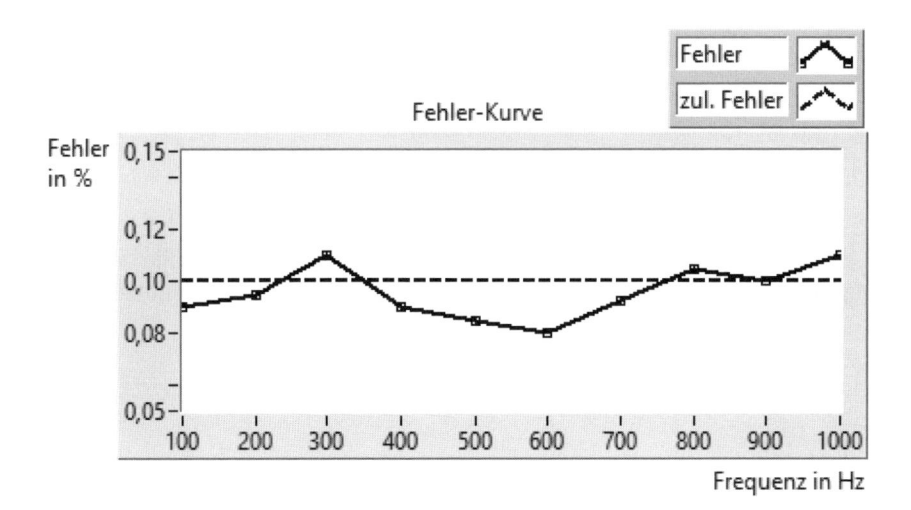

Bild 10.49 Diagramm Fehlerkurve zu Aufgabe 10.1

Aufgabe 10.2:

Mit einem Messgeräte-Treiber (Instrument Driver) kann ein Benutzer mit einem Messgerät kommunizieren, ohne dass er die Befehlssyntax gemäß Handbuch kennen muss.

Erstellen Sie einen Messgeräte-Treiber zur Konfiguration des Funktionsgenerators Agilent 33220A. Über das Panel (Benutzer-Schnittstelle, siehe Bild 10.50) sollen folgende Parameter einstellbar sein:

- Geräteadresse
- Kurvenform (Sinus, Rechteck, Dreieck, DC)
- Amplitude
- Frequenz
- Offset (DC)

Das VI (Programm) soll als SubVI (Unterprogramm) verfügbar sein.

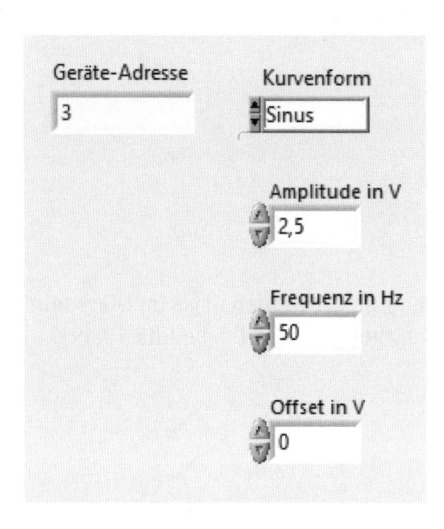

Bild 10.50 Panel zu Aufgabe 10.2

Aufgabe 10.3:

Mit einem USB-Messmodul soll der Mittelwert (AV = Average Value) und der Effektivwert (RMS = Root Mean Square) einer Spannung $u(t)$ gemessen werden. Erstellen Sie dazu ein LabVIEW-Programm, ohne fertige Analyse-VIs aus der Funktionspalette zu benutzen.

Hinweis:

Mittelwert und Effektivwert für eine periodische Funktion sind wie folgt definiert:

$$U_{AV} = \frac{1}{T} \cdot \int_0^T u(t)dt \quad \text{und} \quad U_{RMS} = \sqrt{\frac{1}{T} \cdot \int_0^T u^2(t)dt}$$

Wird die Spannung mit einem AD-Wandler abgetastet, so erhält man N Abtastwerte u_k mit $k = 1$ bis N. Das Integral geht dann entsprechend in eine Summe über.

$$U_{AV} = \frac{1}{N} \cdot \sum_{k=1}^{N} u_k \quad \text{und} \quad U_{RMS} = \sqrt{\frac{1}{N} \cdot \sum_{k=1}^{N} (u_k)^2}$$

10.6 Lösungen

Lösung 10.1:

Der Rahmen 2 mit der Auswertung muss dann wie in Bild 10.51 ergänzt werden. Zur Darstellung muss der zulässige Fehler z. B. in einer lokalen Sequenzvariablen weitergeleitet werden. Für die Darstellung beider Kurven (Fehler und zulässiger Fehler) müssen diese mit „Build Array" zu einem 2D-Array zusammengefasst werden.

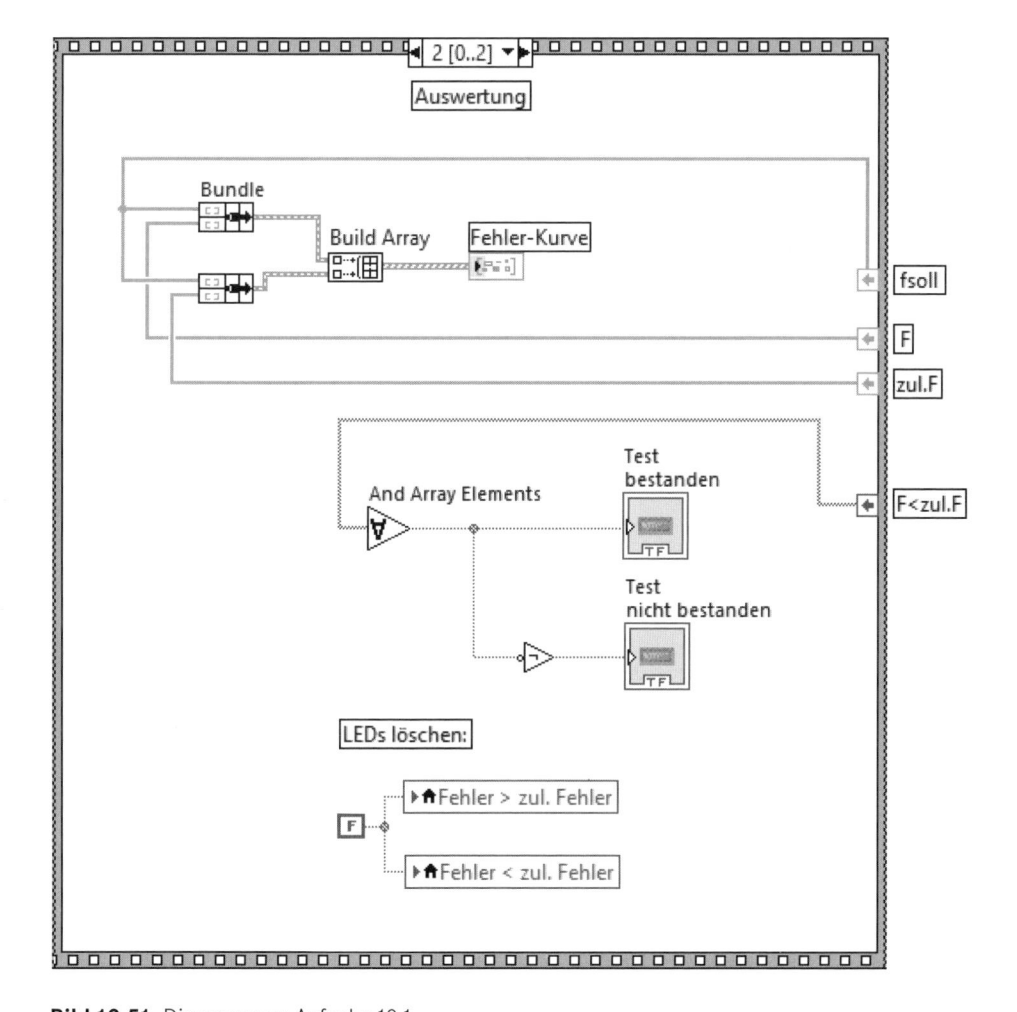

Bild 10.51 Diagramm zu Aufgabe 10.1

Lösung 10.2:

Der an den Funktionsgenerator zu sendende String muss entsprechend der Vorgabe aus dem Handbuch (siehe Abschnitt 10.3.1) mit Hilfe der Funktionen „Pick Line" und „Concatenate Strings" zusammengesetzt werden (Bild 10.52). Im Case „True" geschieht dies für die Kurvenformen Sinus, Rechteck und Dreieck (SIN, SQU und TRI), im Case „False" (Bild 10.53) für den Fall der Gleichspannung (DC).

Bild 10.54 zeigt das für einen Anwender verfügbare SubVI (Unterprogramm).

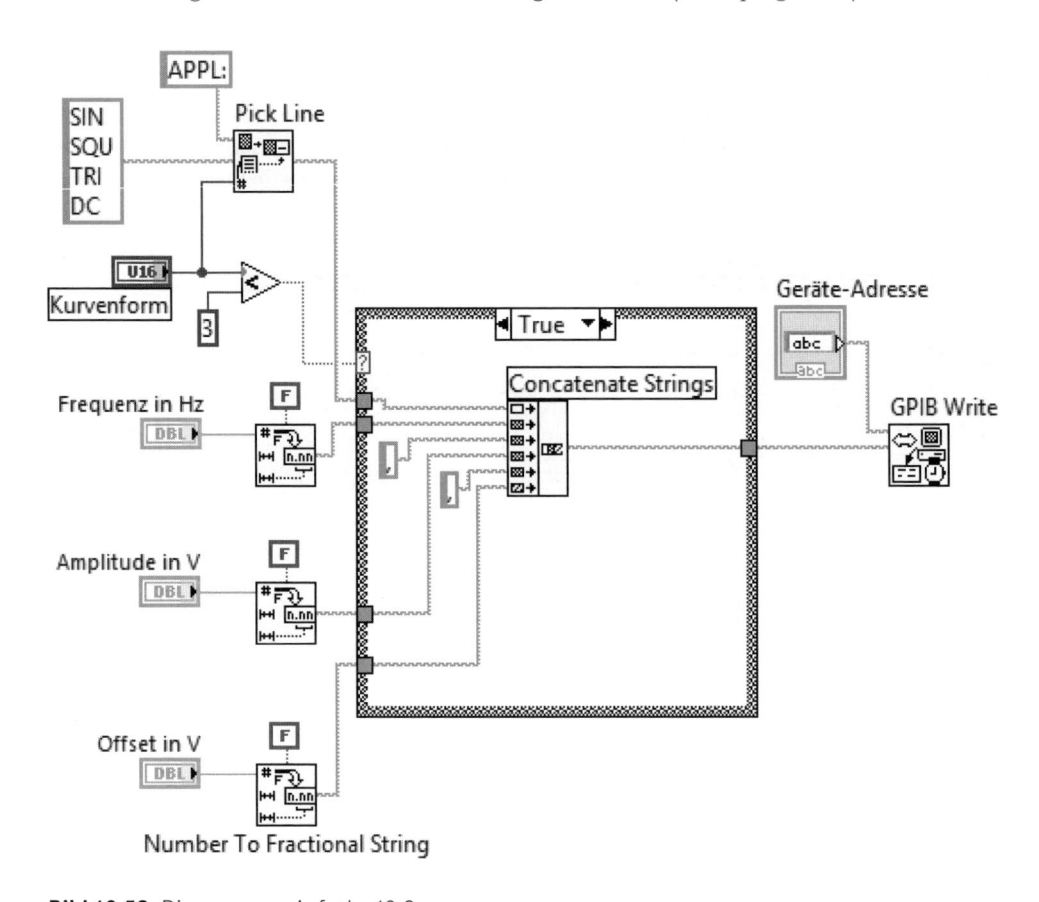

Bild 10.52 Diagramm zu Aufgabe 10.2

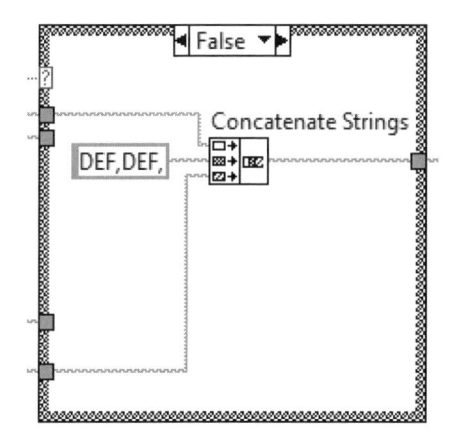

Bild 10.53 Case „False" im Diagramm Bild 10.52

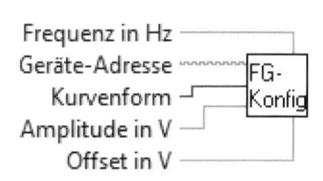

Bild 10.54 SubVI zur Konfiguration des Funktionsgenerators

Lösung 10.3:

Bild 10.55 zeigt die Berechnung von Mittelwert und Effektivwert mit elementaren LabVIEW-Rechenoperationen. Da Mittelwert und Effektivwert für ein ganzzahliges Vielfaches einer Signalperiode definiert sind, muss die Anzahl der Abtastwerte („number of samples") im DAQ Assistant hinreichend groß gewählt werden, um in guter Näherung ein ganzzahliges Vielfaches von Signalperioden zu erfassen (z. B. 30,4 Perioden ≈ 30 Perioden - aber 3,4 Perioden ≠ 3 Perioden!).

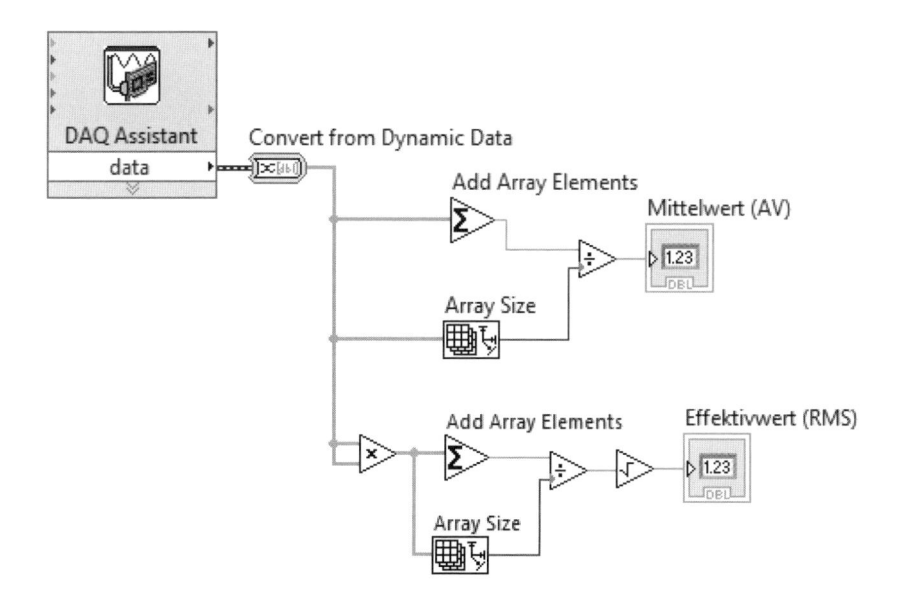

Bild 10.55 Diagramm zu Aufgabe 10.3

Literatur

Azizi, S. A.: Entwurf und Realisierung digitaler Filter. Oldenbourg Verlag, 1988

Beierlein, T.; Hagenbruch, O.: Taschenbuch der Mikroprozessortechnik. Hanser Verlag, 2011

Bernstein, H.: Messelektronik und Sensoren. Springer Vieweg Verlag, 2013

Brigham, E. O.: FFT Schnelle Fourier-Transformation. Oldenbourg Verlag, 1989

Georgi, W.; Metin, E.: Einführung in LabVIEW. Hanser Verlag, 2011

Hesselmann, N.: Digitale Signalverarbeitung. Vogel Buchverlag, 1987

Hoffmann, J.: Taschenbuch der Messtechnik. Carl Hanser Verlag, 2011

Hoffmann, J.; Trentmann W.: Praxis der PC-Messtechnik. Hanser Verlag, 2002

Jamal, R.; Hagenstedt, A.: LabVIEW. Das Grundlagenbuch. Addison-Wesley-Verlag, 2004

Kiencke, U.; Kronmüller, H.; Eger, R.: Messtechnik. Springer Verlag, 2001

Meffert, B.; Hochmuth O.: Werkzeuge der Signalverarbeitung. Pearson Studium, 2004

Meyer, M.: Signalverarbeitung. Vieweg Teubner Verlag, 2009

National Instruments: User Guide and Specifications USB-6008/6009, 2005

Profos, P.; Pfeifer, T.: Grundlagen der Meßtechnik. Oldenbourg Verlag, 1997

Rennert, I.; Bundschuh, B.: Signale und Systeme. Carl Hanser Verlag, 2013

Schnell, G. (Hg.): Sensoren in der Automatisierungstechnik. Vieweg Verlag, 1991

Schwetlick, H.: PC-Meßtechnik. Vieweg Verlag, 1997

Tietze, U., Schenk, Ch.: Halbleiter-Schaltungstechnik. Springer Verlag, 1999

Tränkler, H. R.: Taschenbuch der Messtechnik. Oldenbourg Verlag, 1996

von Grünigen, D. Ch.: Digitale Signalverarbeitung. Carl Hanser Verlag, 2014

von Oppenheim, A. V.; Willsky, A. S.: Signale und Systeme. VCH Verlag, 1989

Index

A

Ableitung 102
Abtastfrequenz 42 f., 48
Abtastintervall 42
Abtastsignale 183
Abtast-Theorem 49
Abtastung 52
Abtastwerte 48
Acquisition Time 40
AD-Umsetzer 27, 41
ADC 27
Addierer 108
ADU-Integrationsverfahren 32
ADU-Kennlinie 28
ADU-Parallelverfahren 32
ADU-Sigma-Delta-Verfahren 32
ADU-Verfahren 30, 32
ADU-Wandlungsfunktion 27
Aliasing Effekt 50
ALU 202
Amplituden 105
Amplitudendämpfung 53 f.
Amplitudenfehler 54
Amplitudenfehler-Reduzierung 55
Anti-Aliasing-Filter (AAF) 52
Aperture Delay Time 40

B

Bandpassfilter 126
Bandsperrfilter 126
Barrel-Shifter 204
Bessel-Tiefpass-Filter 130
bipolare Wandler 35
Bitreverse-Adressierung 205
Bodediagramm 105
Butterworth-Tiefpass 130

C

circulare Adressierung 205
Continuous-Scanning 65
Counter 214

D

DA-Umsetzer 16
DA-Wandler 52
DAC 16
DAQ Assistant 241
DAQ-Hardware 207
DAU-Kennlinie 16
DAU-Verfahren 20
DAU-Wandlungsfunktion 16
DFT 183, 185
Dielektrizitätskonstante 68
DIFF 62, 239
Differential-Tauchanker-Aufnehmer 78
differentielle Nichtlinearität DNL 22
Differenzengleichung 101 f., 107
digitaler Signalprozessor 201
digitaler Signalcontroller 201
digitaler Trigger 239
diskrete Fourier-Transformation 183
Droop Rate 41
DSP 107

E

Eingangsfrequenz 43
Entwurfsmethode 161
Express-Palette 240

F

Faltung 165, 189
Fast Fourier Transformation 185

Fensterfunktion 186
Festpunkt-Arithmetik 204
FFT 185
Filter 86
Filterarten 127
Finite Impulse Response 127
FIR 126
Fourieranalyse 49
Fourier-Transformation 179
FT 179
FTA 183
Full Scale 16
Funktionsgenerator 212

G

Gewichtsfunktion G 53
Glättungs-Tiefpass 52
Gleitkomma-Arithmetik 204
GPIB 207 f., 210 f., 215

H

Halbbrücke 88, 91
Harvard-Architektur 202
Hochpassfilter 126
Hold Settling Time 41

I

idealer Operationsverstärker 81
IIR 126
Infinite Impulse Response 128
Instrumentierungs-Verstärker 85
integrale Nichtlinearität INL 22
Interval-Scanning 65
invertierender Operationsverstärker 80
I.Q Format 204

K

kapazitive Messfühler 68
k-Faktor 67
Kreissymbol 108

L

LabVIEW 17, 49, 209, 218, 240
LSB 16

M

MAC-Befehl 202
MAC-Einheit 202
mehrkanalige Datenerfassung 65
Messbrücken 86
Messwerterfassung 59
Messwerterfassungssysteme 59
Multimeter (DMM) 213
Multiplizierer 108

N

nichtrekursive Filter 126
NRSE 62
Nullpunktfehler 21

O

offset binär 35
Operationsverstärker 80, 82
Ortskurve 104

P

parallele Schnittstelle 207
Phasengang 105
Pipelining 203
Plattenkondensator 68, 70, 72
Poisson-Zahl 67

Q

Quantisierungseinheit 27
Quantisierungsfehler 28, 32 f.
Quantisierungsrauschen 34

R

R-2R Leiternetzwerk 19
reale SH-Schaltung 40
Reduzierung Amplitudenfehler 55
Referenzspannung 16, 27
Rekonstruktion 52
rekursive Filter 126
relative Längenänderung 67
Repeat-Instruktion 204
RS-232 207
RSE 61, 239
Rückkopplungsanteil 127

S

Sample-Hold-Schaltkreis 39
Schnittstellen 207
serielle Schnittstelle 207
SH-Schaltkreis 41
SH-Steuersignal 41
Sigma-Delta-DA-Umsetzer 20
Signalabtastung 48
Signal/Rauschverhältnis SNR 34
Simultaneous-Scanning 65
SINAD 35
Smart-Sensor 244
SNR 34
straight binär 35
String 216
Strom-Spannungswandler 81 f.
Subtrahierschaltung 84
SubVI 50, 219
sukzessive Approximation 30
Summierschaltung 83

T

Tiefpassfilter 126
Trägerfrequenz-Messverfahren 89

Trennverstärker 86
Triggerung 65
Tschebyscheff-Tiefpassfilter 130

U

Übertragungsfunktions 131
unipolare Wandler 35
USB 208
USB-Messmodul 238 ff.

V

Verstärkungsfehler 21
Verzögerungselement 108 f.
Verzögerungszeit 108
Vollbrücke 87
von Neumann-Architektur 201

W

Wandlungszeit 37

Z

Zylinderkondensator 74

HANSER

Gelungene Projektvisualisierung

Georgi, Hohl
Einführung in LabVIEW
6., erweiterte Auflage
596 Seiten. 1018 Abb. Komplett in Farbe
€ 39,99. ISBN 978-3-446-44272-6

Auch als E-Book erhältlich
€ 31,99. E-Book-ISBN 978-3-446-44407-2

LabVIEW ist ein graphisches Programmiersystem und findet in der Messtechnik, der Regelungstechnik und der Automatisierungstechnik seine Hauptanwendungsgebiete. Außer den Grundlagen zum Programmieren mit LabVIEW erläutert dieses Lehrbuch mathematische Voraussetzungen wie die Fouriertransformation, die Filterung und die Behandlung von Differentialgleichungen. Es folgen Informationen zur Kommunikation mit LabVIEW sowie Kapitel zur professionellen Programmentwicklung und zur FPGA-Programmierung. Neu in der 6. Auflage sind Kapitel zu »LabVIEW VI-Skripte« und »XNodes«.

Mehr Informationen finden Sie unter **www.hanser-fachbuch.de**

HANSER

010010000011110000

von Grünigen
**Digitale Signalverarbeitung
mit einer Einführung in die kontinuierlichen
Signale und Systeme**
5., neu bearbeitete Auflage
372 Seiten. 249 Abb.
€ 34,99. ISBN 978-3-446-44079-1

Auch als E-Book erhältlich
€ 27,99. E-Book-ISBN 978-3-446-43991-7

Das Buch bietet Ihnen eine Einführung in die kontinuierlichen Signale und Systeme und vermittelt die Grundlagen der digitalen Signalverarbeitung.
Es richtet sich an Studierende und Ingenieure. Der Stoff wird anschaulich dargestellt. Viele Anwendungsbeispiele, Zeichnungen und Übungen mit Lösungen ermöglichen ein spannendes Einarbeiten in die anspruchsvolle Materie.

MATLAB ist ein Programm, das in der digitalen Signalverarbeitung häufig eingesetzt wird. Viele Übungen sind mit diesem Programm ausgeführt und im Internet verfügbar.

Mehr Informationen finden Sie unter **www.hanser-fachbuch.de**

HANSER

Messtechnik richtig verstehen

Schrüfer, Reindl, Zagar
Elektrische Messtechnik
Messung elektrischer und nichtelektrischer Größen
11., aktualisierte Auflage
445 Seiten. 365 Abb. 38 Tab.
€ 29,99. ISBN 978-3-446-44208-5

Auch als E-Book erhältlich
€ 23,99. E-Book-ISBN 978-3-446-44188-0

Dieses Lehrbuch ist nach elektrotechnischen Gesichtspunkten gegliedert und vermittelt ein fachlich breites und sicheres Basiswissen. An ausgesuchten Geräten, Schaltungen und Verfahren werden die physikalischen, mathematischen und technischen Grundlagen der elektrischen Messtechnik ausführlich dargestellt. Breiten Raum nehmen die Aufnehmer und Sensoren ein. Eingehend werden auch die Verfahren der elektronischen Signalverarbeitung behandelt. Zahlreiche Zeichnungen, Diagramme und mathematische Ableitungen begleiten den Text.

Mehr Informationen finden Sie unter **www.hanser-fachbuch.de**